常德社科事业发展实践探索
（2015—2019 年）

主　编　李云峰

副主编　饶金山　欧子成　张辛欣

中南大学出版社
www.csupress.com.cn

·长沙·

常德市委书记、市人大常委会主任周德睿在湖南省社科普及主题活动周开幕式上致辞

湖南省社科联党组书记宋志富赴常德调研

常德市委常委、宣传部部长胡丘陵在社科联成立三十周年座谈会上讲话

常德市人民政府副市长涂碧波在常德市 2019 年社科普及主题活动月启动式上致辞

2018 年社科普及主题活动月启动式

湖南省社科专家服务团基层行活动现场

承办湖南省社科第九届学术年会现场

孙开华两岸学术座谈会现场

常德市社科界学习市委文件座谈会

2019 年常德市社科工作会议现场

常德文化高峰论坛

常德社科大讲堂现场

常德社科大讲堂解析中美战略对局

哲学社会科学原创文艺作品颁奖座谈会

社科普及下乡活动现场

社科普及进校园

序

党的十八大以来，习近平总书记就哲学社会科学发表了一系列重要论述，为加快构建中国特色哲学社会科学、加强中国特色新型智库建设提供了重要指导和根本遵循。近年来，常德市社科联在常德市委市政府的高度重视和常德市委宣传部的正确领导下，深入学习贯彻习近平总书记关于哲学社会科学的重要论述，紧密团结和依靠全市广大社科工作者，攻坚克难，开拓创新，奋勇作为，推动各方面工作取得了扎实的成效。

在组织机构建设方面，建立市社科联党组，设立机关党支部，成立常德市社科联系统社会组织党委，强化了党对社科工作的领导。机关内部设立办公室、学会工作部、普及工作部，机关编制由4个增加到8个；设立正科级事业单位常德市社科事业发展研究中心，配备事业编制5个。基层社科联发展也取得了突破，石门、临澧先后挂牌成立县级社科联。

在社科阵地建设方面，社科类社会组织由30个增加到50个，社科普及基地由1个增加到22个。同时，注重加强与高校、党校、研究机构的联系与合作，使社科工作的"触角"不断延伸。"常德社科网"、"常德智库"公众号、《常德论坛》杂志实现改版升级，覆盖面和影响力逐步扩大。

在新型智库建设方面，创新委托课题立项机制，加强与市直有关部门合作，围绕事业发展中亟须解决的重点难点问题，设立重大委托课题项目，使立项课题数量大幅提升，从 2016 年的 18 项增加到 2019 年的 142 项。积极组织相关领域专家开展课题研究，"社会组织参与精准扶贫""海绵城市建设理论与实践研究""湖南健康养老产业发展研究"获得省社科成果评审委重大项目和省社科联智库课题立项，取得了不少有影响力的成果。

在制度机制建设方面，注重加强社科工作顶层设计，出台《中共常德市委关于加快构建中国特色哲学社会科学的实施意见》，制定《常德市社会科学成果评审委员会工作规则》《常德市社会科学成果评审委员会课题管理办法》等制度，成立常德市社会科学成果评审委员会，建立常德市社科普及联席会议制度，组建了"社科大讲堂"组委会，逐步理顺了各项工作体制机制，从组织、制度、经费等方面为社科工作开展提供了有力保障。

在人才队伍建设方面，着力发展壮大理论宣传、社科研究、社科普及、网络传播、社科志愿者队伍，建立常德社科专家库，入库专家有 300 多人。恢复启动优秀社科专家和社科成果评选活动，新设立"沅澧学者"荣誉称号，着力营造人尽其才、人才辈出的良好局面，激发广大社科工作者的干事热情与创新活力。

为了回顾工作和总结经验，常德市社科联将 2016 年以来的有关工作资料、课题报告和学术论文等予以整理，结集出版。本书共分五个篇章：第一篇主要是关于社会科学工作的评论；第二篇主要收集社会科学工作学术交流论文；第三篇主要是这几年由市社科联主持的调研课题报告；第四篇主要是社科工作发展的经验推介类文稿；第五篇主要是这几年的工作综述类宣传报道。本书比较全面、客观地反映了常德市推进社科工作创新的实践探索，展示了常德市社科联的好经验、好做法，既对省社科联创新开展社科工作具有启发作用，又对基层社科联推动社科事业发展具有借鉴意义。

立足新时代，希望常德市社科联坚持以习近平新时代中国特色社会主义思想为指导，不忘初心、牢记使命，增强"四个意识"，坚定"四个自信"，切实做到"两个维护"，以更加饱满的热情、更加奋进的姿态、更加有力的措施，推动全市社科事业繁荣发展，为常德经济高质量发展做出新的更大的贡献。

是为序。

宋智富

2019 年 7 月 28 日

（宋智富，湖南省社科联党组书记、常务副主席）

目 录

第三篇

第四篇

第五篇

第一篇

一缕理论的阳光

李云峰①

　　改版升级后的第一期《常德论坛》终于和广大读者见面了。《常德论坛》作为常德市唯一社会科学综合性内部期刊，由常德市社科联创办于1987年，从呱呱落地到蹒跚学步，从青春彷徨到睿智成熟，《常德论坛》承载着广大读者和社科理论者的希冀和厚望一路前行。从2016年开始，《常德论坛》进行全方位的改版升级，刊物由季刊改为双月刊，每逢双月出刊，稿件的容量进一步加大，时效性进一步增强，稿件的征集和采用更加注重学术性、理论性、前瞻性和现实针对性，从版式设计到图文编排，都有大的改观。

　　更为巧合的是，进入而立之年的《常德论坛》又喜逢中国工农红军长征胜利80周年。在庆祝长征胜利80周年之际，《常德论坛》又站在了一个新的历史起点上，开启了新的征程。

　　接下来，在新的征程上，《常德论坛》将在进一步增强全民的理论自信方面取得新突破。理论自信是最大的政治自信，中华民族正在以前所未有的理论自信、制度自信、道路自信，续写着实现中华民族伟大复兴的中国梦。《常德论坛》要通过卓有成效的理论宣传和教育，最大限度地凝聚起常德发展的正能量。

　　在新的征程上，《常德论坛》将在进一步深化理论和学术探究方面取得新进展。一个民族一刻也离不开理性思维，人类社会的每一次进步都依赖于理论上的突破。伟大的智慧往往蕴含于广大人民群众之中，《常德论坛》将采取各种有效的途径和方式，倾听各方的声音，凝聚各方的智慧，集纳各方的观点，使哪怕是推动理论进步和社会发展的一丁点儿思考、建言、对策都汇入推动常德经

---

① 李云峰(1968—)，常德市社会科学界联合会党组书记、主席。

济社会发展思想和智慧的洪流。

在新的征程上,《常德论坛》将在进一步服务于市委市政府大局方面取得新收获。新常德,新创业;"三改四化";美丽乡村,完美社区建设;继续打好"三大战役",强力推进"五个常德"建设。古城常德,好戏连台。《常德论坛》将着眼于市委市政府工作大局,认清地位,找准定位,工作到位,牢记职责使命,积极改革创新,切实提高传播力、引导力、影响力和公信力。

在新的征程上,《常德论坛》将在进一步提升党员领导干部理论素养方面取得新成果。学习是党员干部掌握知识、履行职责的重要方法,更是增强党性、陶冶情操的重要途径。只有不断加强学习,才能提高自身素质和能力。不学习,思想就无法进步,能力就无法提高,对事物和工作的认知就会出现偏差。《常德论坛》要采取灵活多样的形式,积极为各级党员干部搭建学习和交流的平台,让《常德论坛》成为常德市广大党员干部和社科理论工作者的良师益友。

(原载于《常德论坛》2016 年第 1 期卷首)

智慧的蕴藏　精神的闪光
——写在常德社科联成立三十周年

李云峰

时至 2017 年秋，常德市社科联成立已满三十周年，也迎来了会刊《常德论坛》正式创刊的三十周年。三十年来，常德市社科联在市委、市政府的正确领导下，在几代社科人一步一个脚印、一步一个台阶的共同努力下，不辱使命、勇于创新，历经经济改革和对外开放的洗礼而呈现出勃发的生机，壮大了队伍，取得了颇为丰硕的成果，推动了常德市社会科学的发展与繁荣，谱写了常德社会科学事业的华章。

历史在今天铭记，豪情在今天诉说。1987 年 1 月，伴随着改革开放的春风，承载着常德社会各界的期盼，喜迎着哲学社会科学思想发展的曙光，常德市社科联在沅江河畔成立了。

回首眺望，改革开放开创和发展了中国特色社会主义，也丰富了哲学社会科学思想，常德社科联在常德这块热土上不断成长，社会科学事业万紫千红，满园芬芳。三十年的征程，三十年的奋进，三十年的坚守，三十年的发展！思想在这里争鸣，智慧在这里汇合，真理在这里凝聚，希望在这里闪烁！从"发展常德地区商品经济""深化国有企业改革理论与对策""树立常德良好形象"到"常德市走向二十一世纪发展战略"，从"社会主义市场经济体制下精神文明建设"到"邓小平理论与社会主义经济建设的理论研究"，从领会"三个代表"到"入世"，从"人才强市"到"和谐发展"，从"创新理论推动经济发展""全面小康"到"新常德新创业""开放强市，产业立市""建设泛湘西北现代化区域中心城市"，从李自成文化、善德文化、九溪文化到文化旅游名城……这些影响常德城市走向与未来发展的重大决策和实践行动背后，都有社科理论工作者的身影。

常德社科联,就是一首磅礴的诗!一首激越的歌!一条汇聚力量,流淌智慧的河!她的气质与气度,给人丰饶的情怀、高扬的精神、信仰的力量!

昨天多少金色的岁月,明天多少春天的开拓。习近平总书记在哲学社会科学工作座谈会上的讲话为中国哲学社会科学繁荣发展制定了一个纲领性文献,是我们行动的指南。常德市社科联将以"常德担当"的精神,抓住机遇,迎接挑战,"加快构建中国特色哲学社会科学"。在纪念常德市社科联成立三十周年、纪念《常德论坛》出刊 130 期之际,我们回顾历史、总结经验、展望未来,深刻认识社科联肩负的崇高使命。我们坚信,只要广泛动员常德力量,创新发展,一定能够发出美丽动听的"常德声音",铸就引领发展的"常德风格"!

(原载于《常德论坛》2017 年第 6 期卷首)

让社会科学的理论之光照亮新征程
——2019 年新年献词

李云峰

　　江河奔腾不息，时光呼啸而过，走过改革开放 40 周年，迎来新中国 70 华诞之年。

　　2018 年之于常德市社科联，是生机勃勃、激越奋进的一年。在习近平总书记确立的新时代坐标上，在市委、市政府的正确领导下，常德市社科联高举中国特色社会主义伟大旗帜，以习近平新时代中国特色社会主义思想为指导，秉持"鼓劲、聚人、做事、强本、创新"的理念，努力整合社科资源，深入开展社科普及、扎实推进组织建设，不断开拓学术研究、社会服务的新领域，不断开辟认识真理、传承文明的新境界，取得了可喜的成绩。

　　在刚刚过去的一年里，常德市社科联机关建设取得了长足发展，各项事业进入了新境界：常德的高等院校、党校、社科类社会组织、科普基地及基层社科队伍等"五路大军"已形成合力，一支学科门类齐全、人才荟萃的高素质哲学社会科学新军已经形成；社科大讲堂实现了与老百姓的"零距离"接触，不仅走进了武陵城区的芷荷社区，而且走进了偏远山区的桃源县沙坪镇兰坪村，将科普惠民推向了高潮；湖南省社科专家服务团走进常德市区、县（市），为地方发展把脉献策；中美贸易战背后的博弈、湖南省社会科学界学术年会乡村振兴专场报告会、《孙开华评传》首发暨海峡两岸学术研讨会等大型学术交流活动隆重举行。这一年，常德市的社科研究取得空前的繁荣与发展，立项课题突破 100 个，且紧紧围绕市委、市政府的中心工作和常德当前经济社会急需解决的问题，实现了课题研究的精准发力和研究成果的有效转化……

　　《常德论坛》作为常德市社会科学界主办的哲学社会科学刊物，在 2018 年不仅成功改版，而且思想性、学术性、知识性大大提升，从 7 个栏目增加到 13

个栏目，先后开辟了"产业立市""常德文化""区县视界""常德好人""名人学堂"等新栏目，文稿质量和发行量不断提升，内容不断丰富……《常德论坛》的所有进步，离不开各位读者、作者、合作伙伴及社会各界的支持和鼓励，我谨代表《常德论坛》编辑部、常德市社会科学界联合会，向大家致以最诚挚的谢意！

旧岁已展千重锦，新年再进百尺竿。2019 年，站在新的历史起点上，我们将一如既往，为传播习近平新时代中国特色社会主义思想搭建平台，为社科发展再发新声；继续发挥"联"的重要作用，推动发展、服务群众、凝聚人心、促进和谐，全方位落实《中共常德市委关于加快构建中国特色哲学社会科学的实施意见》，广泛团结社会科学工作者，贡献常德智慧，奋力推动哲学社会科学繁荣发展，打造哲学社会科学常德体系，以优异的成绩迎接新中国 70 华诞。

梦想，在我们心中燃烧；未来，在我们手中升腾。2019 年，继续"看"我，和大家在一起，迎着新年的曙光，同心同德，努力奔跑，共同奋进，共同追梦，创造无愧于伟大新时代的辉煌。

（原载于《常德论坛》2019 年第 1 期卷首）

迎接哲学社会科学发展的伟大时代的到来

——学习习近平总书记在哲学社会科学工作座谈会上的讲话精神

李云峰

2016 年 5 月 17 日，习近平总书记在北京主持召开哲学社会科学工作座谈会并发表重要讲话，强调要结合中国特色社会主义伟大实践，加快构建中国特色哲学社会科学。总书记的重要讲话，立意高远、思想深邃，从全局和战略的高度，着眼时代和实践发展要求，深刻回答了事关我国哲学社会科学长远发展的一系列方向性、根本性问题，历史感厚重，时代感鲜明，具有很强的政治意义、理论意义、实践意义和方法论意义，是指导哲学社会科学工作的纲领性文献，标志着我国哲学社会科学事业发展进入新阶段。常德市的哲学社会科学工作者应担负起时代和历史赋予的重要使命，努力把研究、思想提升到新的水平，做到不负时代、不负使命。

一、充分认识哲学社会科学的重要地位和作用，进一步增强繁荣发展哲学社会科学的责任感和使命感

习近平总书记强调："一个国家的发展水平，既取决于自然科学发展水平，也取决于哲学社会科学发展水平。""坚持和发展中国特色社会主义，哲学社会科学具有不可替代的重要地位，哲学社会科学工作者具有不可替代的重要作用。""哲学社会科学事业是党和人民的重要事业，哲学社会科学战线是党和人民的重要战线。"这"两个取决于""两个不可替代""两个重要"，深刻阐述了哲学社会科学的重要地位和独特作用。

习近平总书记从五个"面对"的宽阔视野提出的一系列"如何"，具体说明了哲学社会科学的时代价值。发展哲学社会科学关涉"五位一体"建设，关涉

"四个全面"战略布局，关涉新的发展理念的落实，关涉"两个一百年"奋斗目标，关涉中国梦的实现。这些都是我国发展和我们党执政面临的重大理论和实践问题，都是迫切需要中国特色哲学社会科学着力求解的重大课题，都是哲学社会科学可以也应该大有作为的地方。

习近平总书记的讲话深刻阐述了当代中国社会实践与哲学社会科学互动发展的规律。当代中国正经历着我国历史上最为广泛而深刻的社会变革，也正在进行人类历史上最为宏大而独特的实践创新。"这是一个需要理论而且一定能够产生理论的时代，这是一个需要思想而且一定能够产生思想的时代。"这种前无古人的伟大实践，必将给理论创造、学术繁荣提供强大动力和广阔空间。哲学社会科学工作者都应该立时代之潮头、通古今之变化、发思想之先声，积极为党和人民述学立论、建言献策，担负起历史赋予的光荣使命。

二、坚持正确的政治方向和研究导向，巩固提升马克思主义在哲学社会科学中的指导地位

"坚持以马克思主义为指导，是当代中国哲学社会科学区别于其他哲学社会科学的根本标志，必须旗帜鲜明地加以坚持。"这是对中国国情和中国特色哲学社会科学本质特征的深刻揭示。习近平总书记分别论述了马克思主义的科学性、实践性、人民性，并对马克思主义中国化的进程进行了分析，提出我国哲学社会科学坚持以马克思主义为指导，具有近代以来中国发展历程赋予的规定性和必然性。在我国，不坚持以马克思主义为指导，哲学社会科学就会失去灵魂、迷失方向，最终也不能发挥应有的作用。对哲学社会科学工作者来说，首先是要站稳正确的政治立场、理论立场，这就要求我们必须毫不动摇地坚持以马克思主义为指导。

毫不动摇地坚持以马克思主义为指导，首先是真懂真信的问题。习近平总书记指出，只有真正弄懂了马克思主义，才能在揭示共产党执政规律、社会主义建设规律、人类社会发展规律上不断有所发现、有所创造。真懂真信的基础在真学，落脚在真用。真学就是要认真研读，深刻领会，在把握科学理论体系上下功夫；真懂就是要深入思考，融会贯通，在形成科学的世界观和方法论上下功夫；真信就是要态度坚决，行动自觉，在强化政治信仰上下功夫；真用就是要结合实际，真用马克思主义的世界观、人生观和价值观分析问题、看待问题，用马克思主义的历史唯物主义和辩证唯物主义分析问题、解决问题，用马克思主义的立场、观点和方法解决前进道路上遇到的各种困难和障碍。

坚持马克思主义对哲学社会科学的指导，核心是解决哲学社会科学为什么

人的问题。习近平总书记指出："为什么人的问题是哲学社会科学研究的根本性、原则性问题。我国哲学社会科学为谁著书、为谁立说，是为少数人服务还是为绝大多数人服务，是必须搞清楚的问题。"我们党是全心全意为人民服务的党，我们的国家是人民当家做主的国家，党和国家一切工作的出发点和落脚点是实现好、维护好、发展好最广大人民的根本利益。要解决好为什么人这个核心问题，就要坚持以人民为中心的研究导向，脱离了人民，哲学社会科学就不会有吸引力、感染力、影响力、生命力。我们广大哲学社会科学工作者要坚持人民是历史创造者的观点，树立为人民做学问的理想，尊重人民主体地位，聚焦人民实践创造，自觉把个人学术追求同国家和民族的发展紧紧联系在一起，同人民群众的历史命运紧密联系起来，努力做出经得起实践、人民、历史检验的研究成果。

坚持以马克思主义为指导，最终要落实到怎么用上来。习近平总书记指出："新形势下，坚持马克思主义，最重要的是坚持马克思主义基本原理和贯穿其中的立场、观点、方法。这是马克思主义的精髓和活的灵魂。马克思主义是随着时代实践、科学发展而不断发展的开放理论体系，它并没有结束真理，而是开辟了通往真理的道路。"我们一定要把坚持和发展马克思主义两者统一起来，结合中国特色社会主义的伟大实践，做出新的理论创造，使马克思主义永葆生机活力。对于落实怎么用得上的问题，习近平总书记特别强调了问题意识、问题导向。我们要认真分析研究中国重大的理论和实践问题，提出解决问题的正确思路和有效办法，在全面客观分析的基础上，努力揭示我国社会发展、人类社会发展的大逻辑和大趋势。

三、务实创新构建中国特色哲学社会科学

习近平总书记在讲话中提出，要加快构建中国特色哲学社会科学，这是中国特色哲学社会科学构建理论第一次系统完整地在党的文献和领导人的重要讲话中提出来。改革开放以来的伟大实践和宝贵经验为我国哲学社会科学的发展提供了丰厚土壤和丰富元素，也为全世界提供了一个全新的研究样本。中国的哲学社会科学工作者要树立强烈的文化自信，将中国经验上升为中国理论，为人类知识体系提供新思想、新理论、新范式，为世界发展进步贡献中国智慧，切实将我国的发展优势和综合实力转化为话语优势。习近平总书记提出了加快构建中国特色哲学社会科学的总体思路，即"立足中国、借鉴国外，挖掘历史、把握当代，关怀人类、面向未来"。

首先，立足中国，借鉴国外。一方面，中国特色哲学社会科学应当从中国

实践出发，以研究中国现实问题为中心。立足于建设中国特色社会主义的伟大实践，解决和回应现实中存在和提出的问题。实践提出的问题，是学术创新和理论发展的源泉。学术创新和理论创新都应努力寻求解决问题的办法，使哲学社会科学真正成为治国安邦、经世济民的学问。另一方面，中国特色哲学社会科学必须包容人类创造的文明成果，不能闭门造车，盲目排斥异域文化。尤其是在全球化背景下，我们应当采取"拿来主义"的态度，通过借鉴先进文化和人类文明优秀成果，丰富我们自身的学科体系、学术体系。但是，借鉴并不是照搬照抄，也不是亦步亦趋。

其次，挖掘历史，把握当代。中国特色哲学社会科学必须具有中国的底色，要植根在中国传统文化的基础上，善于从中华优秀的传统文化资源中寻求营养，获取资源。我们要放眼未来，就不能忘记本来。只有从博大精深的中国传统文化中，才能吸收到丰硕的学术营养并构建我们具有自身特质的学科体系、学术体系与话语体系。在哲学社会科学工作座谈会上的讲话中，习近平总书记梳理了从先秦子学到宋明理学、从诸子百家到近现代思想巨擘的文化轨迹和思想脉络，并引证了大量中国古典诗文。例如，他特别强调，我国古代的读书人历来就有"为天地立心，为生民立命，为往圣继绝学，为万世开太平"的志向和传统，今天的学者也应树立"士以弘道"的价值追求，唯有真正做到"博学、审问、慎思、明辨、笃行"，方能做出无愧于时代的大学问和真学问。从这些论述中，不难窥见习近平总书记对中华优秀传统文化的尊重乃至推崇。故而，当代中国哲学社会科学工作者，要有立足于中国传统的高度理论自觉，注重对中国传统资源的挖掘和整理，并在此基础上进行学术上的综合创新，着力提出能够体现中国立场、中国智慧、中国价值的学术观点和创新理论，着力打造具有中国特色、中国风格、中国气派的话语体系，用具有鲜明特色和独特优势的学术话语体系来解读中国问题，讲述中国故事，传播中国声音，告别"有理说不出、说了传不开"的尴尬境地。

最后，关怀人类，面向未来。所谓关怀人类，就是要有人文精神，要有对普罗大众的关爱精神。古人云："观乎人文，以化成天下。"而人文化成，就是要以人文精神引导人们向好的方向发展。当今人文社会学科虽越分越细，但各学科都具有一个相同点，即都要以人为本，关注人的命运和人的自由发展。在全球化时代，中国已经和世界融为一体，同一个地球，同一片天地，哲学社会科学也要关注人类发展和人类前途，既要为中国谋，也要为世界谋、为天下谋，不仅要有家国情怀，还要有未来关切。

四、满怀信心迎接哲学社会科学伟大时代到来

习近平总书记在哲学社会科学工作座谈会上的讲话，既是我国哲学社会科学发展历程中的一次重大历史事件，也是我国哲学社会科学发展史上一篇充满马克思主义思想光辉的伟大文献。它不仅清楚地指出了过去我国哲学社会科学事业存在的诸多问题，更重要的是，首次系统、明确地提出了我国哲学社会科学构建理论，为今后建设中国特色哲学社会科学体系提供了强大的理论支撑，为我国广大哲学社会科学工作者指明了前进的道路和方向。广大哲学社会科学战线的同志们，既要满怀信心地迎接哲学社会科学伟大时代的到来，更要有"板凳要坐十年冷，文章不写一句空"的执着坚守，要耐得住寂寞，经得住诱惑，守得住底线，立志做大学问、做真学问，在为祖国、为人民立德立言中成就自我、实现价值。

（原载于《常德论坛》2017 年第 1 期卷首）

习近平新时代中国特色社会主义思想
引领中国特色哲学社会科学繁荣发展

李云峰

　　十八大以来，党中央和习近平总书记高度重视哲学和社会科学。2016 年 5 月 17 日，中央召开全国哲学社会科学座谈会，习近平总书记发表重要讲话。习近平总书记在讲话时强调："哲学社会科学是人们认识世界、改造世界的重要工具，是推动历史发展和社会进步的重要力量，其发展水平反映了一个民族的思维能力、精神品格、文明素质，体现了一个国家的综合国力和国际竞争力。一个国家的发展水平，既取决于自然科学发展水平，也取决于哲学社会科学发展水平。一个没有发达的自然科学的国家不可能走在世界的前列，一个没有繁荣的哲学社会科学的国家也不可能走在世界的前列。坚持和发展中国特色社会主义，需要不断在实践上和理论上进行探索、用发展着的理论指导发展着的实践。在这个过程中，哲学社会科学具有不可替代的重要地位，哲学社会科学者具有不可替代的作用。"习近平总书记在整篇讲话中把握时代脉搏、紧贴中国实际、展现世界视野，对中国特色哲学社会科学提出了一系列新的重大判断，提出了一系列新理念、新思想、新战略，处处闪烁着马克思主义思想光辉。在中国哲学社会科学事业发展史上，这是一篇具有历史性、开创性和长远性的极其重要的讲话，也是习近平新时代中国特色社会主义思想的重要内容。在习近平总书记讲话精神指引下，2017 年 5 月，中共中央下发了《关于加快构建中国特色的哲学社会科学的意见》；6 月 30 日，中共湖南省委下发了《关于加快构建中国特色哲学社会科学的实施意见》，为中国特色哲学社会科学的发展和繁荣提供了坚强保证。

　　十九大报告充分肯定了十八大以来思想文化建设取得的重大成就。报告指出："思想文化建设取得重大进展。加强党对意识形态工作的领导，党的理论创新全面推进，马克思主义在意识形态领域的指导地位更加鲜明，中国特色社会主义和中国梦深入人心，社会主义核心价值观和中华优秀传统文化广泛弘扬，群众性精神文明创建活动扎实开展。公共文化服务水平不断提高，文艺创作持续繁荣，文化事业和文化产业蓬勃发展，互联网建设管理运用不断完善，全民健身和竞技体育全面发展。主旋律更加响亮，正能量更加强劲，文化自信得到彰显，国家文化软实力和中华文化影响力大幅提升，全党全社会思想上的团结统一更加巩固。"同时，在十九大报告第七部分"坚定文化自信，推动社会主义文化繁荣兴盛"篇章中还进一步明确了今后一个时期思想文化建设的总思路、总目标、总任务，即"牢牢掌握意识形态工作领导权、培育和践行社会主义核心价值观、加强思想道德建设、繁荣发展社会主义文艺、推动文化事业和文化产业发展"。马克思主义和习近平新时代中国特色社会主义思想始终处于中国伟大实践和理论创新的指导地位，这就对哲学社会科学在新时代的实践与理论的互相激荡中提出了新的要求，并进一步为我们加快构建中国特色哲学社会科学、繁荣发展具有中国特色的哲学社会科学指明了方向。

时代是思想之母，实践是理论之源。实践没有止境，理论创新也没有止境。世界每时每刻都在发生变化，中国也每时每刻都在发生变化。我们必须在理论上跟上时代，不断认识规律，不断推进理论创新、实践创新、制度创新、文化创新以及其他各方面创新。常德哲学社会科学界，作为基层实践的共同参与者、见证者和思想理论的宣传者、传播者、研究者，在宣传贯彻阐释新时代中国特色社会主义思想阵地上责无旁贷、当仁不让；在加快构建中国特色哲学社会科学体系上要积极争取党委政府的高度重视和大力支持，时不我待地体现常德作为，展现常德智慧，制定政策措施，加强工作保障，建设具有常德特色的哲学社会科学体系。同时，加快建设常德哲学社会科学的研究阵地，加快完善常德哲学社会科学的学科体系，加快建设和不断壮大常德哲学社会科学的工作队伍，为构建中国特色哲学社会科学和繁荣发展中国特色哲学社会科学贡献常德力量。

（原载于《常德日报》，2017 年 10 月 28 日）

哲学社会科学工作者应当担负起培根铸魂的重大历史使命

李云峰

　　2019 年 3 月 4 日下午，中共中央总书记、国家主席、中央军委主席习近平看望了参加全国政协十三届二次会议的文化艺术界、社会科学界委员并发表了重要讲话。习近平指出："一个国家、一个民族不能没有灵魂。文化文艺工作、哲学社会科学工作就属于培根铸魂的工作，在党和国家全局工作中居于十分重要的地位，在新时代坚持和发展中国特色社会主义中具有十分重要的作用。"

　　哲学社会科学是人们认识世界、改造世界的重要工具，是推动历史发展和社会进步的重要力量，其发展水平反映了一个民族的思维能力、精神品质、文明素养，体现了一个国家的综合国力和国际竞争力。人类社会的每一次重大跃进和人类文明的每一次重大发展，都离不开哲学社会科学的知识变革和思想先导。在漫长的历史进程中，无论是春秋战国时期的诸子百家争鸣、五四时期的爱国运动、改革开放，还是欧洲文艺复兴运动、十九至二十世纪的欧洲革命和国际共产主义运动，都体现着哲学社会科学的这种先导力量，都有力地推动了人类社会的变革和发展。

　　中华民族具有无比深厚的历史文化底蕴和无比深厚的哲学思想源泉。自古以来，中华民族的知识精英崇尚的就是"士以弘道""为天地立心，为生民立命，为往圣继绝学，为万世开太平"的价值追求。在中国现在这样一个国富民强、国泰民安、改革开放不断深化的伟大的新时代，当代哲学社会科学工作者吸吮着中华民族漫长奋斗中积累的文化养分，更应该义不容辞、责无旁贷地担负起培根铸魂的重大历史使命。

　　习近平在讲话中要求，文化文艺工作者、哲学社会科学工作者要坚持用明德引领风尚。中国古代文人一直秉持"修齐治平"的深厚理念和家国情怀。而实现这一理念的前提和基础正是修身以正其心而后及人，正所谓"大学之道，在明明德，在亲民，在至于至善"。因此，作为哲学社会科学工作者，不仅要坚持与时代同步伐、以人民为中心、为人民奉献精品力作，而且要始终做到有品德、有信仰、有情怀、有担当，树立高远的理想追求和深沉的家国情怀，努力做对国家、对民族、对人民有贡献的学问家。要坚守高尚的职业道德，自觉践行社会主义核心价值观，以良好品德、高远志向、高尚情操为社会做出表率。同时，要以自身的明德启迪人们的思想、陶冶人们的情操、温润人们的心灵，自觉担负起以文化人、以文育人、以文培元的历史使命。

（原载于《常德论坛》2019 年第 1-2 期卷首）

第二篇

常德积极发挥节点城市作用　助推长江经济带发展

李云峰

常德市头顶长江、腰缠沅澧、脚踏洞庭，在长江经济带"一轴两翼三极多点"发展格局中，作为洞庭湖生态经济区全域覆盖的核心城市和长江经济带的重要节点城市，位置独特、作用突出、责任重大。过去几年，在建设长江经济带、长江中游城市群的发展实践中，常德市智库产生了一些思考，得到了一些经验。

一、长江中游城市群建设意义重大

我国幅员辽阔、人口众多，各地区发展条件各有特色，经济社会发展水平也存在一定差异。近年来，我国经济发展进入新常态：经济发展从高速增长转为中高速增长，经济结构优化升级，从要素驱动、投资驱动转向创新驱动，竞争优势也发生改变，国内各省份都在积极培育和提高区域竞争力，以获取资源和争夺市场，这对促进区域协调发展提出了新的要求。在区域发展总体战略的指引下，国家出台了一系列重大区域规划和政策文件，使区域经济增长格局进一步优化，特别是通过重点地区的辐射带动，推动了区域经济整体发展，明显增强了区域发展的协调性，有力地支撑了国民经济持续健康发展。

长江经济带覆盖上海、江苏、浙江、安徽、江西、湖北、湖南、重庆、四川、云南、贵州等11个省市，面积约205万平方千米，占我国国土总面积的21%，人口和经济总量均超过全国的40%，生态地位重要、综合实力较强、发展潜力巨大，是我国经济重心所在、活力所在，也是中华民族永续发展的重要支撑。长江中游城市群作为长江经济带最主要的经济和人口集聚地，承东启西、连南接北，既是长江经济带的重要组成部分，又是实施促进中部地区崛起战略、全方位深化改革开放和推进新型城镇化的重点区域，在全国区域发展和推进城镇化进程中具有重要地位。推进长江中游城市群发展，有利于跨区域整合优化资源要素，探索城市群合作发展的新路径和新模式，培育形成全国重要的经济增长极，引领和带动中部地区加快崛起；有利于深化长江流域经济合作和开放开发，形成良性互动、合作共赢的发展格局，协同打造中国经济新支撑带；有利于共同保护长江水资源、水环境，促进人水和谐、绿色发展，引领全国资源节约型和环境友好型社会建设；有利于推进城乡区域协调发展与社会和谐进步，使城乡居民共享现代化建设成果。同时，由于长江中游城市群的城市地缘相近，文化传统、发展环境大同小异，长期以来区域发展定位和政策相似性较强，长江中游城市群的建设既要求湖南、湖北、江西三省联合发展，又要求三省正确认识区域的核心竞争力和竞争优势，协调产业定位、功能定位。

为更好地促进中部崛起，党中央、国务院做出推动长江经济带发展的重大决策，接连印发了《关于依托黄金水道推动长江经济带发展的指导意见》《长江中游城市群发展规划》《长江经济带生态环境保护规划》《长江经济带发展规划纲要》等多个重大国家战略纲领性文件，用创新、协调、绿色、开放、共享的发展理念指导长江经济带发展，描绘了长江经济带发展的宏伟蓝图。这是事关国家发展全局和中华民族长远利益的重大战略，对于实现"两个一百年"奋斗目标和中华民族伟大复兴的中国梦，具有重大现实意义和深远历史意义。特别是2018 年 4 月，习近平总书记在武汉召开了深入推动长江经济带发展座谈会并发表重要讲话，指出推动长江经济带发展必须从中华民族长远利益考虑，把修复长江生态环境摆在压倒性位置，共抓大保护、不搞大开发，努力把长江经济带建设成为生态更优美、交通更顺畅、经济更协调、市场更统一、机制更科学的黄金经济带，探索出一条生态优先、绿色发展的新路子。

一直以来，习近平总书记高度关注湖南的发展，多次深入湖南考察调研，强调要坚定信心，扎实工作，坚持稳中求进的工作总基调，坚持稳增长、调结构、促改革、保民生，加快转变经济发展方式，加快实施创新驱动发展战略，充分利用有利条件，努力克服不利因素，推动经济继续保持良好发展势头，实现全年经济社会发展预期目标。习近平总书记殷切希望湖南发挥作为东部沿海地区和中西部地区过渡带、长江开放经济带和沿海开放经济带结合部的区位优势，抓住产业梯度转移和国家支持中西部地区发展的重大机遇，提高经济整体素质和竞争力，加快形成结构合理、方式优化、区域协调、城乡一体的发展新格局。湖南作为长江经济带的重要省份，必须紧跟中央步伐，加快融入、推动长江经济带发展。

二、坚定不移地走生态优先、绿色发展之路

近年来，常德市始终把习近平新时代中国特色社会主义思想作为根本遵循，深入学习贯彻习近平总书记关于长江经济带发展战略思想和湖南省委关于《长株潭城市群区域规划》《湖南省人民政府关于加快建设"一核三极"辐射联动"四带多点"增强区域发展新动能的实施意见》等决策部署，认真学习贯彻习近平总书记在推动长江经济带发展座谈会上的重要讲话精神，自觉扛起"共抓大保护、不搞大开发"的政治责任，积极推进开放强市、产业立市，相继出台了《洞庭湖生态经济区规划》《津澧城市空间发展一体化规划》《中共常德市委关于深入实施长江经济带发展战略大力推动高质量发展的决议》等政策文件，坚定不移地走生态优先、绿色发展之路，取得了明显成效。

（一）环境保护与污染治理成效比较明显

1. 突出环境问题整改取得明显成效

坚持把推进中央、省级环保督察和长江经济带生态环保审计反馈的突出环境问题整改作为最大的政治任务，逐一明确责任单位、责任人和整改措施、时间节点，市县乡村四级联动、压茬推进，西洞庭湖区欧美黑杨清理、珊泊湖治理等工作得到各方好评。目前，中央环保督察组交办给常德市的17个深层次问题有14个完成整改，3个达到整改进度要求，交办的242件群众信访问题已全部办结，在全省中央环保督察整改综合考评中居第1位；省委省政府交办的6个方面31个突出问题现已全部完成整改；审计反馈的18个突出环境问题有9个完成整改，其余9个正在抓紧落实。

2. 污染防治系统治理取得阶段性成果

水污染防治方面，统筹推进黑臭水体治理、饮用水水源地保护、工业和生活污水防治、畜禽规模养殖污染、非法采砂整治等工作，2017年23个省控以上考核断面中，Ⅱ、Ⅲ类的有22个，占95.7%，县级及以上9个饮用水水源地水质全部达标，水环境质量改善工作在全省考核中居第2位。大气污染防治方面，建立健全大气污染联防联控机制，深入推进扬尘治理、秸秆禁烧、鞭炮禁燃等十大专项行动，2017年常德市城区环境空气质量优良天数275天，同比增加16天，全面完成省政府下达的年度减排目标。土壤污染防治方面，深入推进全国土壤污染防治先行区建设，重点实施安乡、临澧农用地土壤污染治理与修复工程以及石门雄黄矿区域土壤污染综合治理工程，治理农村不达标土壤220.7万平方米。扎实开展土壤污染防治源头控制、风险管控和治理修复工作，

全面完成全市工业污染源、农业污染源、生活污染源和污染地块现场调查和排查工作。

3.生态系统功能修复取得积极进展

大力开展湿地保护，启动实施西洞庭、毛里湖、珊珀湖、明塘湖、北民湖等重要湿地保护与恢复工程，共清除欧美黑杨8.3万亩，退养(殖)还湿6万多亩，西洞庭湖国家级自然保护区及生态修复示范区域面积超过3万亩。成功获得国际湿地城市认证提名资格，桃源沅水国家湿地公园、安乡书院洲国家湿地公园通过国家验收。完成205个行政村的农村环境综合整治任务。

(二)经济建设与生态建设协调同步推进

正确把握生态环境保护和经济发展的关系，加快新旧动能转换，加速产业转型升级，努力实现在发展中保护、在保护中发展的目标。

1.加快推进产业转型

一方面，改造提升传统支柱产业。通过兼并重组、技改扩产等方式，加快推进烟草、食品等传统产业转型升级、提质增效，逐步向高端产品、产业链上游拓展。另一方面，培育发展新兴优势产业。积极对接全省工业新兴优势产业链行动计划，加快发展电子信息、新能源、新材料等战略性新兴产业。2017年，常德市电子信息产值突破100亿，达到112.2亿元。2018年一季度，新材料、电子信息、新能源、节能环保产值分别增长60.4%、31.8%、9.3%、24.1%。

2.淘汰落后过剩产能

严格按照"三去一降一补"工作要求，环保、经信、安监等部门大力开展"地条钢"排查、黏土砖整治、烟花爆竹退出、小煤矿小水泥厂关停等系列行动，2013年以来常德市共淘汰水泥、造纸、印染、制革等产业企业11家，关停黏土砖厂238家，退出烟花爆竹企业25家，国有煤矿改制和私营煤矿关停工作也正在稳步推进。

3.积极推广绿色生产

加大清洁能源、工业节水等技术改造力度，鼓励园区和企业发展循环经济，争创绿色工厂、绿色单位，安乡鲸港生态工业园被评为湖南省"生态经济十佳示范案例"，桃源工业集中区获批省铝循环再生产业园，力元新材成功创建省级绿色工厂。加强对重点地区、重点园区、重点行业、重点企业节能降耗的监测监督，2015至2017年，常德市万元规模工业增加值能耗累计下降32.1%。

4.发展壮大美丽经济

大力发展以文化旅游、美丽乡村、完美社区建设为重点的美丽经济，努力让绿水青山变成金山银山。近年来，先后打造了武陵阁步行城、华侨城欢乐水世界、大小河街、老西门等一批城市新名片，桃花源、柳叶湖、穿紫河、城头山等旅游热点不断升温，万达广场、友阿广场、和瑞欢乐城等城市商业综合体建成开业，2017年常德市旅游综合收入增长14.1%。

三、持续贯彻落实长江经济带发展战略的工作布局

尽管取得了初步的成果，但正如习近平总书记所指出的，目前仍然存在对长江经济带发展战略的一些认识比较片面、生态环境形势依然严峻、生态环境协同保护体制机制亟待建立健全、流域发展不平衡不协调问题突出、有关方面主观能动性有待提高等方面的问题。必须以习近平新时代中国特色社会主义思想为指导，全面把握"五大关系"、贯彻"五大发展理念"，走高质量发展、创新驱动发展、生态优先发展和区域协同发展之路，构建跨省（市）域协同治理机制，持续推进长江经济带建设。常德市将坚持走生态优先、绿色发展之路，抢抓长江经济带发展战略机遇，统筹山水林田湖草系统保护修复，坚决打赢污染防治攻坚战，大力推进产业立市三年行动，努力实现更高质量、更有效率、更加公平、更可持续的发展。

一是以自然生态系统保护修复为基础，筑牢绿色生态屏障。加强洞庭湖生态环境修复、沅澧两水岸线保护、江河湖连通工程建设、生态功能区保护修复，建成环境友好的海绵城市。

二是以解决突出环境问题为关键，打赢污染防治攻坚战。防治大气污染、水体污染、土壤污染，着力改善农村人居环境。

三是以产业立市三年行动为抓手，扎实推动高质量发展。大力发展现代产业新兴工业，做大做强产业园区，提升对外开放水平，优化经济发展环境。

四是以融入长江中游城市群为平台，加速推进新型城镇化建设。力争将常德市打造成连通长江中游城市群、辐射洞庭湖区域的湘西北区域中心城市，坚持把新型城镇化作为促进城乡协调发展的重要途径，大力实施城镇拓展区综合配套及环境提升工程，优化城镇体系，加强城镇规划，提高城镇品位，加快人口和生产要素集聚化、非农产业园区化、基础设施现代化，不断提高城镇综合竞争力和辐射带动力。到2020年，确保常德市常住人口城镇化率达到57%。优化市域城镇布局，以"四纵三横"沅澧快速干线和规划的沅澧轻轨为纽带，统筹谋划津澧合并设市和中心城区区划调整，构建中心城市—副中心城市—县城和重点镇（特色镇、口子镇）—一般镇（中心村和社区）的城镇体系，加快形成"全域主次清晰、沅澧一体发展"的新型城镇格局。

　　五是以深入实施乡村振兴战略为契机,加大新农村建设投入力度和生态扶贫力度,将投入重点向农村倾斜,将人、财、物等发展元素配置重点转向农村,充分发挥农村生态资源丰富的优势,发展绿色产业,真正把绿水青山变成金山银山,带动贫困人口精准脱贫,推动农村、农业、农民发展全面提质。

　　六是贯彻落实长江经济带发展战略,探索协同推进生态优先和绿色发展的新路子,大力推动高质量发展,还要注重统筹,打好防范化解重大风险、精准脱贫攻坚战,做到系统谋划、一体推进、协同攻坚。着力管控政府债务,切实优化投资结构,用好用活产业发展基金,把投资重点引导到生态保护、环境治理和绿色发展上来,守住不发生区域性、系统性金融风险的底线。

(在长江中游城市长江经济带研讨会上的发言)

从赵必振敢为人先传播马克思主义的历史贡献出发探讨新时代研究赵必振的时代价值与路径

李云峰　尹媛媛[①]

赵必振一生著书立说不缀，仅 1902、1903 两年间翻译的日文版书籍就多达 28 部，其中《二十世纪之怪物——帝国主义》《社会主义广长舌》和《近世社会主义》三部社会主义著作对当时中国人的思想觉醒与启蒙产生了积极影响。本文从历史价值和时代价值两个方面探讨了赵必振在中国早期马克思主义传播史上的地位和贡献，并结合实际分析了赵必振研究中存在的问题和不足，提出了几点建议。

一、历史价值

晚清时期，翻译作为新思想启蒙和挽救民族危亡的手段，发挥了举足轻重的作用。在各种社会思潮的激荡中，马克思主义开启了中国近代思想新纪元。对于是谁最先将马克思主义传入中国的问题，学术界展开了研究和讨论，根据大量的资料查阅和文献综述，本文对赵必振的社会主义译介活动发表几点看法。

（一）赵必振的社会主义译介活动最具前瞻性

在五四时期传播马克思主义学说和社会主义思想的先驱者中，赵必振于 1902 年就投入了战斗。他的译作虽然晚于英国传教士李提摩太的译文，但李提摩太毕竟不是中国人。梁启超 1902 年刊在《新民丛报》上的文章提到过马克

---

①　尹媛媛(1987—)，女，常德市社会科学发展研究中心干部，研究方向：文化产业。

思、社会主义等词汇,而且与赵必振的译作同时出现,但毕竟是只言片语。众所周知,在中国正确地传播马克思主义、热情地讴歌十月革命的李大钊,于1918 年发表了《法俄革命之比较观》《庶民的胜利》和《Bolshevism 的胜利》,于1919 年主编《新青年》杂志《马克思主义研究专号》时又发表了《我的马克思主义观》,不过在时间上却比赵必振晚 16 年。因此我们说,赵必振是中国比较系统地传播社会主义思想的第一人。他的译介活动,最先使中国人认识了马克思主义,引起了知识界、思想界一部分人的关注和震动,为后来马克思主义在中国的实质性传播做了铺垫和准备。

(二)赵必振的社会主义译介活动最具系统性

由赵必振翻译的《近世社会主义》于 1903 年 2 月在上海广智书局出版。全书分上、下册,共四编,约 16 万字。该书博采诸家之说,第一次向中国读者比较系统地介绍了卡尔·马克思的生平及其学说。此译著"为近世之最急要者,而发明社会主义真相之著作"。该书第一编《第一期之社会主义》分五章,尖锐地批评英、法空想社会主义是"井蛙之见",无政府主义是"粗暴过激之议论"。第二编《第二期之社会主义》分四章,为全书的核心,主要介绍德意志社会主义。在其第一章《卡尔·马克思及其主义》中,赵必振专题介绍了科学共产主义创始人马克思的生平和思想。第三编《近时之社会主义》指出,无政府主义与马克思主义"今则如仇",社会民主主义与共产主义"大异其趣"。第四编《欧美诸国社会党之现状》主要介绍法、德等国家社会党的历史。此书最后还附录《社会主义及其党与之重要诸件表》,为研究国际共产主义运动的历史提供了 126 件文稿。同时,还介绍了 15 篇重要参考书目,其中包括《共产党宣言》《资本论》等经典著作,为我国早期马克思主义译著目录之一。赵必振的译著在当时传播马克思主义的先驱中最为详细、最为系统,其当之无愧为马克思主义早期系统传入中国的第一人。

(三)赵必振的社会主义译介活动最具开创性

1840 年鸦片战争爆发之后,中国逐步沦为半殖民地半封建社会,列强横行,政治腐朽,内忧外患,民不聊生,国家处于危急存亡之秋,人们的爱国热情日益高涨,纷纷积极寻求新知识、新思想,如饥似渴地想要破解中国难题。直到 1903 年,赵必振翻译的《近世社会主义》在上海广智书局出版后,仿佛给在黑暗中前行的中国人点燃了一束火把。新的世界观和方法论、新的知识与观念大大开拓了中国人的眼界,极大地启发和满足了中国知识分子的求知欲望。《晚清首都国人译介的社会主义著作的翻译史考察》一书中说:"晚清时期赵必振所翻译的《近世社会主义》，向当时的中国引进了马克思主义术语，为马克思主义后来大规模实质性的传播起到了某种思想先导作用，为推进中国近代化进程做出了不可磨灭的贡献。"朗旭在《辛亥革命前期社会主义理论及马克思学说在中国的传播》一文中说："社会主义理论、马克思学说等一系列进步西方哲学著作的翻译与传播，为近代中国进一步发展提供了理论基础与舆论准备，成为近代中国的思想先导。"

二、时代价值

赵必振的精神孕育于中国共产党人为中国人民谋幸福、为中华民族谋复兴的初心，形成于中国革命的伟大实践，是中华民族历史文化的宝贵精神财富。习近平总书记在党的十九大报告中指出，要推动中华优秀传统文化创造性转化、创新性发展，继承革命文化，发展社会主义先进文化，不忘本来、吸收外来、面向未来，更好地构筑中国精神、中国价值、中国力量，为人民提供精神指引。进入新时代，进一步巩固马克思主义在意识形态领域的指导地位和进一步贯彻落实马克思主义中国化、时代化的最新成果（习近平新时代中国特色社会主义思想）尤为重要。在中国共产党领导中国人民走向伟大复兴的新时代，赵必振的精神具有特殊的时代价值。

（一）助力意识形态工作领导权

马克思主义的要义是用世界的大革命运动彻底摧毁帝国主义和资本主义，把他们的天下变成广大劳动者共有的社会。这让在戊戌变法和义和团运动先后失败后苦苦探索救国救民真理的赵必振心中豁然开朗，他在早期就深信马克思主义能够救中国，并毅然决然地把它译介到了中国。事实证明，马克思主义自从传入中国，就开启了它的中国化历程。习近平总书记在纪念马克思200周年诞辰大会上指出，马克思主义的命运早已同中国共产党的命运、中国人民的命运、中华民族的命运紧紧连在一起。革命文化持续推进马克思主义中国化、时代化、大众化，为建设具有强大凝聚力和引领力的社会主义意识形态，使全体人民在理想信念、价值理念、道德观念上紧紧团结在一起奠定了重要基础，为加强理论武装，推动当代马克思主义——习近平新时代中国特色社会主义思想深入人心提供了有力支撑。

（二）助力培养和践行社会主义核心价值观

赵必振在国家危亡之际，能挺身而出，投身自立军，抛洒热血；在寻求救国良方时，能坚定信仰，勇做译界苦行僧，开创近代思想新纪元。在热河从政期间，能廉洁奉公，严于律己，身兼五长，而不名一文等。赵必振一生都在践行实现人类幸福的崇高理想。习近平总书记指出，我们倡导的富强、民主、文明、和谐，自由、平等、公正、法治，爱国、敬业、诚信、友善的社会主义核心价值观，体现了古圣先贤的思想，体现了仁人志士的夙愿，体现了革命先烈的理想，也寄托着各族人民对美好生活的向往。由此，我们也可以从赵必振身上领悟到社会主义核心价值观的思想基础。

(三)助力繁荣发展社会主义文艺

社会主义文艺创作源于人民并以人民为中心。要繁荣文艺创作，必须植根于历史题材与现实题材，不断挖掘推出讴歌党、讴歌祖国、讴歌人民、讴歌时代英雄的精品力作。赵必振的一生，具有积极向上的时代特征。加强对赵必振的研究，挖掘其红色文化基因，能为社会主义文艺创作丰富内容，积累财富，点燃文艺创作的热情。同时，将朴素的红色文化用喜闻乐见的文艺形式呈现出来，既能扎根于广大群众，又能更好地服务和满足广大群众对文艺作品的需求，为繁荣社会主义文艺注入新的血液。

(四)助力文化事业和文化产业发展

对赵必振的研究，是为了满足人们对文化的需求，保护和利用文化资源为人们提供精神食粮的文化活动，对他的研究、创作、展示、传播等都会在一定程度上促进相关文化事业和文化产业的发展，这是文化生命力的彰显，也是时代赋予的使命。习近平总书记在十九大报告中指出，要满足人民过上美好生活的新期待，除了物质生活，还必须为人民群众提供丰富的精神食粮。要把加强文化资源的保护和利用，作为完善公共文化服务体系、实施文化惠民工程。丰富群众性文化活动的重要内容。我们要以对赵必振的研究为契机，深入挖掘本土文化，传承红色基因，讲好常德故事，积极作为，展现文化软实力，助力文化事业和文化产业的发展。

三、问题和不足

(一)对赵必振研究的力度不大

从文献库中查阅得知，最早对赵必振展开研究的是田伏隆、唐代望1983 年在《求索》中发表的《马克思学说早期译介者赵必振》，截至 2018 年 10 月在文献库"主题"一栏中输入"赵必振"，能找到的相关文献约15篇，其中直接介绍赵必振本人的有11篇，相关书籍更少。从时间上看，1983年至2002年赵必振研究基本上出现了断层，2011年至2018年学界对赵必振的研究开始逐渐升温。据统计，常德本土对赵必振研究的概况如下：常德市对赵必振的研究与宣传工作始于2011年，由鼎城区委、区政府牵头。2017年5月成立"赵必振研究会"，先后聘请了国内10多位高校知名教授、上级相关管理单位权威专家和20多位本土文史专家担任研究会顾问或学术委员。2018年与中南大学联合申报的研究课题"赵必振翻译日文版社会主义著作的搜集、整理与研究"，被列为2018年度国家社会科学基金项目。由鼎城区委党史办、鼎城区赵必振研究会组织专家编辑整理的《赵必振译文集》，入选国家《马克思诞辰200周年纪念文库》等。常德近年来披荆斩棘、积极作为，对赵必振开展了大量研究工作，取得了一定的成绩，引起了一定的反响。但是牵头组织研究的层级低、力量弱、影响小，且起步较晚，投入的财力人力少、成果不多，需要凝聚更高层次、更多力量，系统、深入地开展调研活动和学术研究，点燃并掀起赵必振研究的熊熊烈火。

（二）对赵必振的研究不够全面

目前，关于赵必振的研究主要倾向于赵必振在早期马克思主义传播的贡献，肯定他是早期马克思主义传入中国的第一人。同时，也有一部分研究提及了赵必振的生平，但数量有限。唐代望（2003）指出，孙中山最早主张马列主义与中国实际相结合，但他不是最早在中国介绍马克思主义的人。湖南志士赵必振是最早介绍马克思主义的。周星林（2011）认为，赵必振虽不是第一个接触马克思主义的中国人，但是，他在1902年8月敢于冲破封建王朝的文化禁区，在国内正式出版第一部揭露帝国主义本质、推介马克思主义的《二十世纪之怪物帝国主义》，此举较梁启超发表关于马克思主义的文章早两个月，较马君武早半年。次年，他又将《近世社会主义》介绍给国人，为中国人学习和实践马克思主义提供了最早的读本。因此，称赵必振是马克思主义在中国系统传播的"第一人"，一点也不为过。曾长秋（2017）进一步强调，赵必振是在中国比较系统地翻译介绍社会主义著作的第一人，是中国翻译社会主义思想的先驱。魏驰（2018）认为，马克思主义在中国的传播史就是近代中国的思想解放史，赵必振是马克思主义传播的先驱，是推动思想解放的先行者。曾世平（2018）从赵必振早年、青年、中年、晚年四个时间维度详细介绍了赵必振的传奇一生，同时对他的译价活动做了高度的评价。

赵必振在早期对马克思主义传入中国做出的贡献是其人生的一大成就和亮点，也是赵必振情怀、担当与精魂的一个写照。但是我们还需要从多方面对赵必振进行深入研究，从他的成长环境、革命历程、政治生涯、教育事业、国学研究、生平轶事以及时代价值等多方入手，让赵必振这一人物形象更加饱满，让研究内容更加充实，同时也让人们能更自觉、更全面、更深入地领会赵必振的精神，进而激励人们投入中华民族伟大复兴的洪流。

（三）对赵必振的宣传力度不大

赵必振是早期马克思主义传入中国的第一人，是红色文化的播种者，但除了学术界和相关研究单位有所了解，其他方面对赵必振的认知并不多，对赵必振是哪里人以及他有什么具体贡献等都比较模糊。世人对赵必振其人、其事、其精神、其历史价值和时代价值知之甚少。要打好"红色品牌"，传承红色基因，就应该利用各种方式加强对赵必振的历史贡献、革命精神及其研究的宣传。让赵必振不仅能走进学术和研究领域，同时也能如一缕春风传入千家万户，被吸收、被转化、被激荡，传播出更多的正能量，碰撞出更多的思想火花。

（四）对赵必振研究的重视不够

常德这片热土孕育了早期传播马克思主义的第一人赵必振，也先后涌现了林伯渠、帅孟奇、丁玲、翦伯赞、王尔琢、颜昌硕、陈振亚等革命先辈，他们都是红色文化的奠基者，也是常德人的名片和骄傲。应以赵必振研究为契机，深入挖掘和研究常德本土的红色文化，打出"红色品牌"和"常德亮点"。但目前国内关于赵必振的研究还没有得到应有的重视，中央、省委以及市委都没有这方面的研究计划，相关单位和研究力量比较分散，资源没能得到很好地整合，对赵必振的资料收集、学术研讨、宣传推介等工作还需加强。

四、建议

（一）完善党的政治领导和工作指导，为赵必振的研究和宣传工作领好头

中央及地方各级党委（党组）要把对赵必振的研究摆在重要位置，及时解决实际问题，更好地发挥党委在推动"深入赵必振研究，传承红色文化基因"中的作用。呼吁中央文献室和中国社科院，组织国内专家对赵必振进行全面、深入的研究。建议中央宣传部和省委宣传部将赵必振其人其事其精神纳入红色历史加以宣传。省党史办要组织省内专家系统挖掘、整理、研究赵必振。常德市要以对赵必振的研究为突破口，成立全市红色文化规划发展领导小组，统一指导和协调研究工作。市党史办和社科研究部门要充分发挥牵头作用，组织相关部

门落实职能责任，同时加强对各类社会科学学术社团的指导和管理，广泛发动，积极整合，打造"红色品牌"，传出"常德声音"。

(二)完善公共文化服务体系建设，为赵必振的研究和宣传工作服好务

公共文化服务体系是促进文化交流、普及文化知识的重要支撑，可以为传播先进文化、提供精神食粮创造条件。加强对赵必振的研究和宣传要明确党和政府的领导管理权责，发挥财政、规划、教育、科技、人力资源、城乡建设等部门的职能和协同作用，建立统一的公共文化服务平台，在统筹推进文化资源挖掘与宣传工作的同时，为赵必振的研究与宣传工作服好务。要落实有关赵必振研究或宣传工作的重大项目建设和资金支持；整合赵必振研究的各种资料和学术资源；统筹现有的公共文化设施、公共文化服务队伍、公共文化资金、公共文化项目等为赵必振的理论研究工作服好务，为赵必振的文艺创作服好务，为赵必振的传播推介服好务，也为大众了解和学习赵必振的历史价值和时代价值服好务，将"种"文化与"送"文化紧密结合起来，让赵必振的研究与宣传"开花结果"。

(三)促进产业融合，为赵必振的研究和宣传工作创活力

创新是时代进步的动力，也是各项工作顺利开展的助推器。产业间的融合往往能为各方工作打通脉络，迸发出更多的活力和生命力。在研究和宣传赵必振精神的时候，可以引进大型专业旅游开发公司与赵必振研究部门联合，保护和挖掘红色文化资源，以"马克思主义早期传入中国的根源地"为主题，整合文化元素，创作旅游产品，打造旅游品牌。文艺界可以赵必振为题材，围绕基层民众"求乐、求美、求知、求技"的多样化文化需求，对赵必振的人物形象或事迹进行文艺创作，吸引成千上万基层民众自觉参与其中，在娱乐身心的同时，提升素质，传承文化。同时，积极探索红色文化挖掘与传承的多样化途径，渗入各个行业，为赵必振的研究与宣传注入新的活力。

(四)完善"四位一体"教育，为传承赵必振精神蓄动力

完善"四位一体"教育，即从家庭、学校、社会和个人出发，全面加强和完善对赵必振精神的学习和传承。居委会应发挥基层堡垒作用，在社区开辟专栏，张贴红色文化人物的宣传海报，让赵必振精神走进千家万户，让群众对其精神获得认知。教育部门应根据不同年龄阶段的学生群体，开展主题教育。针对中小学生，可以通俗、生动的故事形式展现，让中小学生从小接受革命先辈的思想熏陶。针对大中专院校，可以组织编辑一本《早期马克思主义传入中国

背后的故事》，与马克思主义读本配套使用，让大学生在学习马克思主义先进思想的同时，了解更多马克思主义背后的故事，感受赵必振等革命先辈在国家生死存亡之际，坚定信仰、勇于担当、披荆斩棘、敢为人先的开拓精神和爱国情怀，激发学生学习马克思主义、运用马克思主义的浓厚兴趣。同时充分发挥赵必振故居和赵必振纪念馆文化阵地的作用，对外展示和传颂赵必振。社科类社会组织和普及志愿者可以开展形式多样的普及、教育活动，强化人们对赵必振精神的学习。

参考文献

[1]唐代望.中国谁最早介绍马克思主义[J].广东行政学院学报,2003,15(3).
[2]鲜明.晚清首部国人译介的社会主义著作的翻译史考察[M].北京:中央编译出版社,2016.
[3]田伏隆,唐代望.马克思学说早期译介者赵必振[J].求索,1983(1).
[4]鲜明.晚清系统译介社会主义学说的第一部译作[J].天津外国语大学学报,2013,20(4).
[5]潘喜颜.晚清时期赵秘振日书中译的贡献[J].史学月刊,2009(12).
[6]曾长秋.赵必振:马克思主义在中国最早的传播者[J].湖南大学学报(社会科学版),2017(5).
[7]周星林.赵必振,马克思主义在中国传播第一人[N].常德晚报,2011-07-15.
[8]周星林.谁是马克思主义在中国传播第一人[J].青年与社会,2011(7).
[9]曾世平.中国翻译社会主义专著第一人赵必振[C].赵必振研究资料新编,2018.
[10]魏驰.浅析赵必振在中国马克思主义传播史上的历史地位和作用[J].湖南广播电视大学学报,2018(1).
[11]朗旭.辛亥革命前期社会主义理论及马克思学说在中国的传播[J].兰台世界,2015(22).

（原载于《首届赵必振学术研讨会论文集》）

农村老年人健康养老服务的评价与期待
——基于湖南省 76 个村 1154 位老年人的调查

李云峰　　匡立波①

【摘要】随着老年人对养老服务要求的不断提高，如何有效提升老年人对农村养老服务的满意度、认可度、受益度，回应老年人养老期盼尤为重要。调查发现，因政府重视不够，湖南省农村老年人对养老服务评价总体消极，对养老机构与场所的满意度低，养老保障服务受益度不高，老年协会组织作用薄弱。但是，老年人对养老服务内容认可度高，期待村庄完善养老服务机构与场所，开展集体活动，成立老年协会组织。因此，需推动养老主体多元化，推进老年组织常态化，增强养老服务针对性，促进老年活动多样化，保证湖南省农村老年人最大限度地实现老有所养、老有所为、老有所安、老有所乐。

【关键词】健康养老；评价；期待

《"十三五"国家老龄事业发展和养老体系建设规划》提出了"着力完善老龄政策制度，着力加强老年人民生保障和服务供给，着力发挥老年人积极作用，着力改善老龄事业发展和养老体系建设支撑条件"的要求。在当前加快推进农村养老服务供给侧结构性改革的背景下，研究有效提升老年人对农村养老服务的满意度、认可度，回应老年人养老期盼尤为重要。为此，常德市社会科学界联合会（以下简称常德市社科联）"健康养老服务"课题组对湖南省 76 个村 1154 位老年人进行了专题调查。经调查，发现湖南省农村老年人对养老服务的评价还有较大提升空间，对养老机构与场所的满意度低，养老保障服务受益度不

---

① 匡立波(1979—)，女，湖南文理学院马克思主义学院副教授，研究方向为农村基层自治。

高，老年协会组织作用薄弱。但同时，老年人对养老服务内容认可度高，期待村庄完善养老服务机构与场所，开展集体活动，成立老年协会组织。因此，需推动养老主体多元化，推进老年组织常态化，增强养老服务针对性，促进老年活动多样化，保证湖南省农村老年人最大程度实现老有所养、老有所为、老有所安、老有所乐。

一、农村养老服务认可度整体偏低

(一)养老服务总体评价偏低，且与家庭经济状况成正比

从湖南省老年人对养老服务的满意度评价来看，在1154 个有效样本中，认为"非常满意"和"比较满意"的占比分别为1.90%、23.92%，二者合计占比为25.82%，不足三成，湖南省老年人对当地养老服务总体满意度偏低(见表1)。

表 1　老年人对养老服务的满意度

满足情况	样本量/个	占比/%
非常满意	22	1.90
比较满意	276	23.92
一般	551	47.75
不太满意	260	22.53
很不满意	45	3.90
合计	1154	100

有效样本：1154　缺失值：0

(二)养老场所服务缺位，高龄老人满意度更低

就老年人对养老服务场所满足自身需求程度而言，在233 个有效样本中，认为"完全能"和"基本能"的占比分别为2.58%和37.33%，二者合计占比为39.91%，不足四成(见表2)。进一步分析不同年龄老人的满意度，70 岁以下老年人认为"作用很大"和"作用较大"的占比分别为2.83%、33.96%，二者合计占比36.79%；70~79 岁老年人此二项合计占比为45.84%；80 岁及以上老年人的合计占比仅为32.26%，对比可知，高龄老人对养老服务场所满意度最低(见表3)。

表2　老年人对老年活动设施和服务满足自身需求程度

满足需求程度	样本量/个	占比/%
完全能	6	2.58
基本能	87	37.33
一般	119	51.07
基本不能	17	7.30
完全不能	4	1.72
合计	233	100

有效样本：233　缺失值：2

表3　不同年龄老年人对老年活动设施和服务满足自身需求情况

年龄分组	满足需求情况/%					合计	
	作用很大	作用较大	一般	作用很小	没有作用	占比/%	样本量/个
70 岁以下	2.83	33.96	57.55	4.72	0.94	100	66
70~79 岁	3.13	42.71	43.75	8.33	2.08	100	96
80 岁及以上	0	32.26	51.61	12.9	3.23	100	31

有效样本：233　缺失值：2　　$P=0.495$

（三）养老服务内容认可度较高，多样化服务初见成效

养老服务内容包括日常生活服务、医疗保障服务、精神慰藉服务、休闲娱乐服务及权益保障服务。从医疗保障服务中的免费体检、义诊服务来看，在792个享受过的老年人中，表示"非常满意"和"比较满意"的占比分别为22.98%和46.59%，合计占比达69.57%，近七成（见表4）；而从精神慰藉服务中的慰问探访服务来说，在233个享受过此项服务的老年人中，表示"非常满意"和"比较满意"的占比分别为20.17%和52.79%，合计占比为72.96%，逾七成（见表5）。综上所述，老年人对养老服务内容的认可度较高，尤其是免费体检、义诊服务及慰问探访服务，可在农村加大力度，继续推广普及。

表4 老年人对医疗保健服务的满意情况

满意程度	免费体检、义诊		护理保健		健康教育、咨询	
	样本/个	占比/%	样本/个	占比/%	样本/个	占比/%
非常满意	182	22.98	49	17.69	57	20.00
比较满意	369	46.59	141	50.90	124	43.51
一般	226	28.54	83	29.96	102	35.79
不太满意	11	1.39	4	1.44	2	0.70
很不满意	4	0.51	0	0	0	0
合计	792	100	277	100	285	100

免费体检、义诊有效样本：792　缺失值：15　护理保健有效样本：277　缺失值：5
健康教育、咨询有效样本：285　缺失值：1

表5 老年人对精神慰藉服务的满意情况

满意程度	慰问探访		情感交流		心理咨询	
	样本/个	占比/%	样本/个	占比/%	样本/个	占比/%
非常满意	47	20.17	21	20.79	10	24.39
比较满意	123	52.79	59	58.42	24	58.54
一般	59	25.32	19	18.81	6	14.63
不太满意	3	1.29	2	1.98	0	0
很不满意	1	0.43	0	0	1	2.44
合计	233	100	101	100	41	100

慰问探访有效样本：233　缺失值：5　情感交流有效样本：101　缺失值：4
心理咨询有效样本：41　缺失值：2

（四）养老保障服务力度不足，基础性保障受益度低

从老年人对农村养老保障服务的评价来看，在享受过新型农村合作医疗的1021位老年人中，认为新农合"完全能"和"基本能"满足自身需要的占比分别为5.09%、39.37%，二者合计占比为44.46%，不足五成（见表6）；另外，在859个享受过新型农村养老保险的老年人中，认为"完全能"和"基本能"满足自身需要的占比分别为6.40%、35.51%，二者合计占比为41.91%，也不足五成（见表7）。由此可以看出，新农合、新农保的受益度偏低，需进一步扩大养老保障的覆盖范围并提高报销比例，从而提高农村养老保障服务的受益度。

表6 老年人对医疗保障服务的满意度

满足程度	新农合		大病保险		商业医疗保险		城镇医疗保险	
	样本/个	占比/%	样本/个	占比/%	样本/个	占比/%	样本/个	占比/%
完全能	52	5.09	11	5.73	1	2.27	0	0
基本能	402	39.37	77	40.10	26	59.03	30	76.92
一般	404	39.57	88	45.83	16	36.36	9	23.08
基本不能	144	14.10	16	8.33	1	2.27	0	0
完全不能	19	1.86	0	0	0	0	0	0
合计	1021	100	192	100	44	100	39	100

新农合有效值：1021 缺失值：13 大病保险有效值：192 缺失值：3
商业医疗保险有效值：44 缺失值：4 城镇医疗保险有效值：39 缺失值：9

表7 老年人对养老保障服务的满意度

满足程度	新农村养老保险		商业养老保险		城镇养老保险	
	样本/个	占比/%	样本/个	占比/%	样本/个	占比/%
完全能	55	6.40	1	11.11	2	4.26
基本能	305	35.51	4	44.44	33	70.21
一般	334	38.88	3	33.33	11	23.40
基本不能	123	14.44	0	0	1	2.13
完全不能	41	4.77	9	11.11	0	0
合计	859	100	9	100	47	100

新型农村养老保险有效值：859 缺失值：7 商业养老保险有效值：9 缺失值：3
城镇医疗保险有效值：47 缺失值：1

（五）老年协会组织作用薄弱，认可度与参与度呈正相关

就老年人对老年协会在服务老年群体作用的评价而言，在159个有效样本中，认为"作用很大"和"作用较大"的占比分别是3.78%、15.09%，二者合计占比为18.87%，不足两成（见图1）。所以，仅有不足两成的老年人认为老年协会在服务老年群体方面发挥的作用大，对老年协会在服务老年群体的作用认可度低。

进一步分析老年人参与老年协会的频率与认可度的关系，"经常参加"老年协会的老年人认为老年协会"作用很大"和"作用较大"的占比分别为16%和

44%，二者合计占比为60%，达到六成；而"偶尔参加"的老年人此二项合计占比为23.41%；"从不参加"的老年人的合计占比仅4.60%(见表8)。由此可得，老年人参加老年协会的频率越高，对老年协会的认可度越高。

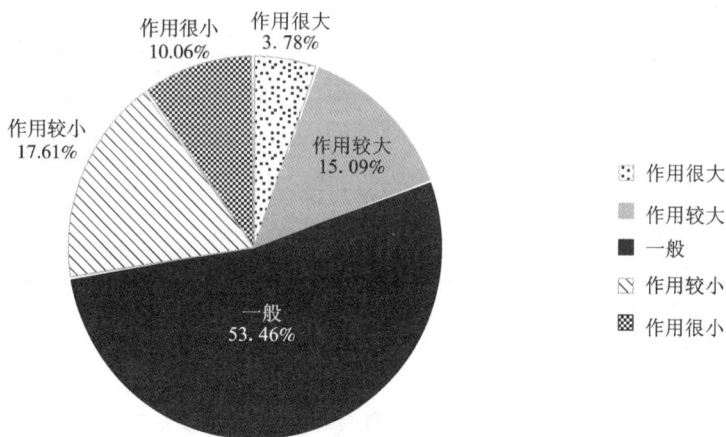

图1　老年人对老年协会作用的评价情况

表8　老年人参与情况与对老年协会服务老年群体的作用评价情况

老年人参与分组	老年协会作用评价情况/%					合计	
	作用很大	作用较大	一般	作用较小	作用很小	占比/%	样本量/个
经常参加	16.00	44.00	32.00	4.00	4.00	100	25
偶尔参加	2.13	21.28	63.83	8.51	4.25	100	47
从不参加	1.15	3.45	54.02	26.44	14.94	100	87

有效样本：159　缺失值：3　$P=0$

二、农村养老服务期待值总体较高

(一)期待强化政府养老职责，加大财政养老投入力度

就老年人认为当地养老服务面临的主要问题来看，老年人选择"政府重视程度不够，投入不足""福利机构设施不健全""国家政策落实不到位"的比重位居前三，三者占比分别为61.74%、51.69%、47.44%，其中"政府重视程度不够，投入不足"占比超过六成(见表9)，成为农村养老服务面临的首要问题。因此，针对农

村养老服务面临的主要问题, 政府应明确职责, 加大财政投入, 落实国家政策, 进一步健全福利机构设施, 积极应对农村养老服务面临的困境。

表9 老年人认为当地养老服务工作面临的主要问题

养老服务面临的问题	样本量/个	占比/%
政府重视程度不够, 投入不足	712	61.74
社会力量参与不足	359	31.14
福利机构设施不健全	596	51.69
缺乏专业服务人员	328	28.54
国家政策落实不到位	547	47.44
子女照顾不足	105	9.11
养老服务不符合老年人需求	177	15.35
其他	18	1.58
合计	2842	246.49

有效样本: 1153 缺失值: 1 此表为多重响应

(二)期待完善养老服务场所, 以活动室服务中心为重

从老年人对养老服务场所的期望来看, 在1141个有效样本中, 认为"非常必要"和"比较必要"的占比分别为19.98%、45.14%, 二者之和为65.12%, 超过六成(见表10), 表明农村老年人对养老服务场所的期望较高。从老年人最希望当地提供的养老服务机构或场所来分析, 在1150个有效样本中, 选择"老年活动室或服务中心"的老年人占比高达81.04%, 超过八成(见表11)。由此可见, 大部分老年人期待村庄建立健全老年活动室或服务中心。

表10 建设农村专门老年人活动场所的必要性

老年人活动场所必要性	样本量/个	占比/%
非常必要	228	19.98
比较必要	515	45.14
一般	278	24.36
不太必要	91	7.98
没有必要	29	2.54
总计	1141	100

有效样本: 1141 缺失值: 13

表 11　老年人希望当地提供的服务机构或场所

养老机构或设施	样本量/个	占比/%
老年活动室或服务中心	932	81.04
养老院、敬老院、老年公寓等机构	282	24.52
老年人日间照料中心	233	20.26
健身康复中心	501	43.57
休闲娱乐中心	680	59.13
文化学习中心	172	14.96
其他	9	0.78
合计	2809	244.26

有效样本：1150　缺失值：4

(三)期待开展村庄集体活动,少数民族老人需求更迫切

从老年人对村庄开展集体活动的期待来看,在 1149 个有效样本中,认为"非常必要"和"比较必要"的占比分别为 18.89%、37.60%,二者合计占比为 56.49%,超过五成;而认为"一般""不太必要""没有必要"的占比分别为 30.98%、10.01%、2.52%,三者累计占比 43.51%。由此可见,有超过一半的老年人对村庄开展集体活动有较高期待(见表 12)。

继续比较不同民族老年人开展集体活动的意愿,湖南省汉族老年人认为有必要("非常必要"与"比较必要"之和)的占比为 53.87%;而少数民族老年人认为有必要的占比为 65.04%,少数民族较汉族高出 11.17 个百分点,少数民族老人对集体活动的期待值更高(见表 13)。

表 12　老年人认为村庄开展老年人集体活动的必要性

必要性	样本量/个	占比/%
非常必要	217	18.89
比较必要	432	37.60
一般	356	30.98
不太必要	115	10.01
没有必要	29	2.52
合计	1149	100

有效样本：1149　缺失值：5

表 13 汉族与少数民族的老年人对开展集体活动意愿情况

民族	开展老年人集体活动的必要性/%					合计	
	非常必要	比较必要	一般	不太必要	没有必要	占比/%	样本量/个
汉族	18.12	35.75	31.82	11.44	2.87	100	883
少数民族	21.43	43.61	28.20	5.26	1.50	100	266

有效样本：1149　缺失值：5　$P=0.097$

(四)期待成立老年协会组织,低龄老人参与意愿更强

从老年人认为成立老年协会组织的必要性来看,在1150个有效数据中,认为"非常必要"与"比较必要"的占比分别14.96%、30.09%,二者合计占比45.05%,超过四成(见表14)。进一步分析不同年龄老人对老年协会组织的期待程度,70岁以下、70~79岁、80岁及以上老人认为"非常必要"的占比分别为16.94%、13.61%、11.69%(见表15)。对比可知,年龄越小的老人对老年协会组织的期望越高。

表 14 老人选择是否有必要成立老年协会组织

必要性	样本/个	占比/%
非常必要	172	14.96
比较必要	346	30.09
一般	441	38.35
不太必要	153	13.30
没有必要	38	3.30
合计	1150	100

有效值：1150　缺失值：4

表 15 年龄对老人选择是否有必要成立老年协会组织的影响

年龄分组	是否有必要成立老年协会组织/%					合计	
	非常必要	比较必要	一般	不太必要	没有必要	占比/%	样本量/个
70岁以下	16.94	30.99	35.68	11.71	4.68	100	555
70~79岁	13.61	29.25	41.50	14.06	1.59	100	441
80岁及以上	11.69	29.22	38.96	16.88	3.25	100	154

有效样本：1150　缺失值：4　$P=0.051$

探索构建政府主导、社会参与的居家养老服务体系

李云峰

　　截至 2017 年底，湖南省常住人口达 6860.15 万人。其中，60 岁及以上老年人口 1245.87 万人，占全省常住人口总数的 18.16%，较上一年度上升 0.55 个百分点，比全国平均水平高出 0.86 个百分点。全省有 65 岁及以上老年人口 832.86 万人，占全省常住人口总数的 12.14%，较上一年度上升 0.39 个百分点。全省有 80 岁以上高龄老人 158.25 万人，90 岁以上高龄老人 13.58 万人，百岁老人 2383 人。老年人口超过 100 万的城市有长沙市、衡阳市、邵阳市、岳阳市、常德市，人口老龄化程度高于全省平均水平的城市有常德市、张家界市、益阳市、怀化市、湘潭市。

　　当前，居家养老仍是最主要的养老模式。湖南省目前的居家养老服务市场存在小、散、乱的特点，服务主体很分散，规模很小，质量也参差不齐，难以满足未来社会的需要。因此，建设一个覆盖广泛、服务优良的居家养老服务体系，是发展健康养老事业必须完成的重大任务。

一、大力培育标准化、规范化、规模化的服务主体

　　标准化、规范化、规模化是居家养老服务的三大生命线，没有标准化、规范化，既难以保障服务质量，也难以扩大服务规模，而规模化又是决定居家养老服务生存能力的红线，因为居家养老服务大多收费低廉，所以规模化水平越低，服务主体的生存能力就越差。因此，居家养老服务市场需要有一批标准化、规范化、规模化的服务主体，才能形成覆盖广泛、服务优良的居家服务网络。而目前居家养老服务市场的主体普遍存在小、散、乱的特点，像湖南万众

和社区服务管理有限公司那样既有规模又规范化的服务主体非常缺乏，所以需要政府主管部门，通过市场和财政等多种手段，培育一批规模大、管理规范、服务标准的服务主体。政府可采取如下措施：一是为企业穿针引线，推动社区和养老服务主体形成合作关系；二是通过创业引导基金等孵化手段，支持居家养老服务企业的成长和发展。

二、加强社区医疗能力建设，提升社区医疗服务水平

要做好居家养老服务，没有社区医疗服务的保驾护航是不行的，老人们既易发病，也易发急危病，因此最短时间、最小距离的初次诊治救护的提供必不可少。但是，在目前的三级医疗体系中，虽然社区医疗被赋予基础性地位，但实践中却处于边缘化地位。从全省目前的情况看，医疗资源过多地集中在大中城市和高等级医疗机构，社区的医疗资源非常薄弱，既缺乏好的设备，也缺乏好的医护人员。居民对社区医疗的信任度普遍较低，一旦健康出现问题，不管大病小病，往往直接去大中型医院，把社区医院排除在外。而大中型医疗机构就医难的问题至今没有解决，这对居家养老的服务对象而言非常不利。因为老年人抵抗力差、易发急病等因素，就医的时间、距离越短，对其生命健康越有保障。

从全省目前的情况看，社区医疗的服务能力和水平离实现居家养老的需求是有较大差距的。这样的医疗格局，与一些发达国家的差距非常大，如美国、英国、德国等基础医疗水平较高的国家，大部分诊疗活动都是在社区完成的，只有少部分需要到大中型医疗机构进行。在这些国家，大部分的医疗资源如医疗设施、医护人员都在社区，而非大中型医疗机构。

要提升社区的医疗水平，可采取两方面措施：一是加强对社区医疗机构的规划和投入，完善基础设施和硬件水平。社区医院普遍缺乏完善的基础医疗条件，如场地不足、设备陈旧或缺乏等，政府应该向社区医疗体系适当投入，完善基础设施条件。二是通过向社区医护人员提供财政补助，加强他们的收入保障。大多数医护人员不愿在社区工作，是因为社区的收入水平、发展空间比不上大中型医疗机构。要改变这种现状，可以通过给予社区医护人员一定财政补助的方式，保障他们的收入水平，让他们安心地在社区工作。

三、加大政府购买居家养老服务的力度

居家养老服务不但为政府节省了大量机构建设的投资，也大大促进了社会

的和谐稳定，因此，政府部门有理由、有责任扶持居家养老服务。政府部门可采取以下两个扶持措施：一是向居家养老服务人员提供财政补助。浙江宁波的海曙区、辽宁大连的沙河口区以及青岛、上海等地的一些政府部门，把居家养老服务人员列入财政拨款购买公益岗位的预算之中，从制度上保障了居家养老的队伍建设和服务人才的收入。二是政府直接出资向服务主体集中购买服务。这种扶持方式虽然简单，但需要政府对服务主体进行良好的监管，避免政府采购资金被非法使用或占用。

四、发挥政府在社会建设中的主导作用

从发展趋势看，居家养老服务应该越来越社会化。这里所说的社会化，指的是服务主体的市场化，政府发挥的主要作用是指导、扶持和监管。但在目前阶段，由于养老服务业的双重属性和市场发育的不完善，在市场力量难以参与或者不愿参与的地方，政府仍需要发挥主导作用。比如，上海、安徽合肥和江苏泰州等地，普遍由政府主导建立了社区助老服务社、老年服务站、居家养老服务站等，形成了有力的基础保障条件。随着市场主体的壮大和市场发育的完善，到一定阶段，政府部门可以退往幕后，将服务的实施让位给市场主体。

（原载于《中国社会报》2019 年 4 月 11 日第四版）

关于繁荣发展常德哲学社会科学的调研报告

李云峰　　曾景昌①

党的十八大以来，以习近平同志为核心的党中央高度重视哲学社会科学工作。习近平总书记深刻地指出："哲学社会科学是人们认识世界、改造世界的重要工具，是推动历史发展和社会进步的重要力量。"进入新时代，如何深入贯彻落实上级部署任务，推动常德市哲学社会科学繁荣发展，是一项重要而紧迫的课题。为此，常德市社会科学界联合会成立调研组，对全市社会科学工作进行了重新审视，并形成如下的调研报告：

一、看成效：社科工作发展态势较好

近年来，常德市哲学社会科学总体上取得了长足进步，呈现积极、健康、向上的发展态势。

（一）顶层设计得到加强

制定全市社会科学事业发展"十三五"规划，明确了工作思路。市委出台《关于加快构建中国特色哲学社会科学的实施意见》，围绕繁荣发展常德市哲学社会科学，提出"加强五大基地建设、开展八大领域研究、建设五支队伍"的重点任务。由市委办、政府办下发文件，建立常德市社会科学普及联席会议制度，为各部门协同开展社会科学普及打下制度基础。根据形势变化，下发《关于成立"常德市社会科学成果评审委员会"的通知》，强化了对社会科学成果鉴

---

① 曾景昌(1989—)，男，常德市社会科学界联合会副秘书长兼办公室主任。

定、评价及转化的领导。制定《市级社科课题管理办法》，为规范全市社科理论研究提供了遵循。

(二)组织架构得到充实

建成省级社科(学科)研究基地 6 处，驻常高校实现了马克思主义教学(科研)机构全覆盖。石门县、汉寿县、临澧县先后建立了县级社科联机构，社科工作机构逐步向基层延伸。社科类社会组织规模稳步拓展，目前，市级社科类社会组织达 48 家，业务范围涉及历史、经济、教育、文化、收藏等多个领域，成立社科联系统社会组织党委，推动社会组织党建全覆盖。全市新增社科普及基地 16 处，其中省级普及基地 4 处，东方红博物馆获评国家级普及基地。加强社科人才库建设，分层次、分学科收录中级(职称)以上社科理论人才 300 余名。

(三)工作保障得到强化

在队伍保障上，市社科联 2017 年成功追加行政编制 1 名，行政编制达到 5 名。成立了市社科联下属事业单位"市社科发展研究中心"，核定事业编制 5 名，在补充社科联工作人员的同时，逐步参与和承担省市级社科课题研究项目。在资金保障上，财政在社科工作项目预算经费上由 2016 年的 28 万元扩充至 74 万元。在办公环境上，市社科联完成新址搬迁，单位办公用房扩充至 200 平方米，功能设施不断完善。

(四)服务水平得到提升

在理论服务方面，湖南文理学院细菌战研究所承担的"中国南方地区侵华日军细菌战研究(湖南及周边地区)"获国家社会科学基金特别委托重大项目立项，课题阶段成果获省社科优秀成果一等奖，市社科联连续三年承接省级社科课题研究项目，《社会组织参与精准扶贫研究》课题成果成书出版，被省民政厅、省扶贫办等部门采纳；市级社科课题立项工作稳步推进，3 年完成社科课题立项 218 项，编发社科成果专报 80 余期，《常德市健康养老产业发展研究》《常德智慧党建研究》等得到市领导和有关部门的重视，承办省"社科专家服务团基层行"活动，组织社科专家围绕"乡村振兴战略"开展决策咨询。在社科普及方面，积极落实《湖南省社会科学普及条例》要求，加强部门联动，每年都积极开展社科普及月系列活动，2018 年组织和指导开展普及活动 81 场次，提升了市民的人文素养。

(五) 工作影响得到拓展

先后举办"常德文化高峰论坛""孙开华两岸学术研讨会""乡村振兴专场报告会"等省市级学术交流活动,全市社科界开展了纪念抗战胜利 70 周年、"学讲话 谈感悟 促发展"、"学习王新法精神"、对习近平新时代中国特色社会主义思想的"三个认同"等理论研讨活动,承办"湖湘大学堂·名家讲坛"系列活动,社科学术氛围日益活跃。搭建"两微一网一刊"社科理论传播平台,即《常德论坛》、常德社科网、微博、"常德智库"微信公众号,推动社科理论立体式传播;打造"常德社科大讲堂"品牌活动,邀请专家学者围绕"中美关系""乡村振兴"等主题面向公众讲学。同时,市内高校、研究机构、社会组织的协同联动日益加强,社科工作者参与社科研究、普及等工作的热情渐长。

二、找差距:社科工作存在短板弱项

从总体上看,近年常德市社会科学工作发展较为迅速,取得了一定成效。但是,与社会科学工作肩负的重要使命任务相比,与中央、省委关于繁荣发展哲学社会科学的重要部署相比,社会科学工作还存在一些短板弱项。

(一) 思想认识还不到位

虽然强调社会科学与自然科学是科学的"鸟之两翼、车之两轮",但一些地方和单位的领导没有充分认识社会科学的巨大社会效益和学术价值。同时,长期以来社会广泛存在重理工轻人文、重自然科学轻社会科学的倾向,难以把发展社会科学作为一项事业来看待,未将其纳入国民经济和社会发展规划统筹发展。社会科学工作者易受书斋文化、浮躁心态影响,学风不正、文风不实的问题依然突出,理论联系实际开展学术工作的积极性和主动性不强。

(二) 资金投入还不充分

虽然常德市社会科学工作经费逐年递增,但由于起点较低,相较于自然科学依然存在很大差距,如常德市财政用于科学技术普及的经费 2018 年达 350 万元,而社科普及专项经费仅为 20 万元。同时,在社会科学经费项目规划上不够科学,未将社科课题研究、社会组织管理、社科学术交流等工作项目纳入财政预算,资金保障不足导致广大社科工作者参与社会科学研究、学术交流的积极性难以调动,课题立项规模受到极大限制,社会组织管理服务水平很难提升。

(三)工作队伍还不壮大

从专职工作队伍来看,市社科联作为承担统筹协调管理社科工作职能的机构,自成立以来一直小规模运作,机关行政编制数没有超过 5 人,工作力量严重不足,与新形势、新任务之间的矛盾更加凸显,虽然下属事业单位和机关行政工作人员混岗使用,使这一情况有所缓解,但也带来了人员、编制和岗位管理混乱等问题。从研究人才队伍来看,在学科、机构、师资等研究资源分布上呈现"理多文少"的局面,加上缺乏统一的社科人才引进、激励和评定相关政策的支撑,成才用才环境不优、引进难和留住难的问题较突出,导致社科研究专业人才呈"低矮型"金字塔结构,高层次、领军型人才稀缺。

(四)组织体系还不健全

在基层社科联建设上,只有石门县、汉寿县、临澧县加挂了社科联牌子。由于缺乏机构编制管理部门的整体规划部署和推动,区县社科联建设明显存在推动进度不平衡、成立程序不规范、建设标准不统一、机构级别性质编制不确定等问题。在市内社科组织体系布局上,还需要建立完善哲学社会科学工作领导小组,其作用有待进一步发挥;各高校、部门智库整合程度较低,全市新型智库建设仍然处于摸索阶段;各高校未设立专门的社科管理机构;市社科类社会组织研究范围较为狭窄、力量较为薄弱,与构建完善的社科工作体系的要求差距较大。

(五)运行机制还不顺畅

当前,常德市出台了《关于加快构建中国特色哲学社会科学的实施意见》,将社会科学摆在更加重要的位置,但由于缺乏对文件整体有力的推动,具有针对性、操作性的配套硬性规定未能及时跟进和落实,全市层面的社科经费管理、社会科学普及、社科成果评定、社科专家评选等体制机制未能得到健全,运行机制不顺畅,使得社科工作依然缺乏规范性、延续性。

三、明方向: 社科工作需要久久为功

繁荣发展哲学社会科学,是深入贯彻落实中央、省委、市委文件精神的必然要求,是新时代宣传思想工作的题中之义,需要我们不断强化举措,在实践中大力推进。

(一)进一步拓展工作格局

体系完善的工作格局是哲学社会科学繁荣的标志。一是加强社科研究基地建设。加强研究资源整合力度，围绕马克思主义大众化、本土红色文化研究、地域历史文化、民俗文化等重点领域，引导高校、部门联合组建各类专业性研究机构，推动重大课题联合攻关；发挥社科联的联系纽带作用，加强社科类社会组织建设的指导和引导，提升研究层次和能力。二是加强基层社科联建设。市委宣传部要会同市委编委办等部门，结合机构改革实际，制定关于推进区县(市)社科联机构建设的具体方案和措施，明确建设标准、时限及要求，各区县宣传部及编制部门要配合抓好社科联机构组织实施，逐步实现区县(市)社科联全覆盖，在此基础上，加强县级社科联工作指导扶持力度，推动县级社科联工作标准化、规范化。三是加强智库体系建设。加强市内高校、部门、民间智库资源摸底，根据实际需要，制定加强智库建设实施方案，分学科及类别加大扶持引导力度，不断提升智库研究水平，实现智库建设和实际需求的有效对接，为市委、市政府及部门科学决策提供智力支持。

(二)进一步完善体制机制

完善的体制机制是推动哲学社会科学持续健康发展的基础。一是加强协同创新和成果转化机制。加大对优秀社科研究基地的扶持力度，探索建立市级社科成果转化机制，拓展优秀社科研究成果转化应用渠道。加强社科成果理论普及工作，按照《湖南省社科普及条例》规定，制定社会科学普及实施细则，明确各级各部门社会科学普及责任，广泛深入开展社会科学知识和研究成果的普及宣传活动。二是建设公正学术评价机制。制定全市优秀社科成果评审办法，改革社科成果评价机制，恢复优秀社科成果、社科专家评审活动，实施"沅澧学者"计划，激励优秀人才、创新人才和社科名家脱颖而出。制定完善相关评选办法，在研究条件、研究项目、研究资金等方面依法依规给予支持，打造常德本土高端人才集群。三是健全人才培养和引进机制。将社科人才队伍纳入全市人才队伍建设统筹考虑，出台《关于加强常德哲学社会科学人才队伍建设的意见》，健全社科人才培养、引进、聘用评定、收入分配等系列机制，逐步形成常德市聚才、育才、用才政策的比较优势。四是强力推动市委文件实施。根据市委《关于加快构建中国特色哲学社会科学的实施意见》要求，制定下发分工明确、责任具体的整体实施方案，明确各地、各单位责任分工，绘好时间表、任务图，强力推动市委五号文件实施。

(三)进一步强化工作保障

充实的保障是哲学社会科学繁荣发展的前提。一是要强化领导保障。明确市哲学社会科学工作领导小组的工作议事规则,适时召开全市哲学社会科学工作领导小组会议,进一步明确和落实部门分工和成员单位职责职能,定期研究解决社科工作相关问题,形成分工明确、衔接密切、齐抓共管的领导体系。二是要强化投入保障。建议市财政参照自然科学经费预算标准,加强社科普及经费保障;新增社科研究、学术交流、社会组织管理常规预算项目,纳入政府购买服务目录,逐年递增。探索建立社科事业发展基金,优先保障优秀社科成果、优秀社科专家和"沅澧学者"定期评奖经费。三是要强化编制保障。加强市社科联党组班子建设,增设领导职数,完善单位内设机构及职能,以全市社科联换届、机构改革为契机,在编制总量核准的规定范围内,追加行政编制及聘用人员编制。做大做强常德市社科发展研究中心,将其更名为常德市社科院,扩充编制,引进高端人才,打造有效可用的官方智库。

(四)进一步加强阵地管理

社会科学是意识形态领域的重要阵地,要切实担负起"举旗帜"的重要使命任务。一方面,巩固社科理论阵地。重点加强各社科类社会组织网络平台、新媒体、理论刊物的管理,坚持主流思想,发挥好正确引领社会思潮的作用。切实规范管理社科类社会组织所举办的理论研讨、学术交流活动,建立健全社科类社会组织重大活动报告、目标管理、动态调整、定期评估等制度,确保社科类社会组织工作更加规范有序。另一方面,拓展社科普及阵地。围绕社科普及宣传"五进"目标,务实创新地开展社科普及宣传月、优秀社科读物推介评选等活动,打造好"常德社科大讲堂"等社科普及平台。积极培育新的市级科普基地,不断拓宽社科普及基地覆盖面,不断完善普及功能,支持基地开展内容丰富、形式多样的普及活动,形成普及品牌。

(原载于中国社科院官网)

用哲学社会科学引领城市发展
——湖南常德提升城市核心竞争力经验探析

欧子成①　刘树高②

　　湖南常德地处武陵山下，东临洞庭，西接黔渝，南通长沙，北连荆襄，史称"川黔咽喉，云贵门户"。它位于中国东部沿海发达地区产业向中、西部转移的黄金地段，是一座拥有2200多年文明历史的文化古城。2013年以来，常德坚持用哲学社会科学引领与创新千年古城提质发展，城市核心竞争力有效提升，先后荣获国际花园城市、中国优秀旅游城市、中国首届魅力城市、国家文明城市、国家园林城市、国家森林城市、国家环境保护模范城市、国家气候优秀城市、国家科技进步先进市、全国交通管理模范城市、全国双拥模范城市等11块"金字招牌"，被国内外媒体誉为"中国中等城市建设的典范"。

一、常德提升城市核心竞争力的主要成果

　　四年来，常德注重发挥哲学社会科学价值引领力、文化凝聚力、精神推动力、经济发展力作用，使千年古城的城市规划、城市景观、城市功能、城市经济、城市风情、城市安全得到空前改观，取得了累累硕果。

(一)硕果之一：常德实力，湖湘一流

　　常德立足打造泛湘西北现代化区域中心城市，综合实力逐年提升。地区生产总值总量居全省第三，年均增长9.4%。交通建设突飞猛进，实现了城市与

① 欧子成(1971—)，男，常德市社会科学界联合会党组成员、副主席。
② 刘树高(1968—)，男，常德市交通建设投资集团有限公司副总经理，常德抗战文化研究会会长。

高速公路、空港"八进八出"的快速对接。新型工业化亿元企业达 505 家,规模工业增加值突破千亿大关。农产品加工销售收入过千亿,成功创建西洞庭、桃源等三个国家现代农业示范区。六大城市商圈和五大物流园全面构建,覆盖全市、辐射周边的商贸物流体系基本形成。城市居民人均可支配收入逐年提高,居民养老保险、医疗保险及养老机构实现法定人员全覆盖。新建、改扩建医疗卫生项目、普惠性学校 2000 多个,新增城镇就业 27.5 万人。平安常德建设成效明显,刑事案件发案率持续下降。"百团大赛"等群众性文体活动蓬勃开展,常德丝弦走进联合国,里约残奥会荣获"两金一银"好成绩。

(二)硕果之二:常德智慧,中国表达

智慧型领导集体、智慧型民间组织遍布常德。四年来,事关城市核心竞争力的重大理念、建设思路以及由此形成的 200 多篇调研文章、500 多个创意文案,绝大部分出自当地各界精英的思考,且 80% 以上的智慧成果相继得到有效转化。智慧型共享平台、智慧型高新产业全面构建,智慧教育、智慧医疗、智慧旅游、智慧城管、智能交通、数字防控、社会治理等网格化管理局面基本形成。这些凝聚着各界有识之士无尽心血的智慧成果,无不体现着中国主张、中国表达,为千年古城健康、稳步、高效发展注入了勃勃生机,吸引了中国医药集团、中国建材集团等 10 多家央企以及华侨城、万达等 20 多家名企落户常德,累计引进内外资总额 2361 亿元。

(三)硕果之三:常德街色,国际水准

四年来,城市提质改造规模为常德有史以来最大,大力推行的路改、棚改、水改以及城市美化、亮化、绿化、数字化等"三改四化"建设,使常德的天更蓝、山更绿、路更宽、水更美、地更肥、城更靓。特别是新建的德国风情街、常德河街、丁玲公园等六个城市新亮点,打造的穿紫河水上观光旅游、华侨城卡乐世界等 20 多个美丽经济项目,优化的欢乐水世界、柳叶湖环湖景观等 6 大旅游景点,创建的万达广场、和瑞欢乐城等五个大型城市综合体以及持续开展的"蓝天碧水净土行动",赋予了常德这座千年古城前所未有的核心竞争力和强劲发展力;仅 2016 年旅游收入一项,常德就创收 318 亿元,是 2012 年的 2.4 倍。常德因此成功跻身"国际花园城市"的行列,成为伟大祖国镶嵌在华中的一颗璀璨夺目的"东方明珠"。

二、常德提升城市核心竞争力的三大举措

常德古城核心竞争力全面提升的历程，以及推行的每一项举措和取得的每一项成果，无不闪烁着哲学社会科学的光芒、民族传统美德的光彩、时代进步文化的光辉。

（一）举措之一：突出品性传承，注重在传统文化与现代文明的有机融合中创立城市发展新思想

常德人杰地灵，一个"善卷让王"的典故，使常德成为中华民族道德文化发祥之地；一场"焦土抗战"的壮举，使常德成为一座英雄的城市；一段"挺进西南"的历史，把常德变成了一片红色的热土，造就了常德人民勤劳、勇敢、质朴、善良的优良秉性，孕育了宋教仁、林伯渠、翦伯赞等名传千古的革命"达人"。这是常德古城核心竞争力全面提升之基、发展之魂。四年来，常德市委、市政府注重把千年古城传承下来的民族优秀文化、精神遗产与时代发展要求有机融合，把善德品质、红色文化、抗战精神传承以及社会主义核心价值观建设视为提升城市核心竞争力的根本，创立了"智慧常德、健康常德、美丽常德、现代常德、幸福常德"等系列科学发展新理念，制定了创建"抗战英雄城""善德文化园""红色纪念馆"等系列发展新举措，力求让"外来游客留得住脚步，本地民众记得住乡愁"，从而赋予了千年古城新的思想、新的灵魂。

（二）举措之二：突出品质优化，注重在常德元素与中国表达的有效结合中丰富城市改造新内涵

常德物华天宝，大自然的鬼斧神工造就了"世外桃源"桃花源、"白鹭之乡"花岩溪、"中国城市第一湖"柳叶湖、"六朝名山"河洑山等自然景观；人世间的波澜壮阔孕育了"城头山文化遗址"、"杨幺起义"、"闯王归隐"、中日常德会战——"东方伏尔加格勒保卫战"等人文景观。为使这些既属当地又属湖南更属中国和世界的常德元素价值最大化，实现"常德元素"的"中国表达"，四年来，常德坚持做到两个结合：一是创新产品形态与彰显使用价值相结合，通过注入现代元素，将其打造成既具常德特色又具时代气息的中国品牌。如将具有浓郁历史风情和现代韵味的老西门文化商业街打造成集文化、旅游、商贸、创意于一体的"中国级文旅创综合体"；将位于穿紫河、具有民国特色的新建常德河街打造成千年古城"水上乐园"等。二是打造旅游景点与丰富文化内涵相结合，通过推动常德元素不断碰撞、交融、发酵和提升，打造既能彰显常德风格，

又能在全国乃至全球广泛传播的游乐产品。如在柳叶湖不仅创建了"欢乐水世界"游乐项目,而且沿湖修建了国际马拉松赛道,把满足游客心灵健康与身体健康的需求有机地融为一体,赋予了"中国城市第一湖"新的价值、新的内涵。这两个项目投入使用以来,每年接待游客及运动健儿不下 200 万人次,仅门票年收入就有 2 亿多元。

(三)举措之三:突出品位打造,注重在城市提质与环境优化的有力统筹中创新城市管理新机制

常德这方水土养育了常德人民敢于担当、勇于负责、善于进取、乐于奉献等精神。四年来,常德注重把这些可贵精神融入提升千年古城核心竞争力的全过程,实现了城市提质与环境优化的齐头并进。一是强化顶层设计,制定了"文化强市""以德治市"等新政,出台了《常德文化产业发展规划》等文件,确定了常德"海绵城市"、柳叶湖"N+1"、一江两岸诗画长廊、"抗战英雄城"、"江南新城"等数十个城市提质改造项目。二是提升服务品位,制定了"公共文化购买服务名录",拟制了"三文(文化事业、文化产业、文化名城)一体"发展方案,出台了"产业发展优惠政策",建立了人才引进、市场营销等机制。市城市办、文产办以及发改、规划、国土、交通、住建等部门根据各自职能,出台了一系列环境优化措施,及时向企业提供全方位、全要素服务,以满足城市核心竞争力、持久发展力全面提升的需要,赋予了千年古城新的生机与活力。

三、常德提升城市核心竞争力的几点启示

常德全面提升城市核心竞争力充分吸收了哲学社会科学之精髓,形成了"常德模式"与"品牌效应",表现了"立时代之潮头、通古今之变化、发思想之先声"的责任担当,为我们提供了很多有益的启示。

(一)启示之一:提升城市核心竞争力,必须坚持政府主导

城市建设与发展涉及自然、历史、经济、政治、文化、社会、生态、科技、军事、党建等各个方面,事关一地民众情感、福祉与长远发展,容不得"胡编乱造""粗制滥造",切实需要党委把关、政府主导。常德古城全面发展的实践证明,要提升一个城市的核心竞争力,必须把社会效益放在首位,并以社会效益的有效提升,带动经济效益、文化效益、生态效益等综合效益的全面发展。要在这一前提下,推行"国企搭台、民企唱戏、社团捧场"等运行机制,鼓励国有企业以资本为纽带进行跨地区、跨行业、跨所有制兼并重组,支持更多有实力、

有丰富经验的民营企业及民间社团参与城市核心竞争力的建设，努力形成以国有企业为主体、多种所有制企业及民间组织共同参与的城市发展新格局。

(二)启示之二：提升城市核心竞争力，必须坚持以文化为魂

城市的竞争是特色的竞争、品牌的竞争，说到底就是文化的竞争。常德近年来的城市发展实践表明，一个城市的核心竞争力不在楼房建得有多高、道路修得有多宽，而在于这个城市文化内涵有多深、文化价值有多大。其唯有挺立时代潮头，以文化为魂、效益为本，努力创造具有本地特色的文化内容和表现形式，生产体现当地元素且被国内外市场认可的城市精品，培育在国内国际"叫好又叫座"的城建产品和服务品牌，才能真正形成自己强大的核心竞争力与持久的发展力。

(三)启示之三：提升城市核心竞争力，必须坚持以平台为重

创建、优化有关发展平台是一个城市核心竞争力全面提升以及健康、稳步、持续、高效发展的必然选择。常德古城全面发展的实践表明，一个中等城市要真正传得开、叫得响、立得住，必须加强有关平台的建设，全面提升与全省、全国、全球的对接及资源整合能力，既要以此加大与国内外知名企业、民间组织的合作，借助其销售网络、传输渠道和贸易平台，推动一地城市文化、城建产品引起海内外关注并竞相前来观光旅游，也要注重营销、交易平台体系建设，加大向国内外推介和招商的力度，努力实现由"要人来"到"我要来"的转变。这是一个城市核心竞争力、持续发展力全面提升的成长之基、必由之路。

(全国大中城市社科联第 28 次工作会议交流材料)

加深"三个认同"理解　做哲学社会科学界践行习近平新时代中国特色社会主义思想尖兵

欧子成

习近平总书记在同北京师范大学师生代表座谈时指出,要注重加强中国特色社会主义理论体系的学习,加深对中国特色社会主义的思想认同、理论认同、情感认同,不断增强道路自信、理论自信、制度自信和文化自信。领悟和把握好"三个认同",对于我们切实理解掌握习近平新时代中国特色社会主义思想十分重要,尤其是作为从事意识形态工作的哲学社会科学工作者,更应该把"三个认同"学深悟透,真正做到融会贯通,做坚定的新时代中国特色社会主义引领者、践行者。

一、充分认清"三个认同"的本质内涵,做坚定的新时代中国特色社会主义信仰者

深入学习领悟习近平新时代中国特色社会主义思想,"三个认同"是前提和基础,并且相辅相成,密不可分。思想认同解决的是认知问题,也就是要知道什么是新时代中国特色社会主义,它的基本内涵、基本特征、基本要求是什么,它从哪里来、到哪里去,它要实现什么目标、达到什么目的。只有对新时代中国特色社会主义从内心深处认可和接受,才能在遇到任何阻力的情况下都不动摇对它的信心和决心。理论认同解决的是困惑问题,也就是不仅要知道是什么,而且要知道为什么,知其然更知其所以然。要清楚地知道我们为什么要坚持新时代中国特色社会主义而不能搞别的什么主义,为什么只有新时代中国特色社会主义才是适合中国国情的社会主义,才是唯一正确的道路。有了这种理论上的认同,才能有思想上的清醒和坚定,才能既不走改旗易帜的邪路,也不

走封闭僵化的老路。情感认同解决的是动力问题，也就是要深刻认识到新时代中国特色社会主义不是冷冰冰的，而是可亲可爱的，是有人情味、有感召力的，也是以人为本、贴近大众、完全符合我国国情的。这样，人们才能在情感上贴近它，在内心深处自然地接受它。

习近平新时代中国特色社会主义思想是实现历史性变革、开创中国特色社会主义新时代的强大的思想武器，它开辟了马克思主义中国化的新境界，是马克思主义中国化的又一次历史性飞跃，是开启全面建设社会主义现代化国家新征程、实现中华民族伟大复兴的行动指南，是经得起时间、历史和人民考验的正确理论。作为哲学社科工作者，我们首先要做坚定的新时代中国特色社会主义信仰者，在思想上、理论上、情感上认同它，以信仰的思维去遵循，从信仰的角度去诠释，用信仰的力量去践行，让新时代中国特色社会主义尽早为广大人民所接受，为广大人民谋福利，努力实现中华民族伟大复兴的中国梦。

二、努力践行"三个认同"的使命要求，做坚定的新时代中国特色社会主义传播者

习近平新时代中国特色社会主义思想是和马克思列宁主义、毛泽东思想、邓小平理论及中国特色社会主义一脉相承的，是更好地、创新性地继承和发展的思想理论，它与时代、与国情、与世界大势、与人民需要紧紧相连，必将科学有力地指导中华民族伟大复兴的历史征程。作为哲学社会科学工作者，我们务必在思想上、理论上、情感上予以认同，传播好新时代中国声音，讲述好新征程中国故事，这样才无愧于这个时代赋予我们的伟大使命；这个新时代声音，就是习近平新时代中国特色社会主义思想；这个新征程故事，就是全面开启建设社会主义现代化强国新征程的宏大故事。

(一)哲学社会科学界要带头引领思想

习近平新时代中国特色社会主义思想蕴含着丰富的哲学社会科学思想，是一部科学的辩证法，哲学社会科学界理应更加主动、更加深入、更加广泛地加强传播，让其为广大社会民众所知晓、所认可、所拥护。要大力开设各种宣传媒体，开辟学习专栏，开通舆论渠道，不断用大众喜闻乐见的形式传播中国好声音，讲述中国好故事。当前，要把主流群体定位在科研院所、高校师生和社会组织，他们是领悟最易、传播最快、影响最大的群体，只有把这些哲学社会科学界群体的作用发挥好，习近平新时代中国特色社会主义思想传播的声音才会更响、音调才会更准、音频才会更广。所以，哲学社会科学界必须紧跟习近

平总书记的世界眼光、复兴梦想、大国方略、人民情怀和坚定自信,只有这样,才能把习近平新时代中国特色社会主义思想学习好、领悟好、贯彻好。

(二)哲学社会科学界要带头研究理论

习近平新时代中国特色社会主义新思想新观点新论断,内涵丰富,博大精深,不仅包含了中国特色社会主义建设的总目标、总任务、总体布局、战略布局和发展方向、发展方式、发展动力、战略步骤、外部条件、政治保证等基本问题,而且根据新的实践对经济、政治、法治、科技、文化、教育、民生、民族、宗教、社会、生态文明、国家安全、国防和军队、"一国两制"和祖国统一、统一战线、外交、党的建设等各方面做出了科学的理论分析和正确的政策指导;不仅体现了对中国特色社会主义建设实际问题的科学判断和科学把握,而且构成了严整的有逻辑的科学理论体系。如何深入浅出地让大众让百姓读懂弄通并积极拥护,哲学社会科学工作者负有不可推卸的责任。所以哲学社会科学界要发挥理论研究的优势,对习近平新时代中国特色社会主义思想进行系统的、专门的阐释。社科联要肩负联合主体作用,充分调动和发挥马克思主义学院和各院校哲学、文学、历史、政治等专业学院及社科类社会组织的作用,认真研究习近平新时代中国特色社会主义思想,更好地为党委政府用习近平新时代中国特色社会主义思想正确指导开展工作、推动地方经济社会发展提供智力支持和理论保证。

(三)哲学社会科学界要带头传播真情

习近平新时代中国特色社会主义思想是顺应伟大时代的纲领性指导,是为了"人民的需要就是我们共产党人的追求"的承诺,是为了中华人民共和国早日强起来,是为了中华民族伟大复兴的中国梦,哲学社会科学界理应充满真情地为之鼓呼、将之传播。如何鼓呼和传播,我想就是按照最近习近平总书记在全国宣传思想工作会议上发表的重要讲话中所提到的围绕"九个坚持"、突出"一个中心环节"、坚持"两个巩固"、讲好"三个故事"、推出"四个精品力作"、承担"五项使命要求"去做吧。就是满怀热情真心地去做,要做到走到哪宣传到哪,故事讲到哪文章写到哪疑惑解到哪,确保习近平新时代中国特色社会主义思想传播不走调、不变形、不模糊,不断增强人民群众的信任感、获得感、幸福感和安全感。

三、尽心维护"三个认同"的指导地位，做坚定的新时代中国特色社会主义捍卫者

"三个认同"实际上就是我们对待习近平新时代中国特色社会主义思想的态度，就是指导我们应如何把新思想新观点新论断学习贯彻和落到实处的方法。作为哲学社会科学工作者，要走在这一要求的前面，更要维护好它的地位作用，做一名坚定的习近平新时代中国特色社会主义捍卫者。

(一)进一步增强"四个意识"

不断强化忠诚核心、拥戴核心、维护核心、捍卫核心的思想自觉、政治自觉和行动自觉。坚决捍卫习近平总书记在党中央、在全党的核心地位，坚决捍卫以习近平同志为核心的党中央权威和集中统一领导，坚决听从以习近平同志为核心的党中央的命令和指挥，坚决贯彻落实党的基本理论、基本路线、基本方略和党中央各项重大决策部署，始终在政治立场、政治方向、政治原则、政治道路上同以习近平同志为核心的党中央保持高度一致，不管遇到什么风浪，都不动摇坚持新时代中国特色社会主义的信心和决心。

(二)进一步坚定科学导向

马克思主义的真理性和我国的社会主义性质，决定了新时代中国特色社会主义哲学社会科学必须旗帜鲜明地坚持马克思主义，要坚持用马克思主义的基本观点、立场和方法推动哲学社会科学的开展。如果不坚持马克思主义，哲学社会科学就会迷失方向，失去灵魂。因此，对于哲学社会科学工作者而言，坚持以马克思主义为指导，就是要坚持明确的政治导向、人民导向和问题导向，有效抵制各种错误观点和不良社会思潮，坚持人民群众是历史创造者的观点，牢固树立为人民服务的宗旨和意识，主动关注现实问题，注重对新时代问题的把握和研究，主动应对社会主义发展过程中的新情况、新问题。

(三)进一步严格纪律要求

哲学社会科学时代性强，哲学社会科学工作者队伍群体大，他们研究的对象、方向和观点非常丰富，瞄准同一目标、站在同一战线、发出同一声音的难度很大，必须要严格政治纪律、宣传纪律、媒介纪律，绝不允许欺骗声音、反动杂音和无据盲音滋长和蔓延。主管哲学社会科学的部门必须加强对哲学社会科学工作的教育管理，加强对他们学术研究方向、载体内容导向、思想言行倾向

的把控，加强监督检查，确保不出政治性、方向性、法规性的问题，确保新时期哲学社会科学工作者都能成为坚定的新时代中国特色社会主义捍卫者。

（原载于《常德论坛》2019 年 1 – 2 期）

大力发展健康养老事业需发挥政府主导作用

李云峰　尹媛媛

随着人口老龄化的不断加剧,我国健康养老问题日益严峻,2017 年我国 60 岁及以上的老人占总人口的比例达到 17.9%,按照联合国标准,已经进入深度老龄化社会。为积极应对老龄化问题,国家先后发布了《"健康中国 2030"规划纲要》《智慧健康养老产业发展行动计划(2017—2020 年)》《"十三五"国家老龄事业发展和养老体系建设规划》等文件。与此同时,养老问题的凸显也催生了新兴产业。目前,健康养老市场风起云涌,国内诸公司斥巨资跨界做养老,着手从不同渠道切入健康及养老产业链。国家的《"健康中国 2030"规划》明确指出,要将医疗健康产业建设成国家支柱性产业,2018 年中国养老产业市场规模达 6.57 万亿元,预计 2022 年可达 10.29 万亿元,2030 年将达 16 万亿元。

常德作为重度老龄化城市,目前 60 岁以上老年人口占总人口的比例已达 23.99%,在健康养老产业发展方面,蕴藏着巨大的市场潜力,2018 年,全市健康养老产业实现产值 72 亿元,预计还会持续增加,并逐渐成为常德市经济发展新的增长点和重要支柱。但机遇与挑战并存,目前健康养老产业在发展进程中还面临许多问题,我们除了充分发挥市场的基础性作用外,还需要政府发挥主导作用,促进常德市健康养老产业的健康发展。

一、需要政府发挥主导作用的客观因素

(一)发挥政府主导作用,是市场发育不完善的需要

目前,常德市健康养老产业还处于起步阶段,市场发育不完善,行业壁垒

多，投资风险大，基础设施服务能力弱，在以利益为驱动的市场竞争中，健康养老产业的发展容易摇摆不定，止步不前。只有政府发挥主导作用，才能植入"主心骨"，打好"强心针"。

(二)发挥政府主导作用，是进一步落实民生事业和产业发展战略的需要

按照市委、市政府"开放强市 产业立市"发展战略，"文旅康养"将作为千亿产业来打造，但在具体实施过程中，政府的主要力量往往集中在工业、高新技术产业等，民生事业的发展还没有引起应有的重视，体制机制还不太协调，领导推进力度不强，健康养老产业到目前为止还没有统一的发展规划，资金投入还有很大差距，优惠政策也得不到落实，一系列抓落实的问题还比较突出。

(三)发挥政府主导作用，是建立协调工作机制的需要

健康养老产业综合性强，涉及多个部门，同时各相关部门在实施健康养老事业时又存在行业壁垒、职责交叉、业务交织等情况。比如目前养老机构由民政部门设置审批和管理，社区养老和居家养老服务由街区负责，医疗服务由卫计部门主管，医保支付政策由医保部门制定。由于制度、行政职能和资金分割等因素，老人的医养统一问题难以得到有效保障。此类问题还有很多，大大制约了健康养老事业的发展，迫切需要政府建立统筹协调机制，加大各部门的联系，及时协调解决产业发展中的具体问题。

(四)发挥政府主导作用，是完善配套政策的需要

健康养老产业还处于起步阶段，很多政策还不完善。近年来，国家和省、市出台了一系列健康养老服务政策，但有关政策多属宏观性的指导文件，需要地方政府结合本地实际出台可操作的配套实施细则并加以贯彻落实；同时，一些康养产业政策法规的推出也落后于实际发展，从而制约了产业的建设和发展，使其未能很好地发挥行业指导性作用。

(五)发挥政府主导作用，是激发行业动力的需要

健康养老产业投入大，周期长，同时具有公益或准公益性质，利润率低，直接经济效益低，在政府投入补偿不到位的情况下，社会创办热情不高。另外，招商项目程序烦冗，耗时长，使项目建设的时效性和效果大打折扣，直接影响了开发商的投资收益。同时，在引导、鼓励企业和社会资本投资健康养老项目建设方面，支持力度不大，对国内大型企业和内资投入的吸引力不够，可持续发展动力不足。

二、对政府发挥主导作用的建议

(一)强化顶层设计

根据国家有关文件精神,政府要结合常德市实际,将发展健康养老服务业纳入全市经济社会发展长期规划,科学制定健康养老产业发展规划,明确发展思路、总体目标和重点任务。同时,进一步组织、编制健康养老服务业阶段推进、区域布局以及康养社区发展的专项规划、园区建设规划等,从总体上形成定位清晰、统一衔接的健康养老产业发展规划体系。

(二)建立工作联席会议制度

强化政府统筹部门的紧密协作,建立由市政府牵头,发展改革委、财政局、国资委、自然资源与规划局、城乡住房与建设局、民政局、卫生健康委、人社局、医疗保障局、人民银行、市场监督管理局、机构编制、消防、商务、税务、科技银监、保监、教育、残联、工信、广电等部门参加的工作联席会议制度,明确部门职能任务,加强各部门间的横向联系,定期召开会议,及时协调解决健康养老产业发展的实际问题。

(三)完善配套政策

在明确全市健康养老产业发展定位、发展目标、发展重点等基础上,建议各相关部门围绕健康养老产业发展目标,从常德市人口老龄化现状和老年人养老服务的需求出发,进一步制定、完善、推进常德市健康养老产业发展的配套政策,尤其要把国家和省市关于发展健康养老产业的各项优惠政策措施落到实处。同时,还要出台一些有别于其他地方的本地优惠政策,大力鼓励和引导企业等社会力量参与健康养老产业。

1. 制定土地供应制度

按照养老床位建设标准和建设规模解决养老机构建设用地指标,在年度用地计划中优先安排保障养老机构建设用地,要多采用无偿划拨土地办法或低价出让土地办法。

2. 实行税费减负政策

落实国家对公益事业的全部优惠政策,制定一些地方优惠政策,吸引更多外资进入,如对养老机构提供的养老服务免征营业税,对非营利性养老机构自用房产、土地免征房产税、城镇土地使用税,对符合条件的非营利性养老机构按规定免征企业所得税，对养老机构提供养老服务，减半征收有关行政事业性收费等。

3. 建立康养产业发展专项资金

对常德市符合条件的养老服务机构、养老服务设施、养老服务项目给予一定的资金支持。

4. 简化项目审批程序

着力改善政府审批服务，开通健康养老产业项目审批"绿色通道"，简化审批程序，加快项目推进速度，营造效率与效益齐头并进、公平公正、高效有序的发展环境。

(四) 创新发展模式

一是加大健康养老产业与其他产业的融合发展，如康养＋旅游、康养＋地产、康养＋社区建设等。在融合过程中，既能协同、合作、互相学习，还能获得更多市场要素。目前"保险＋"模式已渐成气候，较好地促进了健康养老产业的发展。

二是加大政府购买服务的力度，直接出资向服务主体集中采购服务或是向养老服务人员提供财政补助。

三是大力推进"公办民营"模式，引进国内外优秀行业企业的管理经验和经营理念。

(五) 建立政府规划目标考核体系

政府要把加快养老服务体系建设作为重要的民生工程，纳入年度重点目标计划和考核范围，随时掌握最新动态。同时，加强行业监管，建立公开、平等、规范的准入、监管、退出机制；制定和完善养老服务质量、服务资质、服务规范、服务设施、服务安全卫生、服务环境监测、服务产品等标准。

(六) 加大健康养老产业招商引资力度

健康养老产业是一个朝阳产业，且产业链条较长、带动力较强。目前，国内许多大企业，如复星集团等医疗企业、泰康人寿等险资企业以及一些互联网企业都在向健康养老产业转型，有的更是已在全国大中城市布局，因此，我们要像重视抓工业产业一样抓健康养老产业的全链条招商引资。

(2019 年 7 月 30 日在常德市政协常委会议上的发言；原载于《中国社会报》，2019 年 10 月 28 日)

优化营商环境 助力民营经济高质量发展
——基于常德的调研与思考①

张辛欣 张早平 张曌璇②

【摘要】营商环境是企业全生命周期中所依赖的行政管理环境、法律环境、市场环境和社会人文环境的总称，是民营经济高质量发展的倚重和保障。随着我国经济转型进程不断推进，常德的民营经济发展也面临新机遇、新挑战。产业结构不优，科技创新活力不足，用地成本偏高，融资环境有待公平，行政管理效能低，政策惠企落地难等因素制约着民营经济发展的步伐，优化营商环境，增强民企地位，构建清新型政商关系将促进常德民营经济进一步高质量地发展。

【关键词】民营经济；营商环境；制度创新

改革开放 40 年来，我国民营经济从小到大、从弱到强，不断发展壮大。截至 2018 年底，我国民营企业数量超过 3000 万家，个体工商户超过 7000 万户③。作为国民经济中最具生命力的重要组成部分，民营经济已然成为支撑和推动经济增长的重要力量。习近平总书记多次对非公有制经济做出重要指示，并在民营企业座谈会上强调要坚持"两个毫不动摇"，为新时期民营经济发展指明了方向。近年来，常德市出台了一系列促进民营经济高质量发展的政策措施，民营企业的规模不断扩大，产业化程度也都得到了快速提高，但随着我国经济转型

---

① 本文是湖南省委统战部 2019 年重点课题"世代理论视阈中的新时代民营企业家成长路径研究"（编号 2019TZLX019）成果。

② 张辛欣，湖南省社会科学界联合会助理研究员。张早平，教授，民进中央经济委员会委员，长沙大地经济发展研究中心主任。张曌璇，英国拉夫堡大学金融学硕士研究生。

③ 工业和信息化部.我国已成为唯一拥有全部工业门类的国家[N]. 人民日报 , 2019 - 09 - 21.

进程不断推进，常德的民营经济发展也面临新机遇、新挑战，迫切需要培育新动能，开辟新路径，以期为经济社会发展做出新的更大的贡献。

一、常德民营经济发展的主要成效①

常德全面实施开放强市产业立市战略以来，在市委市政府战略引领下，全市非公有制经济人士勇立潮头，当好开放强市、产业立市的主力军和排头兵，民营经济犹如一台大马力发动机，茁壮成长为市域经济腾飞的新引擎、技术创新的动力源、财政税收的压舱石、社会就业的稳定器。

(一)民营经济规模不断壮大

一方面，民营经济市场主体扩展迅猛。2018年，全市各类市场主体达28万户，同比增长24.5%；企业总量达5.4万户，同比增长25%，民营企业数占比90%以上。民营经济投资明显升温，同比增长15.2%，占比61.8%；产业投资快速增长，实际完成工业投资额同比增长23.1%；民营经济工业实力持续走强，新增规模工业企业159家，总数达1252家。全市外贸新增"破零"企业50家、"倍增"企业30家、外商投资企业14家、入统限上商贸企业112家。全年新开工亿元以上产业项目214个，竣工投产92个。另一方面，民营经济对经济增长贡献率进一步走高。2018年，全市民营经济完成增加值1928.97亿元，占全市GDP比重56.8%，比2017年增长90.45亿元，同比增长9.5%，高于GDP增速1.3个百分点；销售产值1986.22亿元，同比增长3.3%，占比67.4%；主营业务收入1881.14亿元，同比增长2.4%，占比68.2%；利润总额72.13亿元，同比增长0.6%，占比42.6%，增加值总量和增速均排全省第四名。

(二)民营经济产业结构渐趋合理

随着我国经济转型升级的持续推进，常德市民营经济的产业结构不断升级，民营经济成为技术创新的主要载体。2018年，全市新增高新技术企业67家，新增规模以上服务企业121家；21家企业获评"湖南省小巨人企业"；农产品加工业对经济拉动作用持续增强。率先在全省探索异地孵化招商新模式，成立常德科创未来(北京中关村)制造中心，吸引13家高科技企业入驻。这些民营科技型企业为常德市创造了许多重大科技成果。2018年，全市民营经济完成第一产业增加值90.64亿元，占比26.0%，总量排名全省第一；第二产业增加值680.83亿元，同

---

① 本文中民营经济数据如无特别说明，均来源于调研中常德市各有关职能部门提供的统计数据。

比增长 8.5%，占比 53.0%；第三产业增加值 1157.50 亿元，同比增长 11.2%，占比 65.7%，排名全省第二。三次产业结构调整为 10.2:38.3:51.5。以现代服务业为主的第三产业占民营经济的比重逐步上升，产业结构不断优化，有力地促进了全市经济的转型升级。

（三）民营经济社会贡献更为突出

常德市民营企业相当一部分集中在批发零售、餐饮服务、建筑等劳动密集型领域，为全市提供了大量的就业机会。2018 年，全市新增城镇就业 5.9 万人，农村劳动力转移就业 4.1 万人，创业带动城乡就业 4.5 万人；企业从业人员近 120 万人，占就业人数 80% 以上。在税收方面，2018 年，民营经济实缴税金总量贡献大，达 150.55 亿元，同比增长 17.5%，占全市比重 69.3%，比上年提高 1.09 个百分点。有 398 家民营企业精准对接 416 个贫困村，实施产业帮扶项目 619 个，投入资金 2.45 亿元，惠及 7.6 万余贫困人口。

总的来说，常德的民营经济具有"五六七八九"的特征，即贡献了 50% 以上的生产总值，60% 以上的税收，70% 以上的技术创新成果，80% 以上的城镇劳动就业，90% 以上的企业数量。民营经济为稳定全市就业形势、扩大社会就业以及精准扶贫做出了突出贡献。

二、常德民营经济发展存在的问题

（一）产业结构不优，科技创新环境缺乏活力

全市民营经济多为传统产业，分布在产业链价值链低端，批发零售餐饮等传统服务业占比 90%，生物医药、电子信息等战略性新兴产业和高新技术产业比重不足三成，产业结构性矛盾依存，在湖南民企百强中仅占 3 席。重大产业和优质项目不多，园区实力不强，产业链条不完善，产业分工不明显，专业化程度不高。由于体制和科技投入等方面的原因，民营企业特别是中小企业科技人才缺乏且流失严重，创新平台缺乏。国家将大量科研资金投向高等学校、科研院所和部分国有企业，民营企业的科研投入主要依靠企业积累，很多企业技改研发投入不足，无法建立长期发展的研发平台。同时，由于创新成果转化机制不健全，在政策支持、税收、财政、中介服务、产业对接、利益分配等方面没能建立有效的协同运行机制，导致创新成果转化率低，科技创新对经济增长的贡献作用没能得到有效发挥。

(二)用地成本偏高,融资环境有待公平

常德市面临着企业发展空间不足与存量用地释放缓慢的双重困局,部分企业想扩大生产,却要担心用地成本过高,盲目扩张会导致企业资金风险。土地使用税较高,尤其机械制造企业的特点是占地面积大,用地面积广,在近几年供给侧结构性改革大环境下,企业订单量严重不足、效益不高、产值过低,高额的土地使用税更加让企业难以负担。政府和社会对民营经济的认识有偏差,民营企业难以实现同国有企业的公平竞争。特别是在投融资过程中,政府和银行更愿意将贷款发放给国有企业,各项产业升级的国家补贴大多流向了国有企业。实体经济进入重大基础设施建设和政府采购等垄断领域的难度大。一些银行抓住民营企业急需资金的心理,不惜通过"以贷转存""存单质押"等违规操作,重复收取民营企业融资利息。同时,由于民营企业信用资质相对较弱,导致信用利差明显高于国有企业,融资环境更加恶化。如何在扩大企业规模的同时保证资金链不断裂是企业家最头疼的事情。

(三)行政管理效能低,政策惠企落地难

虽然国家正在进行简政放权,实施"放管服"改革,但是受行政能力水平和区域差异影响,民营经济领域出台的政策往往具有临时性、应急性特征,政策制定缺少调查研究和沟通协调,头痛医头、脚痛医脚的现象时有发生,政策的科学性、连续性无法保证,影响了民营企业的生产决策。一些领域审批权限不明确,政府间推诿扯皮,审批权限下放不彻底。对于中央明确要求下放取消的行政审批项目,某些部门因为利益、管理惯性不想放、不愿放,审批流程过于复杂。一些必须审批的事项环节过多,且由部门交叉管理,审批要求多,导致民营企业疲于应对。民营企业政策红利末端兑现不到位,国家鼓励民营企业发展的一些专项补贴、优惠政策由于申报流程复杂,申报资料冗繁,规则和程序不够透明,难以落实到位。

三、常德优化民营经济营商环境的对策与建议

(一)优化产业布局,完善科技创新体制,培育常德品牌

一是提升传统产业,推动装备制造、食品加工等传统优势产业"老树发新枝"。加快重点产业项目进度,推进项目投产达效,变有效投资为有效产出。支持重点骨干企业做大做强,打造一批智慧互联网产业、楼宇经济、创新创意

和总部经济聚集区，提升城市经济辐射力和活跃度。发展县域特色优势产业，重点支持富硒、柑橘、蔬菜、小食品等产业发展壮大，提高县域经济辨识度和竞争力。重点培育整合常德茶油、米粉、甲鱼、红茶 4 大区域公用品牌，加大常德酱板鸭、香米、柑橘等宣传推广力度，整合优势资源，提升品牌附加值。充分发挥科技创新体制对创新成果的促进和保护作用，促进校企合作，支持常德企业为在常高校设立人才实训基地，支持在常高校教师、科研人员到常德企业兼职，引导高校针对特定产业、园区、企业需求，定制化开设专业培训班。鼓励常德企业与国内外知名高校联合建设协同创新中心，走好产学研结合创新之路。

(二)营造公平竞争的市场环境，提高民企地位，强化要素保障

牢固树立民营经济是我国基本经济制度重要组成部分的观念，克服所有制认识上的思想桎梏，以包容心态客观冷静地分析民营经济出现的问题，让民营企业能享受与国企同等的政策待遇。树立法制观念，践行法律精神，严格依法办事，尊重民营企业正当合法权利，坚决查处违规违法行为，全力打造公平开放透明市场规则和法治化营商环境，保护民营经济主体依法平等使用生产要素、公平参与市场竞争。加快扩大金融市场准入，完善金融产品创新和金融组织结构，拓宽民营企业融资渠道，从债券、股权、信贷等主要融资渠道挖掘潜力并完善配套制度。探讨发明、专利等知识产权定价机制，解决中小企业贷款抵押品不足的短板。

(三)强化政策执行力度，紧贴企业诉求，构建清新型政商关系

深入贯彻落实省委省政府《关于促进民营经济高质量发展的意见》(湘发〔2018〕26 号)和市委市政府系列惠企政策，系统梳理完善现行产业政策，明确领导挂帅，落实牵头责任，安排专班服务，优化调度机制，强化目标导向，逐一跟踪落实。成立民营企业政策落实巡视和督查小组，常态化地监督政策的执行情况，让民营企业安心、放心和充满信心地发展。明确政府权力清单，厘清政府与市场边界，进一步精简行政审批下放权限，减少不必要的中介服务事项。建立政府信息公开制度，利用大数据、互联网等现代技术手段，整合行政资源，公开服务内容，加快实现"一网通办、只进一扇门、最多跑一次"，为民营经济发展提供高效、精准、便捷的服务保障。通过提供优质的公共服务，不断提高政府公信力。

参考文献

［1］常德市推进产业立市三年行动指挥部办公室.浓墨重彩这一年［N］.常德日报，2018 - 12 - 25.

［2］孟华兴.企业诚信体系建设研究［M］.北京：中国经济出版社，2011.

［3］方晓彤.欠发达地区民营经济发展的制度环境约束［J］.商业经济研究，2018(4)：161 - 164.

［4］李宁.优化营商环境是对民营企业最有效率的支持［N］.中国青年报，2019 - 03 - 12.

第三篇

社会组织参与精准扶贫　支持乡村建设研究①

常德市社科联课题组②

　　当前，我国进入扶贫攻坚的重要阶段，面临着复杂艰巨的脱贫局面。积极鼓励并高效引导以社会组织为主的社会力量参与精准扶贫，有助于创新扶贫工作机制和有效对接精准扶贫。本文梳理了各地社会组织参与精准扶贫的现状，分析了当前社会组织在参与精准扶贫中具有的优势和面临的问题，并针对这些问题提出了一些对策建议。

　　十八大以来，以习近平总书记为领导核心的党中央，高度重视社会组织参与贫困地区精准扶贫方略和脱贫攻坚战略实施。中共中央、国务院下发的《关于打赢脱贫攻坚战的决定》明确提出，"健全社会力量参与机制。鼓励支持民营企业、社会组织、个人参与扶贫开发，实现社会帮扶资源和精准扶贫有效对接。引导社会扶贫重心下移，自愿到村到户，做到贫困户都有党员干部或爱心人士结对帮扶。……通过政府购买服务等方式，鼓励各类社会组织开展到村到户精准扶贫"。研究社会组织参与精准扶贫、脱贫攻坚，进而支持乡村建设，对于透析社会组织参与精准扶贫现状，探讨社会力量参与精准扶贫路径，建立健全相应配套政策措施，培育多元扶贫参与主体，深化乡村建设思想和实践，创新中国特色社会主义扶贫开发理论体系，具有十分重要的理论价值和现实指导意义。

---

① 该调研报告系湖南省社会科学成果评审委员会 2016 年重大项目课题成果。
② 课题主持人：李云峰，湖南省常德市社科联主席。
　课题组成员：邵可星，湖南省常德市发改委副调研员。汤建华，湖南省常德市高等职业技术学院财务处处长、高级政工师。陈桂林，湖南省常德市高等职业技术学院副教授。

一、社会组织参与精准扶贫的现状

20 世纪 90 年代以来,社会组织参与扶贫正式启动,进入 21 世纪,我国扶贫工作进入精准扶贫、脱贫攻坚的新阶段,社会组织成为精准扶贫方略和脱贫攻坚战略实施的重要参与者,但仍存在发动面窄、参与力量少、参与深度不够、投入不大、参与的具体政策措施缺乏等问题,亟待重视和解决。

抽样调查湖南、贵州、广东、河南、安徽等省发现,社会组织参与扶贫的形式主要有如下几种。

(一)社会组织专项扶贫

社会组织结合自身行业的独特优势,充分发挥组织成员的专业技能,整合行业内的专业资源,开展一批有针对性的扶贫项目,进行有针对性的扶贫活动。安徽省出台了《关于进一步动员社会组织参与扶贫开发的意见》,强调要鼓励、支持各级各类社会组织发挥自身优势和特长,通过大力开展对口扶贫、产业扶贫、智力扶贫、教育扶贫、医疗扶贫等举措,发挥社会组织在大扶贫格局中的独特优势。

(二)社会组织包户扶贫

湖南省民政厅、省扶贫办制定了《引导"三社"力量参与精准扶贫实施方案》,引导社会组织、社区和社会工作专业人才(简称"三社")等力量参与精准扶贫,全省 10000 余家社会组织帮扶 10000 个贫困户。

(三)社会组织包村扶贫

贵州省民政厅和省扶贫办制定的《"社会组织帮百村"精准扶贫行动实施方案》,以全省性社会组织为核心,结对帮扶 100 个以上贫困村。湖南常德户外文化研究会派工作队长驻石门县太平镇上马蹬村,包村全方位扶贫。

(四)社会组织捐助扶贫

湖南省常德市微善风爱心联盟,在常德市石门县、汉寿县、澧县、临澧县、武陵区、桃源县、津市市、贺家山农场、安乡县、岳阳市华容县和新疆克州等 3 个市(州)11 个县(市区)开展了贫困学生的捐资助学活动,共有 3506 名贫困家庭的大中小学生与全国各地及海外爱心人士结对,筹集善款在 1000 万元以上。

(五)"政府(或人民团体)+社会组织"扶贫

江西省从 2011 年开始对赣南等原中央苏区和特困片区 38 个县(市、区),采取"政府+企业或社会组织"形式,实施"四个一"组合式帮扶,即每县一位省领导定点联系、一个省直部门支持、一个企业或社会组织定点帮扶、每年安排一千万元产业扶贫资金。深圳市首度探索将全国公益组织黑土麦田的"乡村创客计划"带入广东,对口帮扶河源市三乐村,探索"人民团体+社会组织"精准扶贫新模式,引导优秀青年投身乡村创新创业,以实现精准扶贫。

实际上,在社会组织参与扶贫的同时,国内很多企业和其他组织等社会力量也不同程度地参与了扶贫开发。企业参与扶贫大致有三种形式:一是"企业+贫困村"。山西省从 2013 年启动实施"百企千村"扶贫开发工程;湖南省发布《关于引导促进民营企业参与扶贫开发的合作框架协议》,鼓励非公企业参与扶贫,引导非公企业通过产业联村、项目带村、智力扶村等形式,推进"万企联村、共同发展"和"村企共建"项目,围绕产业开发与农村合作对接。二是"企业+贫困县"。2016 年 2 月,恒大集团结对帮扶贵州省大方县的"三年计划"正式付诸实施,首批援建的 40 项重点工程和 200 个农牧业产业化基地项目正式开工。三是"企业+农村电商"。2016 年 2 月,国家发展改革委与阿里巴巴签署战略合作协议,未来三年,双方将共同支持 300 余试点县(市、区)结合返乡创业试点发展农村电商。国家发展改革委将不断改善试点地区创业环境,并组织试点对接,实现电商项目在农村落地生根。

二、社会组织参与精准扶贫的优势

社会组织被称为第三公共组织(或者部门),具有组织性、民间性、非营利性、自治性、非政治性和非宗教性等特点,贴近群众,善于创新,可承担风险,善于沟通,能灵活调整,是当前精准扶贫不可或缺的重要力量。其优势主要体现在以下几点。

(一)动员能力强

社会组织汇聚了社会各领域各阶层各方面的丰富资源,因此具有善于沟通和交流的特点,可以促进不同社会群体和阶层的凝聚,能够为企业、公众参与扶贫搭建良好的平台,有利于补齐政府扶贫的"短板"。

(二)执行速度快

社会组织具有较高的志愿性、较高的参与热情、较强的团队合作精神,加之处于政府体制外,能够快速、精确、高效地投入到扶贫行动中,具有较强的行动力、执行力。

(三)理念思维新

"扶贫先扶志,扶贫先扶智。"社会组织参与农村扶贫不是简单的资金注入,更要注重扶贫对象的综合素质与脱贫能力的提升,通过对贫困户的培训,改变其思维观念,唤起其主动参与意识,将贫困群体由被动的扶贫接受者,转变为自我脱贫行动者。

(四)扶助精度高

社会组织能够融入基层,深入乡土社会,了解社情民意和贫困户的困难需求,掌握贫困户的真实信息,有利于精准地确定与选择扶贫对象,瞄准贫困户,实现"真扶贫"与"扶真贫"。

(五)个性化服务强

社会组织对农村贫困群体的多样化需求能够及时采取差异化策略以回应不同群体并提供个性化服务,能有效帮助贫困者寻求脱贫的途径。

(六)民主化程度高

社会组织因其需要必须不断提高自身组织的公信力,基本能够做到办事公正、公开、透明。

另外,社会组织专业性强,在社科普及、文化挖掘、宣传策划、技术推广、技能培训等方面都具有无与伦比的优势。

三、社会组织参与精准扶贫面临的问题

(一)政府引导不够

政府主导精准扶贫和脱贫攻坚,对社会组织扶贫的作用还缺乏足够的认识,对如何把社会组织积极调动起来开展扶贫帮困也缺乏有效的组织引导,没有采取有力的措施和办法。当前,社会组织参与精准扶贫的"碎片化"现象较为

严重。全国省级层面出台文件动员、组织社会力量参与扶贫的仅有江苏、安徽省政府，湖南、贵州省局限于民政与扶贫部门，绝大部分市、县没有具体意见。

（二）政策法律保障缺乏

社会组织虽有内在优势，但也存在公信力不强等缺陷，因此，创新社会组织参与扶贫的工作机制，必须建立健全一整套社会组织参与扶贫的政策和激励措施。目前，社会组织参与扶贫缺乏整体设计，基本处于自发、自愿状态。这也体现了社会组织参与精准扶贫的设计不够。政府既没有明确部门负责，也没有搭建有效的沟通联系和参与平台，更没有制度激励与约束。同时，社会组织参与农村扶贫难以得到专门的法律保障。我们国家虽也建立了包括贫困救助、自然灾害救助、特殊对象救助以及扶贫工作在内的各种贫困救济制度，但大多散见于部分法规政策中，尚未形成专门的法律体系，难以适应新形势下农村扶贫的需要，不能为改善扶贫组织运行环境、整合扶贫资源、完善社会参与机制和促进监督评估等提供有效的法律保障。

（三）宣传报道不够

当前，倡导社会组织扶贫帮困的舆论氛围还不浓，主流媒体对社会组织参与扶贫的优势、作用与贡献宣传报道不多，得不到社会的普遍认可。

（四）人才储备不足

一些社会组织没有专职工作人员，而且因待遇不高，工作人员正在不断流失。人才储备不足，无法满足社会对社会组织日益增长且不断多元化、高质量的服务期望。

（五）部分农村基层组织缺乏战斗力

这是目前社会组织在贫困地区开展精准扶贫遇到的首要问题。一是村级组织软弱涣散，导致村支两委在组织群众、争取政府支持、与社会组织合作等方面的能力严重不足。二是贫困户界定不精准，在贫困户认定方面存在优亲厚友现象，大量信息不对称，如有的进城务工、发展，在城里买房、买门面，购置产业，但农村房子比较破旧，仍被界定为贫困户。

四、社会组织参与精准扶贫的措施

(一)转变扶贫观念,建立大扶贫格局

全面推进农村扶贫开发工作,需要最大限度地利用社会资源和凝聚社会力量。当前,农业与国民经济的关系正在进行深刻调整,扶贫开发工作的背景发生了重大变化,转变扶贫观念,创新扶贫开发机制,开展精准扶贫,必须在全社会凝聚一个共识:扶贫开发是全党的事、全社会的责任,是一种对贫困地区的深厚感情。并且,要在全社会形成一个理念:不能把扶贫只当作是政府的事、干部的事,要发动社会力量、各方面力量共同来做;不能光靠行政手段、行政力量来推动,要运用市场的手段和方式,依靠市场的力量、社会的资源来推动,要形成"行业扶贫、专项扶贫和社会扶贫"的大格局。

(二)出台社会扶贫系列文件,完善政策体系

一是出台社会扶贫指导性意见。依据国家《关于进一步动员社会各方面力量参与扶贫开发的意见》,研究制定湖南省社会组织扶贫指导性文件,建立社会动员机制,搭建社会组织沟通和参与精准扶贫的有效平台,推动各种社会力量参与到精准扶贫事业中来。

二是建立扶贫配套政策支撑体系。扶贫是一项系统工程,扶贫效益的最大化有赖于各项政策之间的协调、配套。各级政府、扶贫主体部门和行业部门要积极参与,制定本地本部门具体的扶贫政策和措施,形成扶贫政策支持保障体系。

三是不断调整并完善扶贫工作绩效考核指标。不仅要将软实力扶贫纳入政府考核指标,而且要将社会组织、企业以及公众多元主体扶贫纳入扶贫考核,有效衡量在各个层面取得的成绩。

四是营造社会组织扶贫的支持性环境。政府要制定具体措施,从购买社会服务项目、资金、免税、放宽公益募捐资格以及人才培养等方面加大支持力度,推动社会组织在扶贫领域发挥更加重要的作用。

五是出台支持企业扶贫的优惠政策,鼓励企业参与产业扶贫。要在资金扶持、贷款贴息、土地流转、上市融资、基地建设、兴办产业协会、专业合作(联)社和申报国家级农业产业化龙头企业等方面给予重点倾斜,并探索将扶贫项目转化为政府采购的形式。

（三）建立长效激励机制

省、市、县（区）要尽快建立"脱贫攻坚奖"制度，表彰对扶贫开发做出杰出贡献的组织和个人，树立脱贫攻坚先进典型，同时，要在主流媒体开辟专栏、专题，大力宣传社会组织扶贫先进典型，打造社会组织扶贫品牌，增强社会影响力。如湖南省社会扶贫品牌的"三个万"工程的打造。

（四）创新社会组织农村金融扶贫模式

社会组织可通过探索实践创新，建立富有特色的农村金融扶贫模式，改变原有农村"融资难的问题"，走村民自己融资、自己发展生产的独具特色的道路。可借鉴乡建研究院李昌平先生在郝堂村创建的村社内部资金互助社，即夕阳红养老资金互助社和经济学家茅于轼在山西省临县龙水头村设立的民间互助基金会，以运作私人资本的方式，从事农村信贷小额贷款的金融扶贫。

（五）因地因组织制宜，优化扶持措施组合

一是产业扶贫。利用社会组织的行业优势和影响力，结合村情和贫困家庭人口、资源、技能、致贫原因及产业发展意愿，围绕产业发展基础定位，帮助贫困村、贫困群众因地制宜地发展农产品加工业、乡村旅游业及蔬菜、林果、种养殖业等扶贫特色产业。实施贫困村"一村一品"产业推进行动，力争每个贫困村建立一个以上的产业合作组织和一个以上的互助组织。

二是旅游扶贫。把旅游开发与精准扶贫有机结合，把扶贫开发与美丽乡村建设结合起来，利用当地优势资源发展生态旅游经济。如常德户外文化研究会成员深入上马蹬村，开发独具特色的农产品，并通过组织活动和宣传推介，吸引游客到农家购买产品，自助消费。同时，还可以让游客参与当地传统的劳作：编竹篾、放牛、采茶、打油渣、种豆等，使他们在获得劳动乐趣的同时也宣传了当地质朴的劳作文化，而且还刺激了消费。

三是推出系列文化产品。举办文化艺术节、文艺晚会、乡村夜话、篝火晚会、帐篷节等，并通过微信公众平台等新媒体对外进行宣传推广（如常德户外文化研究会微信公众号"爱乡"），以当地原生态环境为背景、当地人物的小故事为素材，拍摄微电影，宣传村社文化，吸引全国各地游客前往。

四是智力扶贫。科技类、学术类社会组织可进行智力和技术支持，为贫困村经济发展出谋划策，并从实际需要出发，传授培训实用技术，提供技术咨询，有针对性地举办培训班，帮助贫困对象学习掌握职业技能、致富技术，提供职业指导，增强就业能力。

五是电商扶贫。充分利用互联网技术，建立电商工作站，开展电子商务，推销地方特色产品，进行形象宣传，打造品牌。同时，利用社会组织会员广泛的优势，帮助结对村对接外部市场，带动农户增收。

六是捐助扶贫。实施"一对一"结对扶贫，直接捐资、捐物、服务，帮助贫困村开展教育、养老、卫生、文化、社会保障、基层组织等领域的公益性服务设施建设。针对无法依靠产业扶持和就业帮助等脱贫的贫困家庭，建立完善救助帮扶机制，改善其基本生活条件。

七是就业扶贫。推出"企业吸纳就业脱贫"模式，动员社会组织会员企业帮助贫困户就业。

八是发展村级合作组织。大量研究表明，要让贫困户真正地、长久地脱贫致富，最有效的办法就是建立各类村社经济互助、合作组织。黑龙江克山县仁发村党支部书记李凤玉联合当地6户农民，以入股的形式加上政府补贴组建的"仁发现代农业农机合作社"，成了带动当地农民脱贫致富的"火车头"，仅2015年一年就让2083位贫困群众彻底脱贫。

九是抓民风促扶贫。以社会主义核心价值观为引领，开展以"积极向上、淳朴向善、明礼诚信、遵纪守法、团结友爱、包容平和、共同致富"为主题的民风建设系列活动，提升村民素质，激发农民内生动力。

五、几点建议

(一)各级党委要高度重视贫困地区的农村基层组织建设

农村"两委"班子是否得力，会直接影响精准扶贫的效果，必须着力提高"两委"班子的领导力，优化组织设置，规范组织活动，提高党员队伍的凝聚力。

(二)各种组织要在扶贫攻坚中始终坚持群众路线

在扶贫工作开展的过程中，要充分发挥农民的主体作用，尊重、相信、依靠群众，每走一步都要吸纳、鼓励群众参与。同时，扶贫工作应以民为本，坚持将发展生产与转变贫困人群的思想观念相结合，把帮助其进步、成长放在重要位置。

(三)扶贫部门要彻底解决精准识贫问题

要严格按照标准和程序确定建档立卡贫困户对象，定期进行"一进二访"和专项清理工作，发现不符合标准和要求的非贫困户要及时清除并追究相关人员责任。对建档立卡贫困户要定期实行动态调整。

(四)各级政府要及时总结经验，积极推广典型

政府和相关部门要及时总结提升各级各地组织引导社会力量参与精准扶贫的经验和做法，形成一批可复制、可推广、可持续的好典型、好模式，不断发挥典型的引领作用和辐射效应，最广泛地动员各方面的社会力量参与精准扶贫，支持乡村建设。

参考文献

[1]国务院办公厅.国务院办公厅关于政府向社会力量购买服务的指导意见[R/OL]. (2013－09－30)[2016－08－15]. http://www. ccgp. gov. cn/zcfg/gwywj/201407/ t20140723_4651358. htm.

[2]中共中央办公厅，国务院办公厅.关于深入推进农村社区建设试点工作的指导意见[R/ OL]. (2015－05－31)[2016－08－19]. http：//news. xinhuanet. com/2015－05/31/c_ 1115463822_2. htm.

[3]中共中央，国务院.中共中央国务院关于打赢脱贫攻坚战的决定[R/OL]. (2015－12－ 07)[2016－08－30]. http://news. xinhuanet. com/politics/2015－12/07/c_1117383987. htm

[4]习近平.习近平论扶贫工作——十八大以来重要论述摘编[J].党建，2015(12).

[5]习近平.摆脱贫困[M].福州：福建人民出版社，1992.

[6]梁漱溟.乡村建设理论[M].上海：上海人民出版社，2006.

[7]顾东辉.政府委托社会组织服务，内涵，动因和方式[J].社会与公益，2012(8).

[8]徐永祥，侯利文，徐选国.新社会组织：内涵、特征以及发展原则[J].学习与实践，2015(7).

[9]王名.非营利组织的社会功能及其分类[J].学术月刊，2006(9).

[10]李爱玲.中国社会组织扶贫现状、类型及趋势[J].公益发展观察，2005(8).

[11]江苏省人民政府办公厅.江苏省人民政府办公厅关于动员组织社会各方面力量参与扶贫开发的实施意见[R/OL]. (2015－05－11)[2016－09－30]. http://www. pkulaw. cn/fulltext_form. aspx? Db＝lar&EncodingName＝；dEcLaRe&Gid＝17864506&Search_Mode&keyword.

全面对接国家战略　促进常德开放发展

常德市社科联课题组①

【摘要】国家战略就是国家在某些方面发展的总的纲领、计划和政策,对各地各领域的发展具有指导、引领、带动作用,犹如火车的车头。常德要更好、更快地发展,就离不开对国家相关战略、政策的认真对接和有效落实。只有如此,才能利用好国家各项战略、政策的红利,才能把握各项战略、政策带来的历史机遇。要对接、落实好国家的各项战略、政策,就必须有清晰的思路和正确的举措,这样才能保证各项战略、政策对接良好、落实到位。

【关键词】国家战略;开放发展;政策;思路;建议

一个地区的开放发展,离不开国家各项战略或政策的支持,这一点有许多鲜活的例子,比如深圳和浦东。

深圳前身是个小县城,1979 年才正式有深圳这个名字。1979 年设立特区后,深圳迎来了快速发展。经过短短 30 多年的时间,深圳已成为与北京、上海比肩的特大城市。2017 年,深圳的 GDP 超越广州,仅次于上海和北京。

浦东在开发前还不是一个行政区,地理上分归川沙、杨浦等县区管辖,大部分地方还是比较荒凉的农村。1990 年国务院出台规划决定开发浦东后,浦东成了一片热土。经过 20 多年的开发,浦东已经成为上海乃至中国东方的一颗

---

① 课题主持人:李宁,湖南文理学院特聘教授。
　课题组成员:李云峰,常德市社会科学界联合会党组书记、主席。陈锋,中国传媒大学客座教授。于乾春,常德市委党校讲师。

耀眼明珠，2017 年 GDP 高达 9651.39 亿元，遥遥领先于上海其他区县。

从以上案例可以看出，一个地区的发展离不开国家战略这样的宏观政策和背景，这就是我们通常所讲的政策红利。所以，能不能利用好国家的各项战略或政策，对一个地区的发展有着至关重要的意义，对常德而言亦是如此。

一、本课题研究的目的和意义

国家战略是政策的红利，常德要更好、更快地发展，离不开对国家相关战略的落实。唯有如此，才能把握各项战略、政策带来的历史机遇，为常德发展提供更好的助力。

要对接、落实好国家的各项战略、政策，首先必须对相关的国家战略有透彻的理解，然后要有清晰的思路和正确的举措，这样才能保证各项战略、政策对接良好、落实到位，这就是我们经常讲的"有思路才有出路"，这也符合中央提出的"科学发展观"，要谋定而后动，要科学规划，实现高质量的发展。

本课题旨在通过对常德相关的国家战略进行梳理，分析各项战略对常德的意义和作用，找出战略对接中存在的主要问题，从而提出战略对接的对策建议，为战略对接提供重要参考依据。

二、本课题研究的内容

本课题研究的内容包括与常德相关的主要国家战略、与常德相关的国家战略对常德开放发展的作用和意义、目前战略对接中存在的主要问题、常德对接国家战略的对策建议四个方面。

（一）与常德相关的主要国家战略

迄今为止国家层面发布的战略有很多，对常德而言，需要明确哪些战略与自身有关，只有这样战略的对接才能有的放矢。因此，通过各方面调研、分析和研究，找出与常德相关的主要国家战略，是本课题的首要任务。

（二）与常德相关的国家战略对常德开放发展的作用和意义

常德要对接相关的国家战略，就要先弄清这些战略对常德开放发展的重要作用和意义。相关国家战略对常德的作用和意义，就是常德对接各项战略时坚持的方向和追求的目标，也是日后评估检验相关部门工作质量和绩效的坐标。

(三)目前战略对接中存在的主要问题

本课题研究的重要目的之一是指导工作实践,也就是对战略对接工作提出合理的建议和方法。而在提供建议和方法之前,必须要了解目前战略对接中存在的问题。在实际调研中发现战略对接中存在不少问题,这些问题不解决,必然会影响战略对接的质量和成效。

(四)常德对接国家战略的对策建议

课题研究的核心目的是为常德市委市政府以及相关部门提供理论指导和决策的科学依据。对于关涉常德的国家战略,仅仅了解远远不够,最重要的是如何执行和落实,所以本课题把如何对接作为重点进行研究,本着科学、客观、严谨的精神提出必要、合理的思路和建议。

三、本课题研究的方法

本课题以调查法、文献研究法、系统科学法为主要研究法,对课题涉及的各方面进行了系统调查和研究。

(一)调查法

调查法,就是通过访谈、问卷等手段,对战略涉及的部门和人员进行系统的了解,掌握第一手信息和资料,并对各类信息和资料进行分析、综合、比较、归纳,从而找出其中的规律。本课题调研的政府相关部门、商会和企业达数十家,包括本地的政府部门发改委、经信委、商务局、财政局、海关、农业局、工商联、扶贫办、西洞庭管理区、高新区等,本异地商会广东常德商会、广西常德商会、常德湖北商会、常德河南商会、常德温州商会、常德邵阳商会等,本地企业财鑫金控、善德投资、武陵酒业、德山酒业、益丰大药房等,以及益阳、长沙望城区、荆州、岳阳等异地发改委等,调研广泛,取得了丰富的第一手资料。

(二)文献研究法

文献研究法是根据本课题的研究目的,通过对常德和与常德相关的各项国家战略有关的文献资料进行搜集、整理、融汇和提炼,从中发现科学的结论的方法。涉及本课题的文献包括《常德年鉴 2016》,常德市人民政府主编的《政策清单——服务企业发展和投资创业 1000 问》,与常德相关的国家各项战略文件,如《洞庭湖生态经济区发展规划》《武陵片区扶贫发展规划》《长江经济带发展规划》等。

(三)系统科学法

系统科学法指用系统科学的理论和观点,把研究对象放在系统的形式中,比如把与常德相关的国家各项战略放在常德经济社会发展的规划中,把常德放入与国家相关的各项战略系统中,从整体和全局出发,从系统与要素、要素与要素、结构与功能以及系统与环境的对立统一关系中,对各项战略进行分析和研究,从而得出最科学的答案。

四、与常德相关的主要国家战略

在分析哪些国家战略与常德相关时,本课题主要从四个维度进行了选取:一是全国一盘棋的战略,也就是不分差别、全国统一实施的战略,包括乡村振兴战略、新型城镇化战略;二是地域上的相关性,包括武陵山片区区域发展与扶贫攻坚规划、洞庭湖生态经济区发展规划、长江经济带发展规划、中国—东盟自贸区、长株潭城市群规划;三是行业上的相关性,有快速铁路发展战略、军民融合战略;四是对常德的普遍性意义,本项指标主要是对前三项的定性,本课题只选取那些对常德具有普遍意义的战略进行研究,不具备这一点的,则不在本课题选取、研究之列。比如,目前发现的行业性国家战略中的军民融合战略,因为对常德的意义不是普遍性的,涉及的范围比较窄,对常德经济社会发展的影响较小,所以不作为本研究的目标和对象。

根据以上四个指标体系,与常德相关性较强的主要国家战略有以下九个。

(一)新型城镇化战略

2014年3月16日,国务院印发《国家新型城镇化规划(2014—2020年)》,为城镇未来的发展建设指明了方向,是城镇发展建设的宏观性、战略性、基础性规划文件。该规划确定了城镇化发展的五个目标:以人为本、四化同步、优化布局、生态文明、文化传承。《国家新型城镇化规划(2014—2020年)》旨在通过新型城镇化的建设,创造新市场和新产业,促进公共服务的均等化和商业服务的完善。

常德地处中部地区,较之沿海发达地区其城镇化水平还不高,还有很大的发展空间。截至2017年底,常德常住人口城镇化率为51.6%[①],离全国平均水

---

① 数据来源:常德市统计局网站。

平58.52%尚有较大差距。① 因此，在今后的一段时期内，常德应认真对接好城镇化战略，改善城镇的经济社会发展状况，提升常德的城镇化水平，为常德的发展打好基础、注入活力。

（二）乡村振兴战略

2018年9月26日，国务院正式发布《乡村振兴战略规划（2018—2022年）》，预示乡村振兴开始。《乡村振兴战略规划（2018—2022年）》是乡村发展的统筹性文件和战略，其提出了产业兴旺、生态宜居、乡风文明、治理有效、生活富裕的五大发展目标。

乡村振兴是不分地域民族、关系全国的大战略，统计显示截至2017年，我国生活在农村地区的人口占总人口的比例仍接近一半。同时，对有超过13亿人口的中国而言，粮食安全始终是关系国家安全、社会稳定的大事，而要实现粮食安全，保持农业的稳定和发展是必然的路径。

长期以来，常德一直是农业大市，农村的发展振兴关系着常德发展的基础和质量。因此，落实好乡村振兴战略、提升常德农村的发展水平是关系常德未来发展的重大课题。

（三）洞庭湖生态经济区发展规划

2014年5月2日，国家发展和改革委员会印发《洞庭湖生态经济区规划》，表明洞庭湖的发展规划上升为国家战略。《洞庭湖生态经济区规划》包括湖南的岳阳、常德、益阳3市，以及长沙市望城区和湖北省荆州市，共33个县市区。规划总面积6.05万平方千米，常住总人口2200万人。

常德是洞庭湖地区的重要城市，《洞庭湖生态经济区规划》是与常德关系最密切、涉及面最广的区域国家战略。对接好《洞庭湖生态经济区规划》，对提高常德在全国的地位和影响，促进常德农业产业升级、生态绿色产业发展壮大和自然环境优化具有重要意义。

（四）武陵山片区区域发展与扶贫攻坚规划

2011年11月2日，国务院扶贫办、国家发展改革委联合印发《武陵山片区区域发展与扶贫攻坚规划》。该规划提出，要把武陵山片区建设为扶贫攻坚示范区、跨省协作创新区、民族团结模范区、国际知名生态文化旅游区、长江流域重要生态安全屏障。

---

① 数据来源：国家统计局网站。

在武陵山片区扶贫开发规划中，常德的石门县名列其中。石门处在两省（湖南、湖北）三市（常德市、张家界市、宜昌市）的交界点，是石长铁路的始发站和终点站，也是正在建设的渝长夏铁路的重要站点，在武陵山片区扶贫开发规划中具有重要的交通和区位优势。

武陵山片区扶贫开发规划的实施，可以进一步提升石门乃至常德在武陵山地区及全国的地位，加快石门县乃至常德地区与武陵山片区各地在经济、文化、旅游、生态产业方面的协作和融合，扩大常德北部地区的发展机遇，改善北部地区的发展条件，提升常德北部地区的发展质量和发展水平。

（五）长江经济带发展规划

2016年9月11日，国务院正式印发《长江经济带发展规划纲要》，大力保护长江生态环境、加快构建综合立体交通走廊、创新驱动产业转型升级、积极推进新型城镇化、努力构建全方位开放新格局、创新区域协调发展体制机制和保障措施成为该规划纲要的战略目标。

长江经济带覆盖上海、江苏、浙江、安徽、江西、湖北、湖南、重庆、四川、云南、贵州等11省市，面积约205万平方千米，占全国面积的21%，人口和经济总量均超过全国的40%，生态地位重要、综合实力较强、发展潜力巨大。

长江经济带是覆盖地域最广的经济带，沿线有上海、南京、武汉、重庆等发展水平很高的特大城市和大城市。长江经济带和洞庭湖生态经济区在湖南、湖北连为一体，两个经济区形成了交汇和叠加效应，在全国经济发展的规划布局中是仅有的。

湖南地处长江经济带的中间地带，具有承上启下、连通东西的重要地位，而常德又是洞庭湖区的重要城市。因此，常德应善加利用这样特殊的区位优势，把常德打造成湖南融入长江经济带的桥头堡和先锋队，以洞庭湖生态经济区为支点，以湖南省为后盾，拉升常德在中部地区的战略地位和发展空间。

（六）快速铁路发展战略

快速铁路的发展建设虽然没有以文件的形式体现，但其发展建设明显带有国家导向性、计划性，国家战略的特征非常明显，因此本课题将其定性为国家战略。

根据国家铁路局和中铁公司的规划，渝长厦、呼南两条铁路将过境常德并形成交汇，常德将成为重要枢纽。在常岳九铁路规划中，常德则是起点站和终点站。三条铁路的规划和开通，将大大改善常德地区的交通条件，改变常德长期以来铁路交通落后的状况，提升常德在全国和中部地区的交通地位，使常德跃升为区域性铁路交通枢纽城市，成为周边人流、物流的集散中心，对促进常德旅游、经贸、投资等产业的发展具有重大推动意义。

(七)长株潭城市群发展规划

十七大以后，武汉城市圈和长株潭城市群被国务院批准为"资源节约型社会、环境友好型社会"综合改革试验区。常德既被划入长株潭城市群的范畴，又邻近武汉城市圈，因此这两个两型社会综合改革试验区对常德的影响不容忽视。

长株潭城市群是全国首个资源节约型和环境友好型社会建设综合配套改革试验区，也是中部六省城市中全国城市群建设的先行者，被评为中国第一个自觉进行区域经济一体化实验的典范。武汉城市圈又称武汉"1 + 8"城市圈，是指以中部最大城市武汉为圆心，覆盖黄石、鄂州、黄冈、孝感、咸宁、仙桃、潜江、天门等周边 8 个大中型城市所组成的城市群。面积不到湖北省三分之一的武汉城市圈，集中了湖北省一半以上的人口、六成以上的 GDP 总量，是中国中部最大的城市组团之一。它不仅是湖北经济发展的核心区域，也是中部崛起的重要战略支点。继长株潭城市圈之后，2007 年武汉城市圈也获批成为"全国资源节约型和环境友好型社会建设综合配套改革试验区"。

常德位于长株潭城市圈和武汉城市圈的中间地带，具有独特的地理位置，常德应该善加利用这一地理优势，以服务两个城市圈为契机，在两个城市圈的发展融合中寻找有利于自身发展的战略机遇和发展空间。

(八)中国—东盟自贸区

湖南紧邻广西，具有对接东盟自贸区的天然地理优势，随着长沙和南宁之间高铁的开通，两地的时空距离进一步拉近。中国—东盟自贸区建立后，常德赴广西经商、务工的人迅速增加，在南宁创业经商的常德籍人士成立了南宁市常德商会，成为沟通联系常德和广西的重要桥梁。

常德应该积极利用独特的区位优势，将自身发展与中国—东盟自贸区的需要充分对接，扩展常德发展的空间和机遇，让更多常德产品进入东盟市场，为常德创造更大的国际发展空间。

(九)"一带一路"

"一带一路"是"丝绸之路经济带"和"21 世纪海上丝绸之路"的简称，是中国面向全球合作的重要国际化平台，也是由中国主导的对外合作的最大的国际化平台。

"一带一路"实施后,截至 2017 年 10 月底,中欧班列已新辟运行线 57 条,国内开行城市达到 35 个,可到达欧洲 12 个国家 34 个城市,累计开行数量 6000 余列。仅 2017 年 1 至 10 月,中国企业就对"一带一路"沿线的 58 个国家进行了非金融类直接投资 111.8 亿美元。可见,"一带一路"已经对世界和中国产生重要的影响和巨大的商业价值。[①]

2012 年 10 月 30 日,中欧班列已经开行从长沙到德国杜伊斯堡的国际专列,常德可以借助这一有利条件,加强同中亚、东欧各地的经贸往来,扩大投资、旅游等领域的对外合作。

五、各项战略对常德开放发展的作用

与常德相关的国家战略对常德的作用和意义有很多,本课题仅从开放发展方面分析、探讨其对常德的作用和意义。经过各方面的分析、调研,本课题组认为,在开放发展方面,与常德相关的国家战略对常德有以下三个方面的作用。

(一)引领带动作用

国家战略就是国家在某些方面发展的总的纲领、计划和政策。地方的发展离不开国家层面各项宏观战略的指导、引领和带动,尤其是地处内陆地区的常德,缺乏长三角、珠三角、京津冀那样的区位优势,国家战略在其发展中的重要性更加突出。

在中国的版图上,常德属于改革开放的后发地区,错失了不少先机。要扭转这样的劣势,加快发展的步伐,借助国家战略的东风就显得尤为重要。应将国家战略的规划、政策、方向与常德本地的发展战略充分融合,顺势借力,引领带动常德未来的发展。

(二)优化提升作用

一个地区的开放程度和发展水平与该地区的基础服务是相辅相成、密不可分的。良好的政治、经济、社会管理水平,有利于促进一个地区的开放、发展和繁荣。反之,开放、发展水平要提高,也会对本地区的政治、经济、社会管理水平提出更高的要求。如上海自贸区建设,如果没有良好的基础服务做保障,是不可能取得成效的。

---

① 数据来源:中国"一带一路"网。

与常德相关的国家战略规划,对常德的政治、经济、社会管理水平提出了更高的要求,是对常德各方面管理服务水平的一次集中检阅。通过对国家各项战略的落实,能够促进常德各项基础服务水平的优化和提升。

(三)资源整合作用

国家的各项战略都会涉及对一定区域、领域内资源的调配与整合,比如长江经济带规划,"共抓大保护、不搞大开发"的定位就促成了区域内对污染的统一治理,以及对生态资源的综合利用。

确切地说,发展就是对各项资源的整合利用,发展本身也需要依赖各种各样的资源。对常德而言,洞庭湖生态经济区规划、长江经济带规划、快速铁路发展规划、"一带一路"、中国—东盟自贸区等大部分国家战略,几乎都为常德带来了整合各种资源的良机。通过整合各方资源,可以有效改善常德的发展条件,提升常德的发展水平。

六、目前战略对接中存在的主要问题

本课题组在实际调研中,发现了不少国家战略对接中存在的问题。因篇幅和课题定位所限,本课题不做面面俱到的分析,只重点列出三个带有普遍性的问题。

(一)理解重视不够,对接落实不力

在实际调研中发现,一些部门对所涉及的国家战略的理解、重视比较欠缺,没有充分把握战略的内涵和意义,或者战略只是停留在口头上、文件中。这样一来,战略就很难落到实处,战略的价值和作用就很难得到体现,无法起到对常德发展的促进、提升作用。

(二)缺乏统筹规划,目标方向不明

要把国家战略落实好,离不开科学的统筹规划,要有目标、有计划、有方法,只有这样战略落实起来才会成效显著。本课题组在调研中发现,许多部门对战略的落实缺乏科学、合理的统筹规划。比如,长江经济带规划和洞庭湖生态经济区发展规划,既需要污染治理,也需要对生态资源进行合理开发和利用。但在实际落实中,一些部门往往只做了污染治理,而忽视了生态发展,导致战略的内涵大大缩水,战略的价值大打折扣。

（三）部门各自为政，执行效率低下

与常德相关的国家战略，大都涉及多区域、多部门，需要各方紧密协调、通力协作才能达成好的成效。如洞庭湖生态经济区发展规划，地域涉及汉寿、鼎城、安乡等区县，部门涉及发改委、农业局、商务局、环保局等部门，所以该战略的落实，需要各区域、各部门之间通力协作、协调推进。但在实际落实中，不同的区域、部门之间大多各自为政，缺乏有效的沟通协作，导致战略落实的效率比较低下。

七、常德对接国家战略的对策建议

如何对接国家战略是本课题研究的重点，本课题就培训学习、宣传研究、组织管理、环境优化、工作方针五个方面，提出了对接国家各项战略的建议。

（一）培训学习

1. 强化专业培训，透彻理解战略的内涵精神

本课题组在实际调研中发现，战略落实不好或者得不到落实，与相关部门及责任人没有吃透战略的内涵、意义和要求有关。比如洞庭湖生态经济区发展规划，有的部门、地区在执行时变成了简单的污染治理，忽视了生态经济开发的内涵。《武陵山片区区域发展与扶贫攻坚规划》的战略在对接落实中，则被有的部门简单理解成了扶贫，而忽视了区域整体发展的规划和推进。这种短斤少两的对接，不但会弱化国家战略的经济价值和社会效用，而且会影响、损害国家战略的权威性、整体性和专业性。

相关部门应该加强对工作人员的专业培训，通过各种方式的培训，对战略进行正确、全面、深入地解读，让相关人员深刻了解、全面把握战略的内涵、意义和要求，提升他们对战略的认识水平和理解能力，切实把握战略的精神实质，保障战略在落实过程中不变形、不走样、不落空。

2. 多取经、取好经，充分借鉴各方的成功经验

它山之石，可以攻玉。在促进开放发展或落实国家战略方面，有不少城市的做法和经验值得我们学习，我们应该放眼全国、全球，向国内外多取经、取好经。多取经是要多了解、多学习，取好经是要找到最适合常德的方法和经验。通过多取经、取好经，充分借鉴、吸收成功的做法和经验，提升常德开放、发展的水平和能力。

以下三类经验值得常德重点取经学习：

(1)向那些资源禀赋较差却发展很好的地方学习。一个地方如果资源禀赋较差却能发展得很好,无疑说明其发展的战略非常正确,策略非常成功,比如浙江的义乌。

义乌本是一个小县城,发展之初资源很贫乏,既不临空,又不靠港,也没有什么优势资源。但就是在这种条件下,仅仅30余年,义乌就发展成为全球小商品的贸易集散中心,贸易网络通达全球各地,与100多个国家有贸易往来。

如今的这一切义乌是如何做到的,有哪些成功的做法和经验,有哪些方面值得学习和借鉴呢? 常德应该且需要从这样的案例中寻求智慧,为自身的发展提供营养,提升常德开放发展的能力和水平。

(2)向那些产业和社会转型很成功的地方学习。一个地方的发展,很容易对既有的资源或长期的发展模式形成高度依赖且不容易实现转型,如东北抚顺、内蒙古鄂尔多斯对煤炭产业的依赖,云南个旧对锡矿产业的依赖,四川宜宾、泸州对酿酒产业的依赖等。反过来,一个地方如果能够摆脱对长期发展模式的依赖,或是在既有资源枯竭的情况下顺利转型,就说明其转型策略非常成功,值得学习、借鉴。目前,无论国家还是地方,都面临发展转型的问题,所以在这方面国内经验不多,可以借鉴国外某些城市的经验,如英国的伯明翰。

伯明翰在100多年前的工业革命早期曾享有"世界工厂"和"工业革命摇篮"的称誉,凭借丰富的煤、铁资源,迅速发展起庞大的现代冶金和机械制造工业,一跃成为当时的铁路机车、蒸汽机和船舶制造中心。[①]

进入20世纪后,随着资源的枯竭和世界工业生产地向其他地区转移,伯明翰开始走向衰落,20世纪70年代后期伯明翰失业率高达25%。长达几个世纪的重工业生产给这座城市蒙上了环境污染和丑陋不堪的阴霾。

自20世纪80年代以来,伯明翰市开始制定并坚定地实施城市复兴和产业转型计划,并取得巨大成功。如今的伯明翰,已从一个以制造业为主的老工业城市逐步转型为以服务业为主的现代化城市。[②]

长期以来,常德的工业经济对烟草产业的依赖过大,导致了常德产业经济的单一。常德需要向伯明翰这样的城市学习,摆脱对烟草产业的依赖,促进产业的多元化。

(3)向跟常德资源禀赋相当但在某个或某些领域非常成功的地区学习。全国像常德这样的地级城市有300多个,与常德区位特点相近、资源禀赋相当的

---

① 伍爱群. 英国伯明翰经济转型的启示[J]. 上海国资,2012(12).

② 陈奖勤、黄远飞、孙湘、王志雄、徐备、陈炳弟. 伯明翰转型的经验与启示[N]. 广州日报,2010-09-27.

城市也有不少，比如山东的潍坊市、湖北的宜昌市。

潍坊与常德地理面积相近，都为传统的农业大市，但潍坊成功实现了农业的提质升级，农业现代化水平很高，销售过亿元的农业龙头企业达 222 家。潍坊下属的寿光市是全国、全球闻名的蔬菜种植基地，种植面积达 90 万亩，出口数十个国家和地区。

宜昌是与常德紧邻的兄弟城市，居民的收入、消费水平与常德基本处于同一条线上，城市地位以及区位也都与常德相当，但常德人口总数比宜昌多了100 余万人，这说明常德的市场规模比宜昌要大。然而常德的白酒产业却做得远远没有宜昌好，宜昌的两大白酒品牌稻花香和枝江酒业年销售收入双双过百亿，常德的两大白酒品牌武陵酒业和德山酒业，至今加起来不及宜昌第二名——枝江酒业的十分之一。

潍坊发展现代农业的经验和宜昌发展白酒产业的经验，都非常值得常德学习、借鉴。

（二）宣传研究

1. 加强宣传引导，培育开放包容的文化土壤

开放发展首先源于思想的开放，思想的开放程度决定着社会的开放发展水平。没有开放的思想土壤，要想取得开放发展的成效是很困难的。

虽然改革开放已经进行了 40 年，但由于地处内陆、发展较晚等因素的影响，常德在文化上仍然偏于保守、封闭，对新人新事物的接纳度、包容性比较差。这一点主要体现为常德至今仍然是个人情关系浓重的社会，而封闭、保守是人情关系社会的本质特征，人与人之间的交往、企业之间的合作更多依赖于人情关系，而非市场化的契约形式。在这样的环境中，人与人、企业与企业之间的交往、信任成本是极其高昂的，对新人新事物的进入会形成很大阻碍，这对开放发展是非常不利的。

常德要想下好开放发展这盘大棋，就必须先打破封闭、保守的思想坚冰，形成开放、包容的文化土壤和社会氛围。具体来说，可以采取以下四个方面的措施。

（1）开展解放思想的大讨论。思想是行为的指南，思想决定行为，行为创造结果，行为背后的根源是思想认识。在改革开放之初，面对保守、封闭的意识形态，邓小平提出了解放思想的全党、全民大讨论，最终达成了对改革开放的统一认识。

今天，常德也处在开放发展的新起点上，也面临思想封闭、保守的束缚，所以也需要一场解放思想的讨论。要以振聋发聩的声音，让全社会认识到观念

保守、思维封闭的危害，认识到解放思想的重要性，深刻对照自身的工作和行为，最大限度地破除思想的障碍和观念的壁垒，为开放发展奠定坚实的思想基础。

（2）开展解放思想的舆论宣传。各级宣传部门可以策划解放思想的系列宣传活动，通过《常德日报》、常德电视台、《常德论坛》、尚一网、常德全媒等媒体，从问题、理论、实践等多重维度宣传思想开放的意义和作用，介绍开放发展的先进理念和经验，催生开放发展的文化氛围。

（3）引导更多人向外看、向外走。经信委、商务局、工商联等部门应该引导、带领更多本地企业向外看一看、比一比、学一学，看一看外面的精彩，比一比自己的不足，学一学人家的经验。没有比较就没有鉴别，本地文化之所以偏于封闭、保守，缺乏对外交流和横向对比是主要原因，通过更多的对外交流和横向对比，可以开阔视野，找出自身的问题、差距和不足，明确发展的方向和目标，激发自身发展进步的动力和活力。

（4）设立开放发展的大讲堂。开放发展既需要目标，也需要榜样。我们常说榜样的力量是无穷的，榜样就是我们发展的目标，也是激励我们前行的动力。常德可以在市委、市政府、人大、政协、工商联等各部门广泛设立开放发展大讲堂，邀请在异地发展得比较成功的常德籍人士，以及相关的专家学者，尤其是在外的常德籍专家学者和在开放发展方面取得成功经验的城市，向大家分享开放发展的思路和经验，启发大家的认识，改变常德社会保守、封闭的思想现状，引导常德社会思想意识的解放和开放，构筑更有利于开放发展的思想空间。

2. 做好专业研究，拟定战略对接的规划蓝图

俗话说，思路决定出路，有思路才有出路。国家战略是涉及内容广泛而专业性又很强的大政方针，每个战略都是一盘大棋，只有对战略进行专业、深入、系统的研究，才能深刻把握战略的精神和内涵，才能明确战略落实的思路和方法。

要解决好这个问题，建议采取以下三个措施：

（1）成立虚拟的战略发展研究中心。要充分把握好国家发展规划的机遇，在各项规划中寻找发展的空间和方向，离不开科学的调查、研究、评估和论证。要做好这一切，仅仅依靠政府本身的资源和力量是远远不够的，需要借助社会各界的人才和智力资源，为常德的开放发展注入知识和智慧。

湖南文理学院、常德社科联等院校团体是常德拥有较多人才、智力资源的机构，可以以这些机构为依托探索设立战略发展研究中心，凝聚各方人才和智力资源，对各项战略的对接进行科学研究、评估和论证，提出对接的思路和方

法，增强战略对接中规划、决策的科学性、前瞻性和创造性。

（2）每项战略都明确研究的牵头部门。如果没有负责牵头的部门，一则很难落实责任，二则经费很难得到保障。所以，每项战略都应明确负责牵头研究的部门，该部门可由每个战略涉及的相关部门中的主要责任部门承担。

按照责任相关程度，以上九大战略的关键部门和协同配合的主要部门见表1。

表1　九大战略的主体负责部门和协同配合部门

项目名称	主体负责部门	协同配合部门
新型城镇化战略	发改委	住建局、城管局、环卫局
乡村振兴战略	农委会	发改委、经信委、商务局
洞庭湖生态经济区发展规划	发改委	环保局、农委会
武陵山片区区域发展与扶贫攻坚规划	石门县政府	扶贫办、发改委
长江经济带发展规划	经信委	商务局、环保局、发改委
快速铁路发展战略	交通局	发改委
长株潭城市群发展规划	发改委	民政局
中国—东盟自贸区	商务局	经信委、工商联
"一带一路"	商务局	经信委

说明：以上图表中的协同配合部门需要由主体负责部门提出，上表只作为示范、建议，不代表最终结论。

（3）对课题进行招标研究。牵头负责的部门确定研究计划后，可交由战略研究中心对课题落实招标研究。招标的目的有两个，一是避免暗箱操作，二是保障课题研究的水平和质量。需要特别说明的是，课题招标可以面向全社会，不应局限于战略研究中心涉及的单位和人员。

（三）组织管理

1. 科学统筹协调，建立高效流畅的管理机制

俗话说，三分计划七分执行。再好的战略，没有良好的执行，也会沦为纸上谈兵，无法发挥实际作用。要让事关常德的国家战略取得理想的成效，也必须有良好的管理执行机制作保障。要把各项战略执行好，需要建立以下三个层面的管理执行机制：

(1)领导负责制。与常德相关的国家战略中,大多数战略都并非一个部门能够独立完成的,需要多个部门通力合作、协调推进,比如洞庭湖生态经济区发展规划,既牵涉发改委、环保局等市直部门,又涉及汉寿、鼎城、安乡等区县。因此,战略落实中如果只靠某个部门,协调、统筹的难度就会较大。要解决好这个问题,可行的办法是实行高层领导负责制,每个战略由一名分管的副市级领导担任总负责,负责该项战略的协调、指挥和督导。

(2)部门协同制。在实际操作中,部门、地区之间因为职能、管辖区域的不同很容易形成信息和沟通壁垒,出现各说各话、各自为战的局面,这样就可能让战略的对接、落地出现支离破碎、互不衔接的问题。要解决好这个问题,需要建立部门之间的协同机制,由相关各部门组成战略执行小组,科学分工、紧密协作,以制度化的方式统筹协调各部门的力量和资源,提升战略对接的系统性、协调性。

(3)执行反馈制。战略在执行过程中,难免遇到各种各样的问题。问题如果不能及时得到反馈甚至被刻意隐瞒和掩盖,战略的执行就会出现失误和偏颇。要避免这样的问题出现,必须建立良好的执行反馈机制。要让问题藏不住,让相关人员不敢藏,每个环节的隐瞒不报者都会受到严厉的纪律、行政处罚。执行反馈机制应包含四个方面:对直接上级的反馈,对同级的反馈,对下级的反馈,重大问题直接向最高责任人反馈。

2.加强战略协同,提升战略对接的整合价值

在与常德相关的国家战略中,有些战略带有明显的关联性、统合性,如新型城镇化战略、乡村振兴战略、两型社会建设和高铁发展战略,洞庭湖生态经济区发展规划和长江经济带发展规划,"一带一路"和中国—东盟自贸区等。这些关联性、系统合性比较强的战略,如果单独实施,切断了其中的关联性、统合性,战略的价值和效益就会大打折扣。反过来,相互之间有关联性、统合性的战略如果能够协同推进,就会带来 1+1>2 的良好效果。所以,必须加强战略落实的协同性,将关联性较强的战略整合起来推进,最大限度地发挥战略的作用和价值。

以新型城镇化战略、乡村振兴战略、两型社会建设和高铁发展战略为例,它们之间的关联如下。

乡村振兴必须以城镇发展为依托,没有城镇的发展,就很难有乡村的振兴。而新型城镇化建设必须以"资源节约、环境友好"为前提和方向,这也是长株潭城市群两型社会建设的根本目标。未来几年,国家规划的多条高铁线路将过境常德,给高铁沿线乡镇的发展、建设带来前所未有的历史机遇。因此,将这四项战略有机统筹、协同落实,可以发挥更大、更好的作用和价值。

加强战略之间的协同，除了上面所说的要统筹协调、建立高效的管理执行机制外，还要预先对各项战略之间的关联性进行专业研究，找出关联的内容、脉络和价值点，并拟定各项战略整合推进的系统思路和科学方法。

(四) 优化环境

种子的生根发芽、开花结果需要良好的土壤、阳光和雨露，经济社会的发展开放也是如此，也需要良好的基础条件，这些条件包括政策环境、投资环境、管理环境、市场环境、人才环境、生活环境等。

近些年来，常德的各项基础环境处在不断优化中，有些环境已达到了较高的水准，如生活环境、投资环境、市场环境，但有的环境仍然不理想，如人才环境、政策环境、管理环境等，这些方面基础环境的不足，仍然制约、阻碍着常德的发展开放。

就目前而言，常德需要着力优化两个方面的环境。

1. 优化人才环境，大力培育发展创新型人才

在当今时代和社会，人才是第一生产力。有什么样的人才，才能做出什么样的事业。常德要开放发展，就必须有更多引领开放发展的专业人才。从常德人力资源的现实状况看，非常缺乏创新、外向、高端类的专业人才，这类人才对促进社会的发展进步、保持社会的生机活力具有关键性作用。这类人才的缺乏，对常德开放发展的制约不言而喻。比如，由于缺乏外贸人才，常德一些企业只能将外贸经营委托给一些外贸代理公司，这样不但使企业丧失了外贸自主权，也减少了常德的关税收入。

我们在实际调研中发现，常德不少企业之所以做不大、做不强、走不出去，专业人才缺乏是主要原因，如湘联木业、邓权管业、武陵酒业、德山酒业等，都因为人才的缺乏长期停留在低端经营层面或是蜷缩在本地市场。

在吸引专业人才方面，常德有很多不利因素，如地处内陆、产业不够发达等，这就要求常德更要优化人才服务环境，大力培育发展创新型人才。具体来讲，可采取以下四项措施。

(1) 留住更多本地院校的专业人才。以湖南文理学院为首的本地院校，每年都有大批专业人才走向社会，但遗憾的是能留在本地的人才却不多。出现这样的结果，除了因为沿海发达地区和北上广深等大城市有更好的发展机遇和空间外，也与本地没有做好人才的对接和引流有直接关系。

要想让更多本地院校培养的人才留在常德，为常德的发展贡献力量和智慧，必须做好本地院校人才的对接、引流服务。一是加强本地企事业单位对本地院校的宣传，二是引导本地企事业单位在各院校设立常态化招聘途径，三是

拓展校企之间的合作途径和空间，如设立教学实践基地和企业奖学金，设立联合研究课题等。

(2)提升紧缺人才的薪酬福利待遇。薪酬待遇是体现人才价值的主要形式，没有合适的薪酬，就招不来合适的人才。长期以来，常德人才引进的标准与许多兄弟地区相比是有落差的，人才引进的费用和薪酬都有待提升。本地很多企业之所以长期招不到合适的人才，原因之一就是一直拿着本地的薪酬标准招人，不能提供有竞争力的薪酬待遇。

出现这一问题的主要原因是用人单位没有把人才视为长远的战略投资，而过于看重眼前的利益得失。要让更多人才留下来，就必须把人才作为重要的战略投资，改变薪酬理念和制度，开阔思维和境界，用高薪、期权、股权等多种方式吸引、留住人才。

(3)加强本地人力资源服务体系建设。一个地方的人才资源是否丰富，除了产业发展等因素，当地人力资源服务体系的发展程度也是重要因素。从目前了解的情况看，常德的人力资源服务体系仍不够发达和完善，突出表现在专业服务人员不足，缺乏高端猎头、人才评估、专业培训等专业化、系列化的服务形式和内容。要改善常德人力资源的质量，提升本地人力资源的建设运营水平是必由路径。

政府在政策方面，应为高端猎头、专业培训等专业人力资源服务提供更多财力支持、资助，为从事该类服务的专业公司在注册登记、税收减免、业务开展等方面提供更多便利措施。

(4)改善人才引进的方式和路径。根据对本地人力资源服务公司及部分企业、人才的调研，本地在人才引进方面的理念至今仍比较落后，一些新兴的人才合作模式仍不被本地的企事业单位接受，如顾问方式。沿海地区 20 世纪 90 年代就已普遍使用这种方式延揽人才，但本地企事业单位至今对这种方式很抗拒，不能革新观念、与时俱进。这就大大限制了常德企事业单位与各类人才合作的机会和空间。

对一些中小型企事业单位而言，必须革新用人观念，以更灵活的姿态，审时度势，改善人才引进的方式和路径，拓宽与人才合作的机会和空间，才能获得更多优秀人才。

2. 管理环境优化，营造高效优良的公共服务

优良的管理环境是促进开放发展的前提和基础，常德在管理环境方面仍存在一些对开放发展不利的因素。如在行政管理中一些部门的边界意识仍然很模糊，导致行政审批上纲上线，一些该办、能办的事办不了，群众对此很有意见。一些本该属于信息公开范畴的政务信息，仍被相关部门和工作人员人为附加了

领导审批的前提，造成了信息的不公开、不透明。

常德应借这次机构改革之机深化各方面改革，全面优化、提升开放发展的管理环境。具体来说，可以采取以下四个方面的措施。

（1）广泛倾听社会各界的民意心声。群众的眼睛是雪亮的，对于社会运行中存在的问题和障碍，往往有直接、深刻的感受，因此可以通过政协、民主党派、社科联等组织面向社会广泛征求意见和解决问题的建议。

（2）各部门开展自查自纠活动。了解本部门、本地区存在的问题并设法解决，是各部门、地区负责人基本的职责。因此，各部门、地区负责人应以高度的自觉性和责任感，对照发展的规划、目标和责任，在本地区、本部门开展自查，发现内部存在的问题和障碍，想方设法予以革除。不能完全革除的，也要尽最大努力降至最低、减到最小，尽可能优化开放发展的整体环境。

（3）全面落实"法无授权不可为"的法治精神。根据实际调研以及各方反馈，目前一些部门在公共服务中仍然存在一些不合理、不合法的规定和做法，尤其是在行政审批、管理中存在上纲上线、层层加码的现象。要解决好这个问题，就需要全面落实"法无授权不可为"的法治精神，清理不合理、不合法的规定和做法，明确行政管理服务的边界，让每个部门和人员敬畏法律、依法办事，严厉惩处行政管理中的越界行为。

（4）撤除对封闭保守者的照顾和支持。在实际调研中发现，常德一些企业做得不够好，不是市场或政策原因，而是因为缺乏开放、包容的思想格局。如果保护、照顾了这样的企业，只会加重文化上的封闭和保守，同时也损害社会和市场的公平。保护落后，就是打击先进。就如汪洋在广东省委书记任上所说，不能保护落后的企业和落后的产能。政府的资源是有限的，撤除对封闭、保守者的照顾和支持，把有限的资源用在支持那些思想开放、理念先进、锐意进取的企业，就是营造公平、优良的发展环境。

（五）工作方针

1. 不消极、早行动，争做区域协作中的领头羊

不少与常德相关的国家战略如洞庭湖生态经济区发展规划、武陵山片区区域发展和扶贫规划等，都是涉及多地的区域性战略。这些战略在落实、推进过程中，需要相关地区充分协作、共同推进，才能达到较好的成效。

以洞庭湖生态经济区发展规划为例，无论是从污染治理还是生态产业促进方面，都需要相关地区很好地合作。在污染治理方面，因为污水有流动性，如果相邻地区治理不同步，未治理区域流动的污水就可能对已经治理的区域造成二次污染。在生态发展方面，相邻地区如果各自为政，互相之间缺乏协调，就

很容易造成地区之间产业的同质化竞争。

对待这种需要相邻地区协调推进的战略,相关部门不应消极等待,一味等着别人行动或者看别人怎么做,而应以积极主动的心态和精神,敢为人先,主动加强与兄弟地区的联系协作,勇做区域发展的领头羊。

2. 加强工作创新,拓展常德发展的机遇空间

创新是开放发展的基本要求,我们不能因循守旧、故步自封,要积极尝试,敢于突破,要通过理念、思路、方法、机制等各方面的创新,为常德创造更好的发展机遇和空间。上面所说的成立战略发展研究中心,就是工作机制的一种创新。

例如,针对洞庭湖生态经济区发展规划、武陵山片区区域发展和扶贫规划,常德可以发起洞庭湖生态经济区区域论坛、武陵山片区区域发展和扶贫论坛,以积极主动的姿态、创新的思路搭建区域合作的机制、平台。

许多事实证明,发展的机会和空间,往往是在主动、创新中发掘出来的,消极等待、因循守旧可能会失去更多发展机遇和空间。所以常德应在落实各项战略过程中以更积极的心态,加强各方面的创新,推动国家战略更快、更好地实施。

课题总结:

本课题对涉及常德的各项国家战略进行了系统梳理,分析了各项国家战略对常德的作用、意义,指出了常德目前对接国家战略存在的主要问题,提出了常德对接国家战略的一些对策建议。本课题希望通过以上几个方面的研究,帮助常德各部门及社会各方面增强对与常德相关的国家战略的了解,提升其对相关战略的认识水平和把握能力,并为常德落实好各项战略提供有益的启迪和帮助。

石门土司文化与旅游融合发展的思考

常德市社科联课题组①

【摘要】本课题从探讨石门土司成因入手，深入剖析石门土司7个世纪的历史，简要介绍土司衙门——添平守御千户所恢宏的建设，探讨土司政治军事职官制度，介绍了其助国守边的战绩，剖析了治区社会安定繁荣的成因，提出了重建添平千户所的意见。

【关键词】石门土司；文化；探索；重修建议

石门土司已退出历史舞台280多年，老人们早已将从爷爷的爷爷那里听来的土司故事淡忘，年轻人更不知土司是何物。

其实，土司在石门存在了7个多世纪，曾经发生过的不少事是可记可颂、可圈可点的。本课题组通过查阅典籍、多方考证，写出此文，试图还原历史，还原土家当年的辉煌，或许还能使现代人从中获取裨益。

据考，土司制度，是元、明、清在部分少数民族地区分封各族首领世袭官职，以统治当地人民的一种制度，即"以夷制夷"的社会制度。元朝授各族首领以宣慰使、宣抚使、招讨使、长官等官职，这些土官隶属兵部，而设立的土知府、土知州、土知县等则隶属吏部，皆世袭其职，给予符印，并确立承袭、等级、考核、贡赋、征发等制度。土司除对中央政权负担规定的贡赋和征发以外，在辖区内保有传统的统治机构和权力，形成了一个相对独立和封闭的社会。

---

① 课题主持人：陈俊武，男，石门电视台退休干部、副研究员。

课题组成员：李云峰，常德市社科联党组书记、主席。于玉莹，桃源县马鬃岭镇中学一级教师。

一、土司自治七百载

石门有土司，最早的记载可追溯至宋朝。据《石门县志》载："宋皇祐四年(1052 年)土家族首领覃友仁住鸡鸣寨，控台宜、茅岗诸土司，任安抚宣慰使。"这就清楚地表明，1052 年前，石门即有土司。石门有土司有其自然原因和社会原因。石门古分南北二乡，南乡多为丘陵和平原，而北乡(又称西北乡)从新关起，地势渐次升高，层峦叠嶂。石门有大小山头 2000 多座，北乡即占 80%，最高的壶瓶山，海拔达 2000 多米，为湖南屋脊，山里散居着 10 多个民族，但以土家族为主，均聚族而居，乃为山寨，族长即为村寨首领，在注重族权的旧社会握有重权，有些族长为了防御山贼和野兽，还雇有武装的家丁看家护院，这就为建土司提供了自然基础。历代封建王朝，为驾驭山民，均采取"以土官治土民"的策略，这就为土司制度提供了政治保障。覃友仁任土官传袭八代至元朝，1271 年(元至元八年)覃绪祖受命忽必烈，任石门茅岗宣慰使，覃氏子孙又下传四代。元季兵乱，覃绪祖、覃添顺父子遂以台宜为寨，率兵坚守其土。当时湖北沔阳人陈友谅在江汉、沅澧一带自称皇帝，雄心勃勃，与朱元璋抗衡。元至正二十四年(1364 年)陈友谅围攻台宜寨，覃添顺选择所街铜峰山(今锅锅寨)为制高点，扎寨山腰，且战且守。陈友谅围困一月有余而不克，只得弃台宜寨转攻常德、澧州。覃添顺凭借铜峰天险，保存台宜，名声大振。嗣后，覃添顺于铜峰山巅绝壁下修建寺观，居高临下，俯视百里之遥。

明吴王元年(1364 年)石门土酋邓义亨、夏克武、覃添顺等在石门三江口归附明平章事杨璟军门，覃添顺受命统领磨岗等诸土司。

陈友谅移师南下，劫掠澧州。朱元璋派遣大将徐达、杨璟率兵抵达澧州，与陈友谅激战三月仍未攻克。于是徐达、杨璟修书请覃添顺支援。覃添顺获书，亲率 1200 多名士兵奔澧，并邀兄弟(一说为族兄)率精兵 1000 共同前往。三兵合一，共剿陈友谅。陈友谅折兵大半，夺路而逃。徐达、杨璟攻占澧州。覃添顺因解围有功，被徐达口封"武德将军"。

公元 1368 年，朱元璋在应天府(南京)即位称帝，覃添顺率武陵地区土蛮归顺朝廷，朝廷嘉许。洪武二年(1369 年)朱元璋颁发敕令一道，曰：

"设官分职，用防关险之冲；助国家边，实谨兵戎之寄。况澧阳当为溪峒要衢，为湘潭之藩屏，必资果毅以辖军戎。覃添顺资禀端方，膂力刚劲，素练兵机，久识地利，既率众以坚守，复征粮以佐征，宣此功德，允宜擢用。尔宜永御诸夷，益精武事，毋忘朕训，以建奇功，武德将军正千户覃添顺准此。"

明洪武二年(1369 年)六月初，明太祖朱元璋敕令覃添顺组建添平守御千户所。

　　同年，县人土家族夏克武建安福土官千户所，治蒙泉道水一带，越二十年，克武之子德忠联络向思永起义，破石门、慈利二县城，被朝廷镇压，所设千户所被废除。

　　添平所作为湘鄂边土家族人的政治、经济、文化中心和军事要塞，盛极一时，所辖区域达3400多平方千米（《石门县志》载说4000平方千米），相当于石门县辖区。康熙《九溪卫志》载："添平所东抵澧州，南抵九溪、慈利县界，西抵各土司界，北抵渔洋关、长阳、松滋地界，四至周围千里，此形势之大略也。"清嘉庆《澧州举要》载，守御添平千户所辖二关，曰新关、渔洋关（即今石门新关镇、湖北省五峰县渔洋关）隘十，曰鹞儿隘（一世百户唐武）、龙溪隘（一世百户郑仁拳，在宜阳阵亡）、长梯隘（一世百户覃权）、磨岗隘（一世百户唐宗元）、遥望隘（一世百户曾伏孙），遥望隘分设（一世陈思炽，奏授副百户），石磊隘（一世百户宋天荣），石磊隘分设（一世副百户覃显荣），石磊隘分设（一世副百户唐宗明），忠靖隘（一世百户陈祥），渔洋隘（一世百户邓添礼），渔洋隘分设（一世副百户丁世臣）、渔洋隘分设（一世副百户覃继贤，征战有功，旋升百户），走避隘（一世百户王添宝），走避隘分设（一世副百户李朝元），细沙隘（一世百户伍彦材），细沙隘分设（一世副百户盛华），细沙隘分设（一世副百户伍师昌），添平所官衙设有清军署、巡捕署、管操署，设有镇抚司、靖苗司、吏目司，均由千户分管，所里设有土官正千户一员，土官千户四员，汉官千户二员，十隘官百户十员，汉官百户十员，镇抚一员，吏目一员，通把五员。官员实行世袭，但官不请俸，军不支饷，惟于正赋免三征七，名曰隘粮，丁费免四征六，名曰丁粮，一应杂徭免征，以资无俸，无粮之官军，实际上是"自俸自养"。

　　添平千户所从明洪武元年至雍正十三年计366年，正土官千户传袭十七代，而十隘百户世袭十五至十七代不等。辖区的土地、人民、职官、财帛等均由土司独断专行，军政与民政合一。虽属九溪卫（先属常德卫）管辖，但人、事都不隶属九溪卫，而是直达湖广都指挥使司，卫、县均不得干预。清初政治思想家顾炎武在《天下郡国利弊书》中评价添平所时说："添平所土司放纵，据石门半境而不服徭役。"可见添平所管辖区，基本上处于自治、自给、自足、自我管理状态。

　　但也有个别汉官，出于个人目的，企图夺印废所。明万历二十四年（1596年）石门县知县冯汝器与添平所正千户有隙，遂编造事实，蒙禀上宪，夺土官所印，却与汉官上司（九溪卫指挥）受到明神宗旨谕训斥："土官世辖土军，此为祖宗以夷治夷之深意也，地方官不识大体，轻变祖宗成法，生事起衅，渐不可长。"

清雍正十三年(1735 年),添平千户所 32 员土司与麻寮所 28 员土司俱主动呈请辞职,雍正谕批:改除军政职权,准予世袭职衔。十月乾隆即位,旨批除添平、麻寮、茅岗、上峒、下峒共 63 员土司外,并无其他土司,千户改千总,百户改把总,将弯潭、后河、长乐坪、清水湾、升子坪、人和坪、渔洋关等地划归湖北。添平所的选择是明智的,与添平所毗邻的容美土司起事反对纳土归统,遭到朝廷捕杀,其眷属被扫地出门并异地安插到江苏、浙江一带。

二、署衙恢宏耀湘鄂

守御添平千户所是管理土司衙门的,朝廷对其寄予厚望,望能"助国安边""永御诸夷,益精武事"。因此,建署衙就不同于一般土司、山寨,从选址、设计到兴建,必须步步缜密。所以所址四易其地,最早居茅岗,后迁邓坪富石堡台,继而迁瓦店头,最后定处所街对面的天平(又称留驾坪,后改为添平)。这里背靠台宜,四周有平地千亩,土地肥沃,是湘西北万山丛中少有的冲积平原,所署左有铜峰山,海拔千米,卓然耸立。右有天台山,雄居溇水边,两山对峙,溇水中通,地势险要,易守难攻。上为苗蛮之咽喉,下为岳澧之屏障(添平所志语),自汉代以来,历代都有重兵把守。

明朝初年,覃添顺及其子孙开始于此大兴土木,构筑城堡,历经三代修缮完成。城堡占地百余亩,城墙三百八十余丈,高二丈一尺,均用长一尺二寸、厚三寸的火砖砌成,所署有大堂五间,二堂三间,前设仪门、头门。大堂为砖木结构,高二丈四尺,中为木柱,共四十六柱,柱系楠木,粗圆五尺二寸,以方砖铺面,再覆以瓦,脊顶通用空心塑花窑砖压脊,再盖半圆扣塑花砖,工艺精巧。每进七间开,中间廊廊相连。明正德年间,覃毅宽又增修永贞楼,百柱落脚。衙内设有奉先祠、文会堂、讲艺楼、守训楼、寅兵馆、听事厅、监狱所、恩荣牌坊、土地祠、月池、内五营舍、接官厅、鼓乐楼、甬墙、东西辕门、演武厅、外五营舍等。头门上顶高悬魏国公徐达赠书斗大金字匾额:"公侯干城。"整个城堡雕梁画栋,飞阁垂檐,气宇恢宏。其间楼台亭阁,栋栋相连或相望,争奇斗妍,处处凸显土家建筑的风格与特征,犹如一颗明珠镶嵌在湘鄂西万山丛中。民间传说:"所街衙门,麻条石压脊,鲁班每百年下凡整修一次。"澧州华阳王朱宾滨于明正德九年(1514 年)慕名前来距澧州百余里的添平所参观访问,并为添平所大堂题匾额"光裕"二字,同时写《画堂春》词一首:

风情细柳今飞霜,干戈洗尽边疆,华堂新薇焕文章。山水争光,画栋晓凝甘露,珠帘绿映垂杨,光前裕后积庆长,忠义流芳。

并为大堂题赠楹联:

统隘七里之军民大公无我，
司九夷八蛮锁钥与国同休。

横额：天下为公。

另外，他还分别为添平千户所头门和仪门题写门联：

一泓渫水绕门澜甲兵尽洗，
万叠云水坚保障蛮豹率从。

咫尺是天颜，一点丹心葵向阳，
笑谈皆神算，八方黑齿草随风。

三副对联写添坪所之山川关隘与土蛮民风，可谓土风淳酽。

然而，时事难料。清朝初年，这座庄严华妙、气象万千的土司衙门被明朝降清的山海关总兵吴三桂(后拥兵立国)南逃时，为阻挡清兵追击而付之一炬，传说大火三日三夜不绝，面目全非。清雍正十三年添平千户所建制改土归流，所署虽未废除全部功能，但已大大削弱。

清乾隆年间，石门县令许湄游添平所，作《蛮王城》一首：

雄关天设壮溪边，漫说秦关楚塞坚。
当时蛮王且已矣，空留壁垒至今传。

这首诗表达了作者对"蛮王城"添平所物是人非、今非昔比的无限惋惜之情。

三、助国安边战事频

顾名思义，守御添平千户所，既有守土之职责，也有御边之任务。因此，军事行动是添平所第一要务。

添平所按中央政府规定实行土司兵役制，隘丁、民户亦兵亦农，平时务农，战时为兵。没有战事即操练军训，半年轮换一次，官不请俸，兵不给饷，丁粮供应官兵俸食。

兵力两千左右，分前、后、左、右、中五营，每营设把总管束，统一由正千户和左二千户指挥，驻添平千户所一千，故千户所既是土司政治、经济中心，又是土军(隘丁)兵营，各隘各驻兵一百，平时维持社会治安。

朝廷规定添平所的防御范围是：施州土司、施南土司、中建土司、上峒土司、中峒土司、下峒土司、东乡土司、散毛土司、蜡惹土司、蜡壁土司、大王土司、木栅土司、唐壁土司、卯峒土司、漫水土司、容美土司、桑植土司，同时防御四苗关，即铁门关、贺石关、桑木关、野牛关，地跨湘、鄂、黔三省边界，幅员辽阔，且山高路险，榛莽塞途，地形复杂。添平所"助国安边"，军事频仍，其内容一是征剿，二是招抚，或二者兼而有之。据《石门县志》《覃氏族谱》所载统计，添平所立所366年，曾参与征战12次，招抚11次，最长一次达四年之久。明正德十四年(1519年)，正千户覃善教奉命征剿、安抚广西大腾山，明正德十八年十月底才率队归所，战斗十分艰苦，澧州知州黄震昌曾写诗赞曰："马踏春风弓挂月，旌过秋雨剑飞霜"。

但添平所官兵表现出色，勇谋兼备。查遍《石门县志》《添平所志》《覃氏族谱》，没有发现一例战败的纪录，有的是别人战败，令添平所官兵去收拾残局，但次次凯旋。

明洪武二年(1369年)，慈利土司覃垕降明，敕封慈利宣慰使，兼湖广理问。洪武四年(1371年)，覃垕忽做一梦，梦见天现铜桥，直达元宫御花园，于是，他认为元朝气数未尽，计划反明复元，遂号召十八峒蛮与田大联合叛明。明洪武五年(1372年)，覃添顺、易淑珍夫妇随平蛮将军周德兴出征，助战慈利百丈峡，尽管清军手执火器，但战事仍进行得很艰难。覃垕凭借天险固守顽抗。易淑贞武艺高强，巾帼不让须眉。相传，当时她身背奶孩，把奶包搭在肩上奶孩，手执画戟(故人称搭奶夫人)，与覃添顺率队和覃垕部激战数日，仍不能攻克，易淑贞遂与添顺商议，避开险阻，绕道覃垕背后袭击，终将覃垕打败，擒斩悍将田大，并晓以大义，让覃垕投降。易淑贞后因其女婿出卖，解至南京凌迟剥皮，因战有功，封一品助国夫人。

明隆庆五年(1571年)，施州卫指挥陶汝情、浦堂驿丞姜朝阳因故被金峒土司所执，为防劫持多次转移住处。施州卫软硬兼施，恩威并用，金峒均不为所动，故二人被押数月，施州卫遂请添平所支援。明隆庆六年(1572年)正月初一，添平所千户覃继善同九溪卫指挥陈善带领覃兴孝、覃兴道、覃兴清、黄廷兰等至施州，参见荆州府部沈礼，商议救人事宜。回所后，密遣覃兴道、覃兴清潜入金峒，而覃继善则率兵潜伏在周围。覃兴清假传圣旨，骗出叛酋覃壁，将其捉拿，并救出陶、姜二人。五月十三，覃继善奉命率领覃廷科深入险阻，招抚金峒，经过一段时间的工作，于七月初二招抚金峒成功，深得朝廷嘉许。圣旨曰："设计诱出俘官，机权甚密，督兵以击破险阻，勇略尤彰，嘉封怀远将军。"

其实，据《石门县志》《覃氏族谱》记载统计，添平所在明清两代，除覃添顺、易淑贞、覃继善因功受封外，还有30多人因功敕封，计有：覃秀芳敕封户侯将军，覃显敕封绥远将军，覃海淦敕封巡捕千户，管操王大明征麻阳有功升副千户，支付差操汉官王智出征有功，授副千户，王斌、王璘、王春先后加升指挥同知。王进麒功升指挥使司，金事赵郁出征有功授副千户，赵恭、赵暹功升千户，还有6名土军因功，奏升副百户、百户等，至于物资赏赐，也屡见记载。

仅据覃氏族谱载，即达 5 次，计宝钞 7000 锭，花银数百两，丝绢 52 尺。

四、社会安定民风淳

石门土司辖区幅员辽阔，计有当时石门七里（按：里属明初行政区划名，后改为都，即相当现在一至两乡区域，故覃添顺又被称为七里公王）。据说还有今湖北鹤峰、长阳、松滋部分区域。

明《添平所志》载，民众"修其德行风俗一而人纪不乱，居处式而上下不僭"，而《石门县志》则称"军农经济体制，开拓了一个薄税轻敛的独特社会政体，对比当时封建政体又有许多宽松环境，部会汉文化的传入与学习，革新了旧俗，发展了经济"。

能开创这样一个局面，应得益于土司的主政理念和主政方略。查阅、梳理典籍史料，其社会特点可以归纳为以下几个方面。

（一）尚武宽农，崇尚军事是其职能所在

"添平所本为荆楚咽喉之地，僻处万山险阻，接近五溪蛮夷，把守苗关，为国守土"（《添平所志序》），因此，尚武练兵当为土司第一要务。凡 18 岁以上健壮男子均编册入队，有战事即征战，无战事即军训。土司衙门和各关隘均辟有练兵坊，天天操练，正所谓冬练三九，夏练三伏，从不懈怠。而各山寨村落练功习武，也蔚然成风。时隔数百年，至今走进石门县西北乡，仍然可以见到当年练武用的石饼、石轮、石环等，还留有跑马岗、饮马池、军营盘、射箭场等军事地名，尽管军需自备、亦兵亦农，士兵吃杂粮山货，但其素质还是比较好的，精神面貌也比较好。他们英勇善战，常常凯旋。清初文学家顾彩（与孔尚任齐名）在《容阳杂吟》中描写土军说：

> 壮夫闻战喜趋跄，甲重无忧炮火伤。
> 葛面杜根龙爪谷，腰囊各自囊军粮。

一个"喜"字，使土军精神面貌跃然纸上。

所谓宽农，是指对农业、农民实行宽松政策，这也是立所之必须。添平所辖区，山多田少，一些小平原、小坝地如同生姜缝夹土，镶嵌在山脚下、溪河边。山里不但地形复杂，而且气候各异，同一时节也往往一山有四季，有鉴于此，主政者们，让农民自由种植，因地制宜，宜粮则粮，宜茶则茶，宜药则药，宜林则林，宜桐则桐（磨岗隘盛产油桐，新中国成立后曾是省内有名的桐油生产基地），多种经营。山里有不少山泉和溪流，在不宜大兴水利的情况下，主政者们鼓励和支持农民开山凿渠，引水灌田，或在溪河边安架筒车（用水力冲动）

提水灌田,澧县诗人李群玉曾在《引水吟》中写道:

> 一条寒玉走秋泉,引出深萝洞口烟。
>
> 十里暗流声不断,行人头上过潺湲。

这虽然是诗人把自然界人化、劳动诗化了,但同时也写出了石门土司辖区水利工程的真实面目。所以,"薄田微雨即丰年",据老辈人传,那时一斗田(约八分地)也能产四石粮(约 250 千克)。

(二)薄赋轻徭

其实这也是宽农的一项措施。据《添平所志》载:"明洪武十三年文孙公(正千户覃文孙)率各隘纳土时,附石门县编籍,原编定粮米共 5600 余石,以外一切杂派差徭悉行豁免,以资隘军无俸之苦。"这与当时石门县粮赋相比是比较轻的。据同治《石门县志·户口》载:"明,户 4221,口 32840。"添平所辖区和石门面积相当,甚至还大一点,户数和人口亦基本相同,算起来添平所户平纳粮一石多,人均不足 10 千克。这是朝廷视实情定下的,而土司主政者也把减轻农民负担放在重要位置。明成化六年(1470 年)添平所派员赴京上奏:"民间田产水冲沙淤不堪耕种,请核减征税粮米事具奏。"廷准奏核减,免征粮米 2352 石,实纳 3300 余石,田粮税负进一步减轻。这让其他官员眼红,曾在明弘治十二年(1499 年)、明嘉靖八年(1529 年)先后两次有司加派隘差徭。添平所千户具写状上奏,陈情上表,均获旨批:"照依旧例,豁免隘丁土粮。"明永乐七年(1409 年)添平所正千户覃纯武为就近交纳隘粮事呈请户部、兵部,明成祖旨批:"土军路远,恐失边防之责,只着近交纳,并免武当山例派夫工银七百两。"从而减轻了百姓负担。稳定官员职数和隘丁编制,是为民减负的又一方面。添平所 1369 年建所,官职定员 30,越 366 年到 1735 年改土归流时,官员仍只有32,而土军始终保持在 2000 人左右,这种简约做法是值得记上一笔的。

(三)刑法教化并重

土司享有不少特权,老辈人曾传"杀人不请旨,母死不丁忧"。添平所里设有监狱,所和隘均有司法权,对杀人越货、起事造反、烧掳抢夺等重大罪犯,他们从不手软,不请旨,斩立决,而对偷盗、诈骗、造谣惑众、强奸等罪行,比照朝廷律法,变通予以制裁,或关进牢房羁押,时间长短视犯罪情节和悔罪态度而定,或割鼻拔牙、敲碎膝盖骨等,这或许是出于保护兵员和劳力的考量。对作案后逃跑或羁押时窜逃者,容美土司即有明文规定,视情节或杀或敲碎膝盖骨,使其终身残疾。石门县新中国成立后曾在添平所长梯隘辖区发现一个山洞,洞内散落着上千颗牙齿,人称牙齿洞,据老人们介绍,这就是土司惩罚犯人的历史证据。

土司衙门严肃法纪,对犯罪绝不姑息,而对广大民众则注重教化,大力倡导办私塾,兴义校,重金聘请汉族塾师,让百姓子弟学文化,习礼仪。明正德年间(1506—1521),添平土司就在所街设立了"有竺书院",课教百姓子弟,这要比石门设秀峰书院(1768年建)早200多年。土司本人也极为注重文化修养。未办书院前,他们把子弟送往百里外的九溪卫汉庠就学。在众多的土官中,不少人即出身庠生(即秀才)。磨岗隘百户唐九龄、唐万里、唐儒魁三代均为庠生。还有多位千户、将军具有儒将风范,喜与文人交友,常与汉官诗词唱和。

"武威资捍卫,文教振纲常。"(添平所对联)因此,《添平所志》上说,土司辖区"礼乐衣冠增光上国""卓有文风"。据同治年间的《石门县志》载,明清两代,从这片贫瘠的土地上先后走出了谢上箴、覃远进(玉次)、陈际亨(武)3名进士和罗政、郑协武、黄照临等40多位举人,均被朝廷委以重任。覃玉次出任广西按察使,兼任左右江兵备道,统八十四营,戍守中越边防,后敕封光禄大夫。另外,还走出了200多位秀才,他们或授馆桑梓,或出征沙场,做出了很大贡献,推动了社会发展。

纲常振,则社会安定,民风淳朴。有顾彩两首诗为证:

峡内人家

岩居幽事乐无穷,葛粉为粮腹亦充。
虎不伤人堪作友,猿能解语代呼童。
远锄灵药他山外,近构茅亭野涧中。
更喜不闻征税吏,薄田微雨即年丰。

此诗写出了人与自然和谐相处的画面,简直就是一幅世外桃源的风情图。

容阳杂吟

蕨饭馨香咂酒甜,小机当户织双缣。
与人钱财都抛却,交易为求一撮盐。

卖东西连钱都不要,只要一点食盐,可见民风淳朴至极。民风淳朴自然社会就安定,查阅所有典籍,在添平所300多年历史中,没有发现一起重大社会恶性事件,虽不算世外桃源,"道不拾遗,夜不闭户",但也算安定祥和。

为让读者进一步了解添平所,现录清代石门诗人郑桓的长篇叙事诗《过添平所》如下:

客人远方来,驱马添平道。
伤心楼台前,一旦生芳草。
楼台久临澧水边,堂开四面接云烟,
方期勋高流泽远,如何巍峨顿萧然?

忆昔元纲太不振，群雄裂磔争作镇。

友谅僭号王者汉，夏郎四五互生叛。

况复铁门、桑木据上游，而且蜡壁、唐崖操利刃。

田大腰间跨急箭，汇集犷悍皆良选。

垦据桑植逞雄威，谁奋英姿来酣战。

天生添平磊落之奇才，慨然拔剑挥锋出蒿莱。

数万甲兵胸中列，国士重为众所推。

众虑甲屯不知处，仙人指点鸡鸣曙。

几队走近台宜来，茂林悬崖协梦语。

尔乃奠居肇事间，石峙凌嶒壁垒坚。

练甲厉兵藏锋久，义勇奋发一当千。

十八峒口最见懵，将军闻之毛发动。

数载勤王备艰辛，然后庞杂归铁桶。

未几九永同相向，顿失四关气调丧。

松宜要冲皆投诚，戡勘乱元勋称克壮。

大明天子奉天脊，扫开云雾华日见。

千万余里属版图，尺土宜献太极殿。

诏谓将军汗马功，数载经营惨淡中，

九重含笑催赐爵，武德诏命极精忠。

并赐车服灿日星，并赐丹书照汗青。

再羡朝廷恩无际，世世子孙受芳馨。

殿后擒纵绩愈奇，容美百丈功累累。

奋迅飞戈落天外，溪峒谁不畏蒺藜？

传至龙池文运启，弦管麾下游半页水。

尔宇大启光裕堂，命名忽来天潢子。

奕叶不乏云中鹤，功名好纪凌烟阁。

国家承平数百年，关隘犹然归锁钥。

我朝定鼎泽尤隆，不忘前代箕裘功。

帝曰汝曹勋第一，其袭汝封永无穷。

我读前史语缠绵，我爱前功续遗编。

诗章灿烂光辉在，使我览之兴悠然。

昔时伟烈宛细柳，今日冠剑慨衰朽。

安得复生黄须儿，光大前业压元叟。

全诗共74句，比较全面真实地叙述了添平所400余年的盛衰史，是我们今天了解石门土司和添平所的一份珍贵的史料。

五、建议

石门添平守御千户所,是当年镶嵌在湘鄂边山区土家人的一颗建筑明珠,却于明末清初毁于兵祸。本课题组建议市县政府牵头重建添平千户所。其理由一,添平千户所是土家瑰宝、文化遗产,作为后来人有义务恢复重建;理由二,关于添平千户所的建制规模、用材质地和尺寸,县志及有关史书均有详细记载,石门县文庙里还展有千户所立体模型,要恢复旧制,比较容易;理由三,所址正处在石(门)清(官渡)公路线上,而从夹山、石门文庙(1929—1930 年石门苏维埃驻地)到风景区龙王洞,再到国家自然保护区壶瓶山,正是一条旅游线路,若在其中加上人文景观添平千户所(土司衙门),即可将这条旅游线打造成一条精品旅游线,对拉动常德、石门旅游业,推动石门山区经济发展有着不可估量的作用。

参考文献

[1]贺新初.石门风物[M].长沙:湖南人民出版社,2005.
[2]顾炎武.天下郡国利病书[M].上海:上海古籍出版社,2012.

海绵城市建设理论与实践研究

——以湖南省常德市为例

湖南文理学院　常德市社科联课题组①

【摘要】常德市降水丰富，季节和强度集中，上层土壤为不透水土层，河湖稠密，水面率高，有赖于海绵城市项目来实现雨水下渗和蓄积。在海绵城市建设过程中既要注意防洪、生物保护、乡土文化、游憩、视觉五大安全格局，同时又要统筹合理规划与前期控制、修复水生态系统、加快构建大排水系统、构建安全格局。城市"海绵体"的后期维管是持续、稳定发挥设施功能的保证，需经济、高效的维管规范。通过海绵城市建设，常德市很大程度地消除了高年降水量下的城市内涝，使河湖水质得到了有效改善，生物多样性增加，在一定程度上缓解了市区的热岛效应。海绵城市建设的相关产业发展潜力巨大。

【关键词】海绵城市；城市内涝；热岛效应；生态效应；常德市

2013 年 12 月，习近平总书记在中央城镇化工作会议上明确提出"建设自然积存、自然渗透、自然净化的海绵城市"。2014 年 10 月，住房和城乡建设部正式发布《海绵城市建设技术指南——低影响开发雨水系统构建（试行）》。2015 年 4 月，常德市入选全国首批（16 个）海绵城市建设试点城市。常德最大

---

① 课题主持人：彭保发，湖南文理学院资源环境与旅游学院院长、教授。涂碧波，常德市人民政府副市长。
课题组成员：李云峰，常德市社会科学界联合会主席。陈端吕，湖南文理学院资源环境与旅游学院教授。王亚力，湖南文理学院资源环境与旅游学院副院长、教授。许建伟，湖南文理学院资源环境与旅游学院讲师。王夏青，湖南文理学院资源环境与旅游学院讲师。刘波，长沙海绵城市生态产业技术创新联盟秘书长。

的市情是水情,最大的隐患是水患,城市排涝防洪压力远高于一般城市,对开展"渗、滞、蓄、净、用、排"的海绵城市建设有更强烈的要求。

一、常德海绵城市建设的降水及水文、土壤环境分析

常德市降水丰富,季节和强度集中,增加了汛期发生内涝的风险,需开展海绵城市建设避险。常德市河湖稠密,水面率高,径流总量和变化均大,需通过海绵城市建设项目滞缓、调节。常德市上层土壤为不透水土层,有赖于海绵城市建设项目实现雨水下渗和蓄积。

(1)常德市降水丰富,季节和强度集中,增加了汛期发生内涝的风险,需开展海绵城市建设避险。一是降水丰富。常德市位于副热带季风区,降水丰富,1968—2015年平均年总降水量为1333 mm,且具有明显的波动性(见图1)。二是降水主要集中在汛期5至9月,梅雨期6至7月的降水量最大(见图2)。三是20 mm以上的降水事件的累积降水量为775.5 mm,占总降水量的58.2%,强度较大的降水事件对总降水量的贡献率更大(见图3)。常德市降水丰富,且在季节和强度上的集中性增加了汛期发生城市内涝的风险,必须开展海绵城市建设。

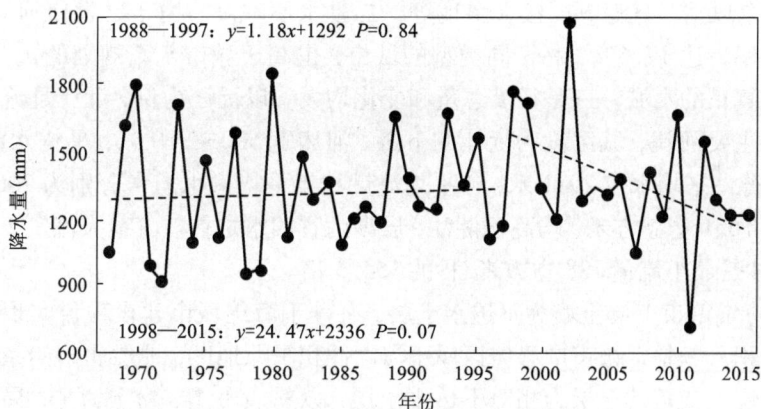

图1　1968—2015年常德市年降水量

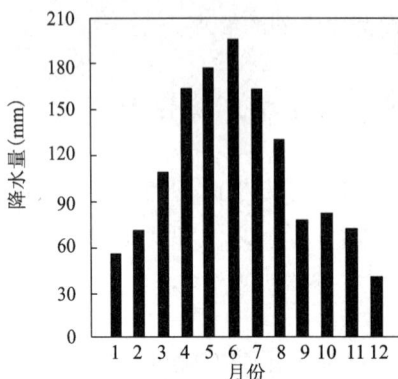

图2 常德市降水量年内分布

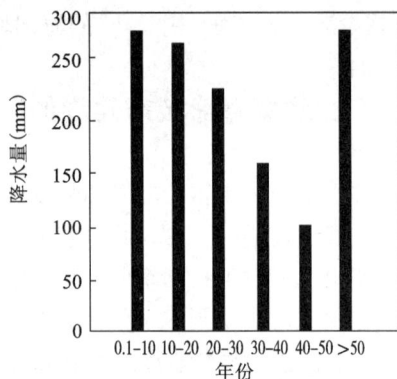

图3 常德市降水强度分布

(2)常德市河湖稠密,水面率高,径流总量和变化均大,需通过海绵城市建设项目滞缓、调节。一是河湖稠密,水系完整。常德市地处西洞庭湖平原,城区分江北和江南两大水系,其中江北水系主要有柳叶湖、沾天湖、白马湖、渐河、马家吉河、杨桥河、新竹河、新河渠、反修河、反帝河、花山河、穿紫河、姻缘河、三闾港、护城河以及花山湿地等;江南水系包括赤塘湖、枉水河、高低排河、东风河、盘塘湖、枉水湿地等。二是水面率高。由于常德市河湖稠密,其水面率高达 17.6% ,高于同类型的城市,也高于城市水系规划的规范要求,是一座真正的水城。三是径流总量和变化均大。以沅江为例,沅江是流经常德市区的主要河流,城区段为沅江的下游,河床宽 500~900 米,平均水深 9.62 米,常德站平均水位 29.1 米,年平均流量和年平均输水总量分别为 2065 立方米/秒和 651 亿立方米,均高于湘江,居湖南省四水之首。其最大流量 29000 立方米/秒是最小流量 188 立方米/秒的 154.3 倍。

(3)常德市上层土壤为不透水土层,有赖于海绵城市建设项目实现雨水下渗和蓄积。一是常德市中心城区属于河湖冲积平原地区,地层属第四系全新统冲洪积层。二是其上层为相对不透水土层,以粉质黏土、粉土为主,局部上覆杂填土、淤泥,下伏粉砂,总厚度 7~12 米。三是其下层为饱和含水层,主要成分为砂岩、石英岩、燧石等,粒径一般为 1~3 厘米,最大粒径超过 5 厘米,混杂分布,含水饱和,中密,无胶结,局部夹黏性土及细砂,是良好的含水地层,水量丰富,总厚度约为 80 米。

(4)根据常德市的降水、土壤及建设现状等条件,设定常德市海绵城市建设年径流总量控制率控制目标合理值为 78% 。一是因为重现期越长,设计降水量越大，建设成本越高。二是根据市政管网防洪设计重现期一般为 5 年，因此将径流控制率小于 78% 的重现期设置为 5 年，对应的设计降水量约为 58mm。选取 58mm 设计降水量时，1968—2015 年中只有 9 年的径流控制率小于 78%（见表 1）。

表 1　常德市连续降水下的不同超排重现期对应的降水量

重现期(年)	2	5	10	20	50	100
设计降水量(mm)	50.4	57.8	69.1	82.2	89.4	108.5

二、常德海绵城市建设规划研究

基于 GIS 技术对常德市海绵城市规划的分析，提出了常德市海绵城市建设的规划对策，其建设规划思路主要是运用生态学理念创造一个有机生长的海绵城市，以及基于"反规划"思想分析，在海绵城市建设过程中注意防洪、生物保护、乡土文化、游憩、视觉五大安全格局，同时也提出了常德市海绵城市建设的具体对策，主要包括合理规划与前期控制、修复水生态系统、加快构建大排水系统、构建常德市海绵城市安全格局。

（一）基于 GIS 技术的常德市海绵城市建设规划分析

1. 常德市集水区的划分

集水区是收集水资源的自然流域单元或人为的集水单元，因此在海绵城市规划中，集水区划分是海绵城市规划的重要内容与基础环节。集水区的划分一般借助于数字高程模型（DEM）与 GIS 技术。在此借助 ArcGIS 的处理遥感影像图和 DEM，通过水文分析得到自然集水区，然后结合影像图和现场调研对常德市水域进行提取，最终获得常德市集水区现状图（见图 4）。

2. 常德市地形分类提取

在完成集水区划分的基础上，对每个集水区进行地形分类提取，以便对城镇水网连通性进行分析。本次通过分析高清影像图，分别提取水系、道路、建筑区域等三种土地利用类型对应的地块，然后辅以现场修正（见图 5）。

3. 常德市集水区连通性分析

原有水系形成的自然排水系统，是海绵城市生态雨水管理的重要组成部分。常德市域地处洞庭平原，规划区内各等级水线纵横交错。针对现有情况，分析实施道路本体透水化与道路选线分级化相结合的规划措施,通过规范规划建成区内道路网设计及建设方式,改造实际建成区道路的不透水结构形式,控制和减少道路干扰体对生态水系格局的潜在和累积性影响。

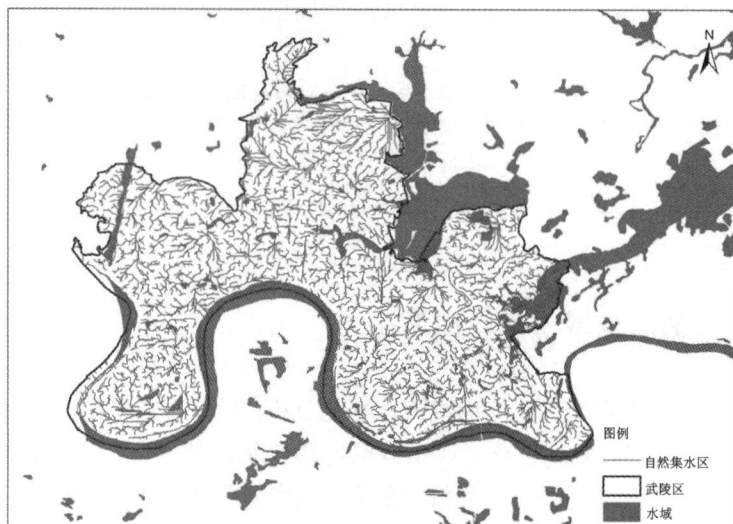

图 4　常德市集水区现状图

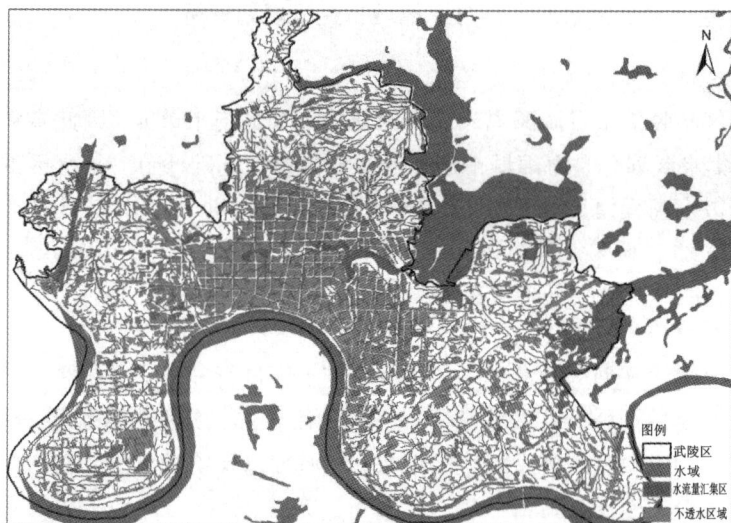

图 5　常德市水系、道路、建筑用地类型地块分布

  根据市区水网高程分布(见图6),通过 DEM 数据进行分析,生成的天然集水区水网节点,每个节点都有两条分支线存在,反映原生态水网分割程度不高,水网的破碎度相应较低,具有良好的生态雨水调蓄功能。而城市建筑物的间断化,导致水系网络分割程度相应较高,水网连接特征不突出,意味着在进行建筑用地建设后,自然雨水调节能力减少。从图7、图8可以看出,间断化节点共1323个,海拔处于13~82米。

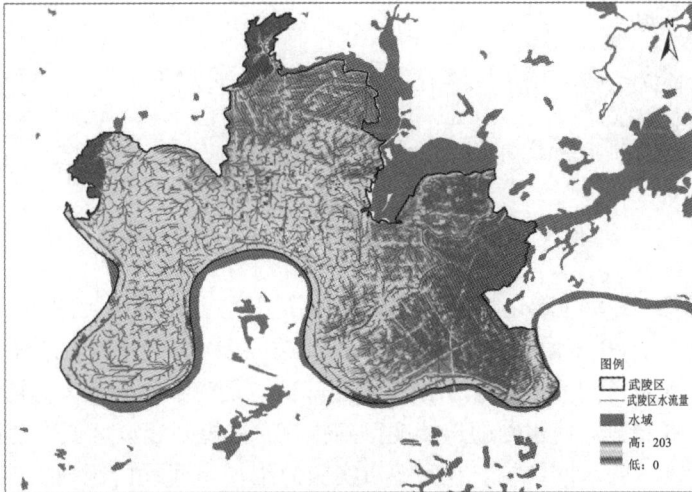

图6　常德市水网高程分布

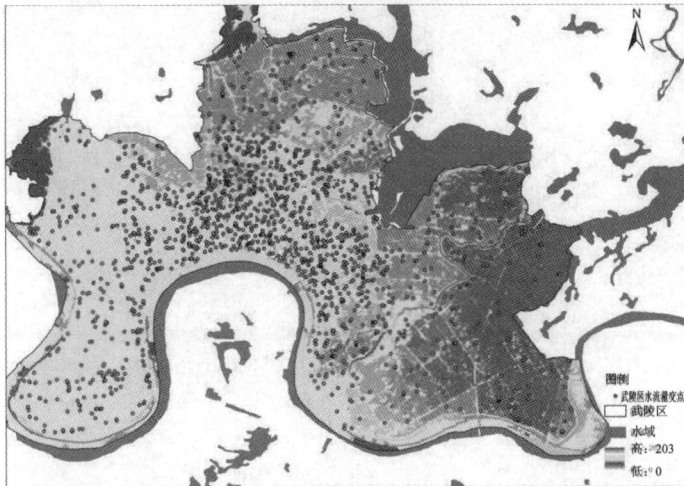

图7　常德市水网间断化节点分布图

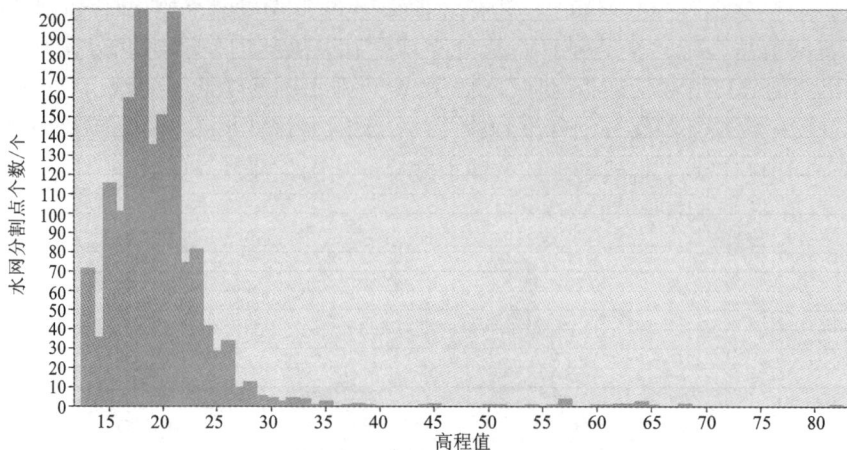

图 8　常德市不同高程的水网间断化节点分布

通过图 7、图 8 间断化节点与 DEM 数据进行叠合分析得到图 9。从图 9 可看出，海拔小于 20 米的节点达 537 个，低海拔间断化节点密集区分布状态，主要原因是建筑物不透水层造成水网连通性降低。低海拔间断化节点需要实施海绵体有机生长措施，使水网的连接度得到提高，在规划建设区城市道路建设的同时，保护基本的水网结构。在常德市实施海绵城市建设的规划措施，对于减少建筑物与水系冲突点，保护自然排水系统，降低建筑用地建设对水网通畅的影响，弱化人工环境对自然环境的冲击力度，具有显著作用。

图 9　常德市水网低海拔间断化节点分布图

(二)常德市海绵城市建设规划对策

1. 常德市海绵城市建设规划思路

运用生态学理念创造一个有机生长的海绵体城市,即在城市的构成要素中,这种最根本的东西就是由城市海绵体及绿化系统等形成的"线",以及山水景观与城市用地之间形成的脉络结构。规划应合理利用这些要素来组合城市空间,让城市能够充分发展,从而使城市海绵体有机生长成海绵网络;基于"反规划"理论分析,在海绵城市建设过程中应注意五大安全格局。在建设过程中,应当针对各个过程,建立生态安全格局,提供多个安全水平上的景观改变方案,建立综合的生态基础设施,保障生态服务功能的安全和健康。应进行景观格局的优化设计,不断完善海绵城市建设成果。在对常德进行海绵城市建设的过程中应当注重以下五个方面的安全格局建设,即防洪安全格局、生物保护安全格局、乡土文化景观安全格局、游憩安全格局、视觉安全格局。

2. 常德市海绵城市建设规划的对策

①合理规划与前期控制:对雨水管理问题加以论证,将土地利用方式与雨水利用、径流控制结合,从总体上控制解决城市雨水问题;②水系生态系统修复:通过物理筛滤方法截污清淤,利用生物生态修复技术等对"海绵体"进行修复;③加快构建大排水系统:在超标暴雨作用下,产生的内涝灾害往往有很大的威胁。为了应对暴雨超过内涝设计重现期的状况,需要运用一系列的综合控制措施进行控制,如提出洪涝点的解决方案、城市大排水通道的方案、大排水通道竖向节点的控制方案、大排水通道应急管理措施等。④构筑常德海绵城市安全格局:通过GIS技术,可以利用径流模型和数字高程模型进行洪水过程的模拟,并据此判别不同防洪安全水平下的景观安全格局。具体包括以下四大步骤:划定具有潜在调洪功能的湿地范围(源)、确定不同防洪安全标准下的湿地规模和格局、调整基于洪水安全格局进行的河道格局规划、调整上游大型水库生态规划。

三、常德海绵城市建设的考核标准与维管措施

借鉴国内外经验,并根据常德市自身特点,制定适合当地海绵城市建设的考核标准。"海绵体"的后期维管是持续、稳定发挥设施功能的保证,但维管程序复杂且经济成本高,因此有必要探索出经济、高效的维管规范。

(一)建立海绵城市建设考核标准

一是水生态：年径流总量控制率、生态岸线恢复、地下水位、城市热岛效应。二是水环境：水环境质量、城市面源污染控制。三是水资源：污水再生利用、雨水资源利用、管网漏损率控制。四是水安全：城市暴雨内涝灾害防治、饮用水安全。五是制度建设及其执行情况：规划建设管控制度、蓝线和绿线的划定及保护、技术规范与标准建设、投融资机制建设、绩效考核与奖励机制。六是显示度：产业化、连片示范效应。

(二)海绵城市建设维管措施

一是分日常维护和修缮维护进行分类维护管理。二是对于建成期的维护进行针对性的管理。三是制定维护日程表即维护管理清单，用于具体的维护管理。四是组建和培训专业的维护管理团队。五是进行市场、开发商、政府等多元化维护管理，并制定具体全面的维护管理流程。

四、常德海绵城市建设的生态效益研究

海绵城市建设被认为是解决城市内涝、水污染和水资源短缺、热岛效应等问题的有效途径之一。通过海绵城市建设，常德市很大程度上消除了高年降水量下的城市内涝，使河湖水质得到了有效改善，生物多样性增加，并且在一定程度上缓解了市区的热岛效应。

(一)常德市海绵城市建设下的水文效益明显改善

1. 城市内涝状况根本好转

通过海绵城市改造，常德市海绵城市建设试点区在年降水量约为1400mm的自然环境下已暂无内涝出现(见图10)。

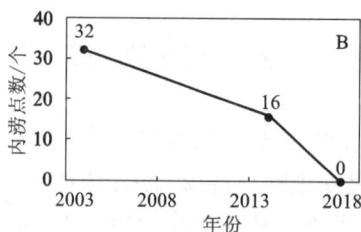

图10 2004—2018 年间常德市江北城区内涝点变化

2. 城区河流水质改善

经统计,常德市城区河流穿紫河流域 2015 年 12 月至 2018 年 7 月间逐月的水质类型、状态及主要污染物的分布情况表明,穿紫河水质在近 3 年时间内由劣 V 类水恢复为 III 类水,水质类型呈递减趋势(斜率为 -0.0021),水质改善效果显著(见图 11)。

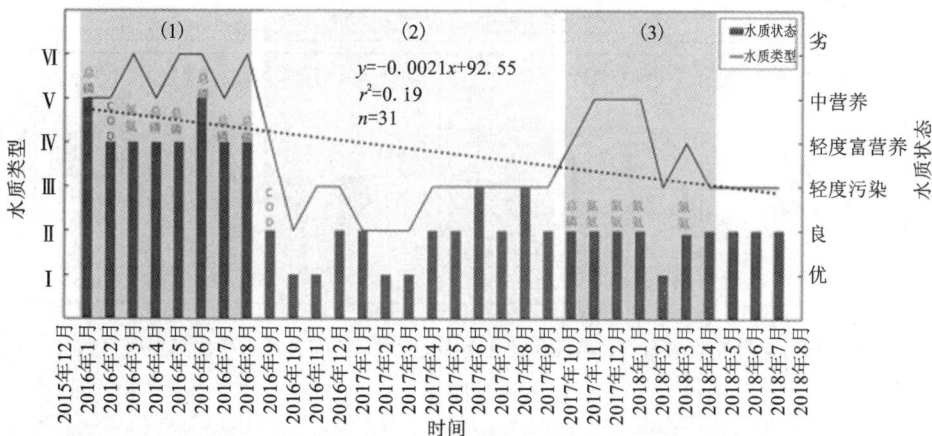

图 11 2015 年 12 月至 2018 年 7 月穿紫河水质变化

(二)常德市海绵城市建设增加了试点城区的植被种类和生物多样性

一是海绵城市以生态建设为主,其中主要手段就是增加绿色植被,通过植被截流、渗透、吸收、吸附等功能,实现海绵城市修复水生态、涵养水资源、改善水环境、提高水安全等功能。二是调查发现,常德市海绵城市建设试点区增加植被类型较多,如梭鱼草、长苞香蒲、凤眼蓝、黄花水龙、芦竹、粉绿狐尾藻、粉美人蕉等。

(三)常德市海绵城市建设下的气候效益

一是通过改造流域地貌、植被覆盖、水文环境等下垫面因素,可适当调节试点城区的小气候。二是通过对比分析,海绵城市建设前后常德市与周边石门县、南县和安化 2010—2016 年间各季度气温的距平值变化表明,常德城区在海绵城市建设下各季度平均气温距平值均小于周边地区,城市热岛效应在一定程度上得到了有效缓解(见图 12)。

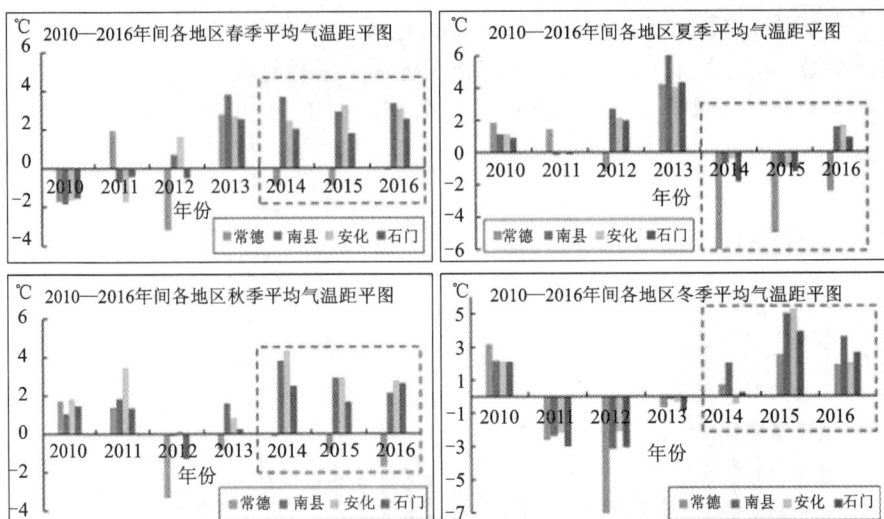

图 12　常德市区、石门、南县和安化 2010—2016 年间各季节平均气温距平值

五、常德海绵城市建设的产业发展研究

2015 年，国家首次确定了海绵城市的发展目标，即通过海绵城市建设，70% 的雨水得到就地消纳和利用。到 2020 年，城市建成区 20% 以上的面积达到海绵城市建设要求；到 2030 年，城市建成区 80% 以上的面积达到海绵城市建设要求。住建部曾公开透露，预计海绵城市建设投资将达到每平方千米 1 亿元至 1.5 亿元。据媒体报道，海绵城市的建设将拉动 6 万亿元投资。海绵城市建设的相关产业大有可为！

(一) 海绵城市建设产业发展面临各种挑战

一是海绵城市建设法律体系不完善，相关部门涉水生态环境法规体系各自为政，摸着石头过河成为其主要特点。二是海绵城市建设涉及部门多，难以形成合力。三是海绵城市建设资金因政府财政资金支持以及税收政策刺激调节杠杆作用不明显，地方政府债务高企，民间资本无法参与，难以落实到位。四是受传统灰色市政建设的惯性作用，存在绿色海绵与灰色建设模式"两张皮"现象。五是海绵城市人才队伍缺乏和产业体系薄弱(工程材料产业体系单薄、运营管理缺乏经验、生态工法一知半解)。

（二）海绵城市建设产业发展的投资与营运

一是建立以"联盟"为主体、商业与技术联合的专业团队。二是政府与企业共同分担合作的风险。三是政府制定合理有效的绩效考核体系。四是提升海绵城市建设的资金保障与政府信用。

（三）海绵城市建设的产业链

一是进行水生态规划与整体设计，由具有规划与设计资质的企业组建的国内外专家团队，开展城市和地区海绵城市建设的规划设计。二是在信息技术开发领域开发雨洪管理软件等，供设计院及设计人员运用。三是相关装备材料产业领域，不同渗透系数的沙石材料、土壤材料，各种具有净化能力和景观价值的植物选、配型运用，雨水收集、净化、下渗系统运用的管材、收集容器、溢流装置等。

（四）海绵城市建设产业发展的主要领域

一是市政工程领域。海绵城市建设既可以解决当前城市内涝灾害、雨水径流污染、水资源短缺等突出问题，又可以修复城市水生态环境，带来综合生态环境效益，还可以注重对天然河道、湖泊、湿地、坑塘、沟渠的保护和利用，大大减少建设排水管道和钢筋混凝土水池的工程量。海绵城市建设立足长远，不但不会增加城市建设投资，反而会节省成本。二是污水处理领域。增强海绵体功能，全面改造污水处理厂，打造全新的、环保的城市污水处理厂；利用污泥资源循环，形成污泥处理的产业链；修复河道，清除劣质水体，改善城市河道环境。三是生态修复领域。主要包括河湖水域海绵体的有效保护、受损河湖水域海绵体的修复以及城市河湖水系海绵体的适度拓建等方面。四是海绵生态文化旅游领域。

（五）海绵城市建设的产业开发规划

1. 开发思路

（1）贯穿一个理念——经营城市的理念。通过高规格的内河水系治理和海绵城市建设，改善人居环境，提升城市形象，吸引资本和投入，引导产业转型，强化发展的态势，促进城市空间人气和财富集聚，形成环境、形象和发展互动的良性循环。

（2）实施两大战略——"海绵＋旅游"和"旅游＋海绵"战略。①充分利用先发优势，将海绵城市建设与会展和文化生态旅游完美结合，拓展海绵城市建设的社会效益和经济效益,形成"海绵城市 + 旅游会展的发展"模式;②在常德城市旅游的发展过程中充分挖掘其海绵城市建设的素材和原料,构建常德城市旅游的海绵示范特色。

(3)利用三类资源——水生态景观、历史文化资源和海绵建设成就。①西洞庭湖畔的海绵水城形成了自然和科技互补的水生态景观;②桃花源里的城市拥有厚重的历史文化和生活文化;③海绵城市建设又赋予了常德更多生态科技理念、工艺和成果。这些资源为常德打造独特的海绵城市特色旅游奠定了基础,应该深入挖掘、有机组合和充分利用。

(4)对接三种市场——生态休闲市场、海绵示范市场和教育科普市场。①生态休闲市场。随着生活水平的提高,人们对休闲、度假、文化体验的需求日益增长,常德优质的独特的河、湖、湿地及文化环境能够满足这一需求。②海绵示范市场。作为第一批海绵城市建设的佼佼者,其理念、工艺、材料、成果,对于后来者具有学习示范作用。这在一定时期内是一种刚性需求。③科普旅游市场。海绵城市的理念对于大中小学生而言,可以作为生物、环保、自然、地理类课程课外和科普教育内容。这是潜在的需求。

(5)开发三类产品——柳城水韵、海绵会展和海绵科普旅游产品。①柳城水韵系列旅游产品。利用常德市柳叶湖、沅江、穿紫河及各种湿地公园,对接生态休闲市场,打造以水韵为特色的系列水上旅游产品,推广常德市"海绵水城"的城市形象。②海绵城市会展旅游产品。挖掘常德市海绵城市建设的理念、工艺、原料的特色,对接海绵城市建设学习示范的刚需市场,开发会展旅游,将常德打造成全国海绵城市建设会展旅游中心。③海绵城市科普旅游产品。针对科普市场,将海绵城市建设的理念、工艺、原料、流程转化成具有知识性、趣味性、体验性的内容,吸引各类学生进行科普和第二课堂,打造海绵科普教育基地。

2. 产品策划

柳城水韵系列旅游产品是依据常德海绵城市建设成功治理的水环境及存在性原真理论设计的,主打特色文化的体验与品位的人生促进旅游产品,由下列四大子产品构成:

(1)柳叶湖里溜艇,观全国龙舟赛事,体验水之激情。以柳叶湖及周边景点为活动区域,以家庭为单位,以动感飞艇为运载工具,串联环湖各个项目区,让游客体验亲情、友情、爱情和激情。

(2)金银街畔泛舟,溯当代财富水道,感受水之富足。登记的游客自由组合,以自划式游船为载体,串联财富水道沿途的科技馆、规划馆、万达广场和金银街主题交流区,将其搭建成成功人士的交流平台,在旅游中实现商机互动、创业分享、灵感碰撞和事业发展。

（3）穿紫河中行船，赏水城历史文化，品味水之灵动。通过乘坐特制的水上巴士在穿紫河里巡游，沿途观看各类表现常德特色文化的实景演出，让游客感知和体验多彩的海绵文化、历史文化、风俗文化、外来文化，产生对生活方式的触动与感悟。

（4）沅江河畔乘舫，游特色弯道长廊，感悟水之智慧。通过乘坐画舫游船游玩特色弯道长廊(沅江三道弯)，让游客感悟和体验丰富多彩的善德文化、绘画文化、诗墙文化、楚文化、生态文化等，产生对桃花源式生活哲学的感悟。

六、存在的问题及后续研究

目前，海绵城市建设也面临一些问题和挑战，比如海绵城市法律体系不完善、摸着石头过河，海绵城市建设没有形成合力，海绵城市建设资金有待落实，绿色海绵与灰色建设模式"两张皮"，法律与财税政策不配套，海绵城市人才缺乏和产业体系薄弱等。

（一）建设侧重不平衡

海绵城市建设目前的侧重点仍以建筑、雨洪管理设施为主，对于城市水资源、水污染、水生态和气候特征的调查还不够全面，从而导致目前海绵城市规划对城市水资源现状、建设需求的考虑不足，与城市生态规划、景观规划的结合度较低。

（二）技术标准不完善

海绵城市的建设目前仅依靠《海绵城市建设技术指南》和传统的雨水利用工程技术规范是远远不够的，这导致国内许多海绵城市建设项目在实践过程中遇到了很大困难，我们需要因地制宜、科学地制定相关标准，为类似条件下其他城市的海绵城市建设提供借鉴。

（三）经济产出不明显

现阶段海绵城市建设在经济上体现为大量资金投入，很少经济产出。随着海绵城市理论、标准和技术的不断发展，可以推动海绵城市新材料、新技术、新设备的研发，将市场、高校和科研机构有机结合，推动产学研的发展，最终形成海绵城市产业链，进行理论输出和技术输出。因此现阶段制定海绵城市产业发展规划，能为海绵城市产业的形成提供保障。

创新社会组织党建工作的研究

——以常德市为例

常德市社会科学工作研究会课题组①

【摘要】社会组织在协调推进"四个全面"战略布局中承担着重要任务，需要加强社会组织党建工作，引领社会组织朝正确的方向发展，保证党的路线方针政策在社会组织全面贯彻落实。如何更好地适应新形势，把握历史契机，做到社会组织党组织全覆盖，以党的基层组织建设带动社会组织健康有序地发展，实现社会组织党建工作新跨越，是我国当前党建工作亟须研究和解决的重要课题。

【关键词】社会组织；党建

党的十八大以来，以习近平同志为核心的党中央把全面从严治党摆在更加突出的位置，同时加强对社会组织党建工作重要性的认识，并为之做出了一系列重要阐述和重大部署。习近平总书记明确指出，社会组织面大量广，加强社会组织党的建设十分重要。2016 年 12 月 13 日下午，民政部组织召开部分全国性社会组织和业务主管单位有关负责人座谈会，民政部党组书记、部长黄树贤指出，要认真学习习近平总书记系列重要讲话精神，特别是关于社会组织工作的重要指示，坚决贯彻落实党中央、国务院关于社会组织工作的各项决策部署，全力推进社会组织党的组织和党的工作"两个全覆盖"。如何更好地适应新

---

① 课题主持人：欧子成：常德市社会科学界联合会副主席。
　　课题组成员：雷春桃，常德市社会科学工作研究会工作人员。吴万龙，常德市民政局社会组织综合党委副书记。曾景昌，常德市社会科学界联合会办公室主任。唐旭东，常德市社会科学发展研究中心工作人员。

形势，把握历史契机，做到社会组织党组织全覆盖，以党的基层组织建设带动社会组织健康有序地发展，实现社会组织党建工作新跨越，是当前我国党建工作亟须研究和解决的重要课题。

一、社会组织党建工作是新时期加强党的建设的现实需要

党的十八届三中全会《关于全面深化改革若干重大问题的决定》围绕"创新社会治理体制"的新命题，对社会组织改革发展做出了专章部署，提出了"激发社会组织活力"的明确要求，并在经济、政治、社会、文化、党建等方面就发挥社会组织作用提出了要求。2015 年 9 月底，中共中央办公厅印发《关于加强社会组织党的建设工作的意见（试行）》，为全面加强社会组织党的建设明确了任务，指出了方向。

社会组织主要包括社会团体、民办非企业单位、基金会、社会中介组织以及城乡社区社会组织等。我国社会组织快速发展，已成为社会主义现代化建设的重要力量、党的工作和群众工作的重要阵地。随着建立现代社会组织体制步伐的加快，社会组织在经济社会中发挥着日益重要的作用。社会组织党建工作是基层党建工作的一个新领域。如何在社会组织中抓好党的建设，不仅影响经济社会的发展，而且影响党的执政基础。党的十八大报告提出："党的基层组织是团结带领群众贯彻党的理论和路线方针政策、落实党的任务的战斗堡垒。要落实党建工作责任制，强化农村、城市社区党组织建设，加大非公有制经济组织、社会组织党建工作力度，全面推进各领域基层党建工作，扩大党组织和党的工作覆盖面，充分发挥推动发展、服务群众、凝聚人心、促进和谐的作用，以党的基层组织建设带动其他各类基层组织建设。"要处理好党的建设与社会组织自身建设的关系，在政社分开、保持独立性的基础上加强党的建设，积极强化社会组织在社会管理中的职责，引导社会组织健康有序地发展，充分发挥群众参与社会管理的基础性作用，必须创新社会组织党建工作，夯实党在社会组织中的基础，强化社会组织党建工作力度，扩大党组织和党的工作在社会组织中的覆盖面，以党的基层组织建设带动社会组织建设。发现和破解党建创新中的新问题，加大社会组织党建创新力度，对于促进社会组织健康有序发展意义重大。社会组织在协调推进"四个全面"战略布局中承担着重要任务，需要加强社会组织党建工作，引领社会组织正确的发展方向，保证党的路线方针政策在社会组织全面贯彻落实。习近平总书记明确指出，社会组织面大量广，加强社会组织党的建设十分重要。学习贯彻党的十八大报告和习近平总书记系列讲话精神，推进和加强社会组织党的建设工作，是我们当前的一项重要任务。

二、常德市社会组织党建工作现状

我国社会组织服务能力不断增强，在提供多样化公共服务、发展公益慈善事业、促进社会自治、维护市场经济秩序、促进政府职能转变、参与全球治理等方面正发挥着积极的作用，影响力也不断扩大。在协调推进全面建成小康社会、全面深化改革、全面依法治国、全面从严治党战略布局中，社会组织承担着重要任务。同时，社会组织自身发展也面临许多新情况、新问题、新挑战。加强社会组织党建工作，对于引领社会组织正确发展方向，激发社会组织活力，促进社会组织在国家治理体系和治理能力现代化进程中更好地发挥作用；对于把社会组织及其从业人员紧密团结在党的周围，不断扩大党在社会组织的影响力，增强党的阶级基础，扩大党的群众基础，夯实党的执政基础，以及在社会治理中发挥积极作用，具有重大意义。

（一）常德市社会组织党建工作的主要做法

近年来，常德市提高了对新社会组织党建工作重要性的认识，加强了对党建工作的组织领导，社会组织党建工作责任体系初步形成。

1. 健全组织领导机构

2016 年 9 月，常德市成立了常德市委非公有制经济组织和社会组织党工委；10 月，中共常德市委组织部转发了《中共湖南省委组织部关于集中推进非公有制企业和社会组织党的组织和工作覆盖的通知》（常组通〔2016〕44 号），要求：

（1）抓紧组建工作机构。市内各区县（市）和市直五区党委（工委）要参照市里的模式，依托同级党委（工委）组织部门建立非公有制经济组织和社会组织党工委，抓紧调整领导体制，健全工作机构，充实工作力量，推进实体化运行。

（2）建立领导干部联系非公有制经济组织和社会组织制度。各区县（市）党委政府领导班子成员和相关单位领导班子成员，以及市直相关单位领导班子成员每人至少联系一家非公有制企业和社会组织，引导他们主动支持党建工作。

（3）加强非公有制经济代表人士综合评价工作。在原有基础上，进一步做好非公有制经济代表人士综合评价工作。

（4）加强非公有制企业和社会组织"两个覆盖"工作调度。各行业党委和业务主管单位每旬要上报一次非公有制企业和社会组织党建工作台账，尤其是新组建党组织情况，市委组织部每月通报一次新组建党组织情况。

（5）充实工作力量。2017 年 4 月，常德市社会组织综合党委正式批准成立

（常组函〔2017〕20 号），并在市委"两新"组织工委和市民政局党组的双重领导下开展工作，其主要职责是：负责直接主管无综合党委（行业党委）管理、无业务主管单位和部分直接登记的市级社会组织党建工作，负责主管部门未设党委的社会组织党组织设立、换届，领导小组办公室设在市民政局。代表市委积极履行对全市社会组织党的建设的领导和指导职能。

2. 加强组建力度，社会组织中党的工作覆盖面进一步扩大

常德市坚持按照分类指导、灵活组建和属地管理的原则，进一步加大了在社会组织组建党组织的工作力度，采取单独、依托、联合组建等多种方式，加快社会组织党组织的组建步伐，不断扩大党组织的覆盖面。采取向没有党组织、没有党员的社会组织选派党建工作指导员和联络员的办法，深入社会组织宣传党的方针政策，培养入党积极分子，积极为社会组织建立党组织创造条件。

3. 加强作用发挥，社会组织党的力量进一步充实和壮大

常德市通过积极创新活动载体，把学习教育与社会组织文化创建结合起来，有针对性地开展主题实践活动，增强党员与社会组织的认同感，彰显了党组织的活力。在社会组织党员中开展创先争优活动的同时，通过送党刊、送党课、送政策，开展学党章、学理论、学技术、创建党员示范岗的活动，采取机关、社会组织共建活动等措施，不断提高党员队伍的整体素质，增强党组织的战斗力和凝聚力，推动社会组织健康和谐发展。

（二）常德市社会组织党建工作存在的问题

常德市社会组织党的建设工作在上级党委（工委）组织部门的正确领导下，在市民政局党组的关心指导下，以党的十八大和十八届三中、四中、五中和六中全会精神为指导，以抓好党组织和党的工作"两个覆盖"为目标，以突出党建管理体系和工作制度"两大建设"为重点，以发挥基层党组织和党员"两个作用"为目的，取得了初步成效。然而，面对当前社会组织发展的迅猛势头与改革创新的新形势和新要求，常德市社会组织党的建设工作也面临新的发展机遇和挑战。那么，应该如何适应新形势和新需求，不断加强社会组织党建工作呢？我们带着这个课题，对常德市社会组织党的建设现状进行了一些调研。

1. 社会组织数量偏少

从社会组织数量上看，截至 2016 年底，全市登记注册的社会组织共有2492 家[市本级676 家、区县（市）1816 家]，其中社会团体1274 家[市本级388家、区县（市）886 家]、民办非企业单位1212 家[市本级286 家、区县（市）926家]、基金会6 家[市本级2 家、区县（市）4 家]。全市社会组织数约为每万人4

个,与"十二五"预期社会组织数每万人 5 个的要求相比还有一定差距,而与常德市"十三五"规划目标每万人 6.5 个的要求相比,还有较大差距。

2. 社会组织党组织覆盖率不高

从社会组织党组织的组建情况看,截至 2016 年 12 月,全市社会组织建立党组织共 315 个[市本级 218 个、区县(市)97 个],全市社会组织中约有党员 5370 人,其中党组织关系在社会组织中的党员仅为 152 人(市民办教育机构除外)。在市本级 218 个党组织中,单独组建的有 215 个,联合组建的有 3 个,基层党委有 4 个,党总支有 3 个,党支部有 211 个。以上市本级 218 个社会组织党组织,除部分民办教育机构、民办医疗机构和市会计师协会、市律师协会(律师事务所)等一些实体性党组织外,大部分都是一些功能型或拓展型的党组织,社会组织党组织建设大多以务虚为主。

3. 对社会组织党建工作认识待提高

许多地方对社会组织党建的重要性和紧迫性认识不足。一方面,有的单位或分管领导认为社会组织是体制外的"单元"和单位,属于自治组织,无须像体制内的单位一样管紧管严,尤其是党建工作,认为管多了影响其业务工作,因而,在年度工作部署中没有充分考虑,在年终工作检查系统中也没有将其纳入考核。有的单位平时开展活动时,不重视、不参与、不支持、不落实等。还有的单位对社会组织不管不问,任其自理自治,自生自灭,甚至视同额外负担。有的社会组织负责人因兼职过多、年龄偏大、身体偏差等,抓党建工作精力不济,甚至名不符实等。另一方面,在社会组织中建立党组织或者开展党建工作,与社会组织中的法人代表及领导的认识程度有极大的关系。有的赞成,认为建立党组织能够有效地提升企业形象和推动本单位工作的开展;有的反对,认为建立党组织或搞党建会干预或影响单位的业务建设,党组织活动会影响业务工作,给单位增加成本,因而对党建工作积极性不高;有的心存疑虑,认为党建工作"可有可无""不支持也不反对";还有一种就是认为从社会组织的形象考虑,建立党组织也只是一个形式,从而不愿投入精力或资金。

4. 社会组织中党组织覆盖率提升存在困难

由于社会组织不是由党和政府直接管理而是间接管理,这就造成现有社会组织的党建工作存在诸多问题,党组织覆盖率提升存在困难。现存的主要问题有:①社会组织不同于党政机关企事业单位,由于其民间性、松散性和非营利性等社会特点,其会员(员工)来自不同行业和地区,身份多种多样,背景十分复杂。②大部分社会组织党员数量少,难以形成建立支部的条件,有的单位尽管建立了党组织,也常常存在理事无人员、工作无经费、活动无场所的"三无"现象,连最基本的党建工作阵地、工作设施与工作经费等都难以保障。③相关保障难以兑现。虽然"常委〔2012〕5 号""湘组发〔2014〕3 号"和"中办发〔2015〕51 号"文件明确规定，在建立健全社会组织党建保障机制中，要加强基层党员队伍建设与阵地建设，要采取多种办法着力解决党员活动经费等问题，尽管市、县两级党建工作经费短缺紧张的现状得到了一定的缓解，但与当前社会组织发展的形势相比还远远不够，党建工作也因此受到了不同程度的影响和制约。

5. 社会组织党组织功能定位不明确

这主要表现在工作机构"有名无实"。现行的社会组织党建工作的方式方法滞后，仅仅靠行业和主管部门或登记管理部门进行间接管理。而由于各自的权限限制，这种间接管理也仅仅是业务上的间接指导或者工作上的政策指导。虽然全市 9 个区县(市)2016 年以前均成立了社会组织党工委，但从实际调查了解的情况看，只有少部分区县(市)配备有专门的党建工作人员，多数地方没有专门人员。工作人员"有其人而难成事"。从全市社会组织已建党组织的情况来看，社会组织基层党组织专职党务工作人员数量十分稀缺(绝大多数都是兼职的)，且由于工作职责不清、功能定位不明等问题，特别是原社会组织党工委委员、各业务主管单位分管领导及党务工作者(党建工作联络员)的主要精力大都集中在本单位原有工作职责和业务技能上，他们身"兼"数职，工作矛盾比较突出，干工作往往分身无术、力不从心、效果不佳。党组织作用难以充分发挥。

三、几点建议

(一)加大宣传力度，进一步强化各级各部门党建工作责任意识

在社会组织中加强党建工作力度，是新时期党的建设伟大工程的具体要求。

1. 要提高思想认识

2016 年 10 月份，常德市委专门组建成立了"两新"组织工委，这是新的历史条件下常德市抓社会组织党建工作的重要举措。上级组织部门要积极认真履行抓总的职责，加强对社会组织党建的领导和指导，把社会组织党建纳入本地区经济社会发展全局当中，纳入党的建设总体部署当中，与其他领域的党建工作同规划、同检查、同考核。市、县各行业系统社会组织党组织要以此为契机，进一步解放思想，提高认识，认清大局，把握大势，在不断加强全市社会组织党建工作力度上有所作为。

2.要明确工作责任

各地各单位及各行业要以今年新组建成立的市委"两新"组织工委为平台，形成以各级党委组织部门、各业务主管单位党委(党组)和社会组织各行业系统党委(综合党委或联合党委)为依托的党建工作新格局，明确责任分工，层层化解落实，夯实党建基础。

3.要建立督导机制

要深入开展党建工作研究，切实掌握党建工作现状，深入了解难题和不断解决问题。要建立健全考核机制，细化考核标准，强化党建督察，将各级各行业各单位的党建情况纳入年度党建工作考核内容，引导党员亮身份、挂牌子、展技能，立足本职创先进、争优秀、当模范。

(二)加大组建力度，进一步扩大党的组织和工作覆盖

一是按单位组建，也就是按"点"建立党组织。具备建党条件的社会组织都要按规定建立党组织。由于许多社会组织的专职人员中党员少、兼职人员中党员多，可以建立功能性(拓展型)党组织或"兼合式"党组织，进一步强化党员的身份感和存在感。

二是按行业组建，也就是按"线"建立党组织。暂不具备按单位组建条件的，可以按行业相近、产业相通的原则，依托业务主管单位或同类型规模较大的社会组织，联合建立党组织。

三是按区域组建，也就是按"面"建立党组织。在社会组织相对集中的各类街(楼)区、园(社)区等区域，可以打破行业系统界限，统一建立党组织。同时，凡是今后新登记注册的社会组织均要按照"民函〔2016〕257 号文件"中明确的"三个同步"的要求跟进组建，各级"两新"组织党工委要会同当地民政、司法、财政、税务、教育、卫生和工商等职能部门，在社会组织登记时，同步登记党员信息；年检时，同步检查党建工作；评估时，同步纳入重要指标。

四是对没有党员的社会组织要从行业党委成员中指定党建指导员。

五是建立社会组织党组织催社会组织内部重大事务监督机制。此外，要加强对新建党组织的跟踪指导服务，巩固组建成果，防止边建边散，把"有形覆盖"和"有效覆盖"统一起来。

(三)加大培训力度，进一步健全党建活动机制

1.要丰富党建活动

可采取业务研讨、学习培训、个别谈心和网络教育等形式，也可采取走出去、请进来的办法和方式，组织开展丰富多彩的文艺演出、演讲论坛、党建园

地和红色之旅等活动，不断开展党建工作学习观摩和交流活动，不断充实和完善社会组织党建工作内涵，不断开阔党建管理工作人员眼界，从而达到增强社会组织党组织负责人、党务工作者综合能力素质。

2. 要建立健全党建活动载体

要加强指导社会组织党组织采取灵活多样、受党员欢迎的形式开展活动。如开展党员先锋岗、党员责任区、党员承诺制等主题实践活动，强化党建活动效果。

3. 要建立社会组织党建示范基地

形成社会组织党建培训机制，每年对新成立的社会组织党建负责人和党员进行培训，对其他社会组织党建负责人每两年举办一次培训。

4. 要建立健全党建合作模式

继续完善"党群工作一体化"模式，社会组织党组织要主动与工青妇组织、乡村及街道（社区）备案党组织共同策划、通力协作，不断完善活动机制，更好地发挥党员和党组织的作用。

要围绕促进社会组织的改革发展，找准党组织和党员发挥作用的着力点，积极开展丰富多彩、健康向上的文化娱乐活动，激发广大会员的工作热情，进一步凝聚人心，不断增强社会组织的发展动力。要采取学先进颂典型、办试点搞示范、抓两头促中间等工作方式，不断增强党组织的凝聚力、向心力和战斗力，确保全市社会组织党的建设创新开放发展，富有生机成效。要深入开展形式多样的主题教育活动，不断增强广大党员的创先争优意识，不断强化为民务实清廉的作风，充分发挥党组织的战斗堡垒作用和共产党员的先锋模范带头作用，以党建活力不断促进全市社会组织又好又快向前发展。

（四）加大投入力度，进一步强化各项服务保障功能

1. 强化人员保障

首先要明确社会组织党组织负责人的职责，并制定党建工作考核的任务指标，其次是抓住带头人这个关键，抓住社会组织党组织换届契机，突出服务导向和服务能力，从广大会员或本土致富能人中选、从外出创业人员中请、从退休干部人员中聘，选拔一批会服务、能致富的社会组织党组织书记。

2. 强化阵地保障

要按照中央、省委和市委出台的有关文件和要求，采取合署办公或租赁补贴等方式，确保社会组织党组织有场所、有标识、有设施。要出台社会组织党的建设规范化意见，对党建的场地设施、功能布局和业务流程等进行规范，并要求在一定年限内全面达标。

3. 强化经费保障,把党建经费纳入行业党委单位年度预算

近年来,中央、省委和市委先后都下发了有关文件,对社会组织党建经费保障做出了明确规定,各级"两新"组织工委及组织部门要认真贯彻落实上级文件指示精神,要采取多种途径和办法,加大党组织特别是新成立党组织的经费投入,落实党组织负责人的工作补贴,确保社会组织党建工作经费按计划、按标准落实到位,以此不断激发社会组织党组织和广大党员的服务动力。

(五)创新社会组织的党建工作

1. 初步构建社会组织党建工作新格局

顺应社会建设需要,重视社会组织党建工作。整合力量,加强对社会组织党建工作的指导,初步形成党委统一领导、组织部门统筹、社会工委负责、民政及相关主管部门配合的社会组织党建工作管理格局。

2. 推进社会组织改革发展,夯实党建工作基础

社会组织健康发展是社会组织党建工作的基础和落脚点。要贯彻中央精神,加快推进社会组织管理制度改革,减少不必要的行政审批,促进政社分开、依法自治,激发社会组织活力。在进一步完善社会组织人才队伍建设、税收优惠等方面政策,优化发展环境,促进社会组织提升实力,提高从业人员素质和职业化水平的同时,尽快明确社会组织党组织的功能定位,以更好地发挥社会组织党组织的战斗堡垒作用和党员的先锋模范作用。

3. 理顺社会组织党建管理体制,落实党建工作责任

社会组织党建工作需要与管理制度改革统筹考虑,明确新的党建工作责任主体,将党建工作与管理工作有机结合。对于继续实行双重管理体制的社会组织,需要继续发挥党建工作原有框架的作用,由组织部门抓总指导,业务主管单位主要负责,社会组织主管部门积极配合,同时探索改进各方的分工和工作机制。

4. 创新社会组织党建工作方式,提高党建工作科学化水平

要根据社会组织的特点和实际,探索党建工作规律,创新党的组织方式、活动方式和党员管理方式。不能片面追求提升党在社会组织中的组织覆盖而忽略党组织工作的有效开展。根据社会组织党员少的问题,要注重从社会组织中培养积极分子和发展党员,及时将政治素质好、业务能力强的人员,吸收到党组织中来;根据社会组织兼职人员多的特点,要进一步探索兼职党员过双重组织生活制度;根据社会组织规模小、分布散的特点,可以灵活采取联合组建方式,发挥一些联合性社会组织在同行业、同领域社会组织党建中的枢纽作用;在社会组织聚集的区域,可以依托社会组织服务中心或孵化基地等机构建立党

组织，统一规划建立区域性党员活动中心，发挥其辐射作用。

5.加强教育引导，保证社会组织正确发展方向

可以采取一些地方探索的"双培"机制，将社会组织中的业务和管理骨干培养成党员，将党员培养成社会组织骨干，强化党在社会组织中的工作基础。要促使社会组织党组织在社会组织建设中发挥作用，监督引导社会组织建立健全内部治理机制，完善各项规章制度，严格依法依章程开展活动，提高自律性和诚信度，杜绝违法乱纪行为的发生。

6.加强党的领导，确保社会组织党建工作落到实处

做好社会组织党建工作，关键在于加强和改进党对社会组织工作的领导。党的领导是政治上的，是方针政策的领导，而不是具体事务的管理。党组织在社会组织中的建立，可以使党更好地在政治上对社会组织进行引导，使其更好地服务国家、服务社会、服务会员。近年来，一些地方党委政府把社会组织发展、管理和党建等工作摆到重要位置，建立了社会组织工作领导小组、联席会议等工作机制，把社会组织发展纳入经济社会发展总体规划和政府绩效考核体系，积极探索适合社会组织健康有序发展的管理思路，使社会组织改革发展取得了很大成效。

发展全域旅游 推动常德产业融合发展探析

常德市社会科学工作研究会课题组①

【摘要】旅游业是国民经济中的朝阳产业，关联度高、带动力强，可有效拉动区域内经济增长。本课题从全域旅游发展视角，以常德周边旅游休闲景点为核心研究对象，以全域旅游带动经济发展为核心研究内容，以推动区域经济融合发展为落脚点，呼应国家和本市重大战略导向，契合常德"开放强市、产业立市"发展诉求和特征，有利于拉动产业发展与消费需求。

【关键词】全域旅游；产业融合；经济发展

旅游业是国民经济中的朝阳产业，关联度高、带动力强，可有效拉动区域内经济增长。随着中国经济由投资驱动走向消费与创新驱动，新常态时代已经到来。在我国城镇化的快速推进，居民收入增长、消费升级的推动，以及以服务为核心的新型城镇化的政策推动下，以休闲旅游为核心的发展提升型消费成为经济增长的核心引擎。旅游市场需求变迁对供给侧结构性改革提出了新的要求，以景点建设为主向产业链条延伸转变、由发挥经济功能向提高综合效能转变的全域旅游模式应运而生。

在此背景下，相对于全域旅游发展理念在政府工作层面取得的进展，我们更需要关注全域旅游发展理念与旅游发展趋势、老百姓旅游需求变化趋势、社

---

① 课题主持人：欧子成，常德市社会科学工作研究会会长。
课题组成员：雷春桃，常德市社会科学研究会会员工程师。曾景昌，常德市社会科学界联合会副秘书长。唐旭东，常德市社会科学界联合会会计师。李芷仪，昆士兰大学在读研究生。

会经济发展的改革创新要求等方面的吻合度。历史遗迹、自然馈赠、特色产业、民俗文化……常德市旅游资源不可谓不丰富，如何实现城市与周边郊区、县市的联动发展，实现城市消费与周边旅游景区生态、文化、产业红利的有效匹配，探索全域旅游对常德区域内休闲旅游开发模式和创新的意义和价值，构建一种基于全域旅游的开发模式，推动产业融合发展，将具有重要的实践和探索意义。

一、常德市全域旅游集聚发展新动力，活力迸发，渐入佳境

桃花源里的城市——常德，史称"川黔咽喉，云贵门户"，是长江经济带、环洞庭湖生态经济圈的重要城市。域内山水景观丰富，城乡风貌优美，人文历史文化底蕴深厚，有中国最早的城市城头山，有人间仙境桃花源、山灵水秀的花岩溪、千年佛教圣地夹山寺、湖南屋脊壶瓶山，有小桂林夷望溪、乌云界，有中国城市第一湖柳叶湖……目前拥有省级旅游度假区 2 处，4A 级景区 9 家，3A 级景区 16 家，等级景区达 27 家，具有明显的发展全域旅游的比较优势。近年来，全市上下紧扣创建国家级旅游品牌、创建"中国旅游休闲示范城市"，用全域城市化理念来谋划全域旅游，以市域一体化思路来推进工作，通过统筹各方发展合力，加强创新载体建设，加快新旧动能转换，促进了发展质量和效益同步提升，全市旅游业呈现全领域推进、全要素融合的良好态势。据常德市旅游局网站公布数据统计，2017 年，全市接待游客总数为 4396.74 万人次，旅游总收入 362.19 亿元，同比分别增长 8.6% 和 13.6%[①]；旅游产业增加值达到 163.22 亿元，占全市 GDP 的比重达 5.04 %[②]。旅游工作连续几年在全省综合考评中排第 3 名。

（一）强化顶层设计，整体有序推进，翻开旅游强市战略新篇章

一是市委、市政府高度重视全域旅游工作，主要领导多次亲自主持调研座谈，专门组织召开了全市全域旅游发展大会，2018 年 3 月，出台了《关于推进全域旅游发展的意见（草案）》，制定了发展目标，布置了重点任务，并具体到责任单位。按照"一核引领、龙头带动、四区联动"的思路，积极转变旅游发展方式，促进全域共建、全域共融、全域共享，形成以点连线成面的全域旅游总体格局，逐步形成了围绕柳叶湖旅游度假区、穿紫河流域风光带的城市休闲

---

① 根据市统计局网站数据测算。
② 数据来源于常德市旅游外侨局 2018 年 8 月《常德旅游产业发展情况汇报》。

游；鼎城十美堂、枫林花海、石门县罗坪乡的生态度假游；花岩溪、乌云界的观山水运动游；澧县城头山、石门夹山寺等的本土历史文化研学游。二是全力推进全域旅游。一方面，加速全国第一批全域旅游示范县石门县的景区建设，统筹山、湖、城等资源优势，打造集休闲采摘、生态养生、户外运动于一体的石门从蒙泉至南北镇的 S303"大湘西旅游精品线路"景观走廊的山地休闲旅游带总体发展框架，涵盖壶瓶山、东山峰、南北镇、罗坪、蒙泉、夹山；另一方面，全市各级聚焦发展定位，因地制宜地探索全域旅游发展新模式，区域发展各具特色。武陵区发挥城市中心区和江湖景观密集的优势，整合休闲娱乐、文化交流资源打造的城市旅游版块，较好地满足了不同层次游客的消费体验需求。各区县发挥农业产业优势和服务优势，靠大联强，集合特色民宿、观光采摘、温泉休闲要素资源打造的乡村特色旅游和康养旅游版块，为游客提供了多维度的选择空间。如鼎城区的草莓园、石门县的柑橘园、澧县的葡萄园、临澧县复船村、鼎城区石板滩真红烨山庄、石门罗坪乡长梯隘村的特色民宿休闲游。桃花源景区发挥山水资源丰富的优势，做活山水文化资源旅游文章，突出青山绿水、"世外桃源"、"陶渊明隐逸文化"、生态旅游等特色，为游客提供亲山临水旅游的高端体验。三是创新产品供给。如正在建设的项目常德华侨城卡乐星球主题体验园；借助常德本土烟、酒、茶叶、粮食、纺织等生活类企业的成长历程和企业文化开发的芙蓉王工业旅游、西湖德人牧业奶文化主题休闲、经开区酒文化主题观光、西洞庭农副产品加工体验、高新区高新技术参观学习；正在筹划创建的太阳山森林小镇、津市灵犀茶油文化小镇、石门县东山峰森林康养基地发展康养旅游。它们都将成为全域旅游的新的增长点。

2018 年，各规划景点已相继发力，加速推进，全域旅游初步形成了市域统筹、高位推进、多点开花的发展格局。

(二)强化跨界融合，推动载体创新，扩大常德旅游影响力

全市上下紧扣经济社会发展和城市功能定位抓旅游，加快推进产业布局、项目推介和跨界融合，形成了涵盖不同层次、不同目标定位的产业项目和创新载体。一是强化核心景观建设，加快推进环柳叶湖、桃花源旅游度假区等重点景区功能提升和品牌建设，积极寻求新的增长方式，不断增强发展动能。二是助推餐饮住宿行业升级改造，形成了一批结构、档次合理的主题文化酒店和精品民宿集群，旅行星级饭店达 33 家，引进喜来登、柳园锦江旅游行业标杆酒店，出现了如"觅你·璞悦"以"民国元素"为设计主题的常德市首家设计型酒店。三是加速推进"旅游+"发展战略，融合产业和资源优势创新旅游发展新业态，以农业为主题的"春登山、夏亲水、秋采摘、冬养生"旅游产品不断丰富；

以牧业、生态食品、渔业、茶叶制作为代表的工业旅游日益兴起；以湖区元素为主题的临湖观光、亲湖体验等娱乐项目发展迅速，如柳叶湖的沙滩公园、摩天轮、欢乐水世界等；以健康元素为主题的文旅康养和温泉疗养项目初步形成特色集群优势，如东山峰知青农场、桃源热市温泉；以红色元素为主题的历史文化、革命文化、人物文化被打造成为重要的爱国主义教育基地，如丁玲故居、林伯渠故居、常德烈士公园；以体育元素为主题的培训和赛事快速发展，如中德龙舟友谊赛、第十三届全运会龙舟赛决赛、常德国际马拉松赛等大型体育赛事，扩大了常德旅游品牌的影响力。旅游产业正在成为拉动常德经济增长的新动力。

（三）拓宽渠道强化宣传推介，多措并举提升旅游形象

充分利用多种载体，不断拓展宣传渠道，全方位、多角度、深层次地宣传常德市全域旅游的特色优势和发展动态。一是强化媒体宣传，提升常德旅游知名度。推出常德全域旅游宣传片，在央视等国家级媒体、湖南卫视等省级媒体黄金时间档重点推介；开展常德旅游产品专场营销活动，先后在长株潭、广州、成都、杭州等重点旅游目的地城市开展了常德旅游产品专场营销，并组建常德旅游精准营销小分队，常驻长沙、张家界主攻旅行社渠道招引和精准营销旅游产品招引外地旅行社来常德设立旅行社总社或分支机构；加大航线旅游产品开发，开通了四川航空经停常德至杭州直航线路等18条航线；推进域外旅游形象宣传，先后在成都双流机场和广州地标建筑"小蛮腰"附近、天河城北广场推出了常德旅游形象广告；创新宣传载体，依托长株潭城市铁路，推出了"桃花源里的城市·常德"城铁专列，实现覆盖长株潭周边2000万人口的常德旅游形象营销；与各旅游景点和多家媒体建立了长期宣传合作关系，制作推广城市旅游宣传片和乡村旅游MV主题片，通过客运中心投放广告、动车冠名等举措和新媒体宣传平台，全方位展示常德旅游形象，扩大常德旅游景点的知名度。二是强化活动推介，扩大客源辐射半径。国内市场推介方面，从2009年开始，每年举办"常德旅游节"，推出旅游主题，让游客畅游常德，发现精彩，签订了大批合作意向，开通了"经投集团号"石长动车旅游专列；国际市场推介方面，加强与德国途易集团、韩国哈拿多乐、马来西亚世界旅游组织的合作，组织赴德国、俄罗斯的旅游推介活动，参加2017英国伦敦国际旅游交易会和爱尔兰旅游推介活动，在境外宣传推介常德旅游形象。三是强化主题宣传，丰富旅游品牌内涵。围绕"桃花源里的城市·常德"这一核心品牌，实行旅游与产业推介捆绑营销，不断丰富旅游文化、产品和形象内涵，逐步实现全域旅游宣传内容的重点覆盖。

（四）强化服务联动，分类推进，增创发展优势

各级有关部门以服务全域旅游为引领，发挥优势，履职尽责，不断优化旅游发展环境。一是编制了《常德市旅游交通编制牌设计方案》，先后在市区撑起设置了 64 套旅游交通标志；出台了《常德市旅游突发事件应急预案》；启动智慧旅游工程建设，推进旅游景点公共信息导向系统建设，以改善全市旅游公共服务系统。二是坚持满意旅游，提升了行业管理强度。重拳整治市场，加强星级酒店的规范经营监督，实行旅行社信誉等级评估机制；举办全市旅游安全专题培训班，倡导文明旅游，组织志愿者为游客提供志愿者服务；发行了 20000 张"常德旅游护照"和常德全域旅游卡，收录常德市主要收费旅游景点、旅游饭店以及特色餐饮等各类旅游企业，使用全域旅游卡可以享受全年免费进入景区以及消费打折的优惠，以此探索互联网旅游经济。三是完善了旅游发展联络协调机制，相关职能部门联动配合，携手推进全域旅游，构建了"旅游＋城市""旅游＋乡村"发展新模式"旅游＋扶贫""旅游＋商品""旅游＋体育"以及"旅游＋城镇化"，培育"美丽经济"融合发展业态，创建"全国休闲旅游示范城市"，强化对区县(市)旅游产业发展的年度绩效考核，有效提升了常德市全域旅游的品质和内涵。

二、发展存在的问题和困难

全域旅游与其他产业融合发展，必须践行主客共享理念，即全域旅游和产业融合发展既要惠及百姓，让百姓增收致富，以此充分调动老百姓的积极性；又要从让游客满意的角度打造产品、提供服务、创新业态，把握市场规律，满足游客体验需求。在实际操作中，我们也碰到了很多难题和困难。

（一）对全域旅游内涵把握不够

全域旅游作为促进旅游业全区域、全要素、全产业链发展的新模式，作为一种新的旅游发展观，需要各级深化理解和透彻把握，尤其对"全域"的内涵和全域旅游的战略意义要深入研究。一是全域旅游概念还没有被全面认识，发展没有形成氛围，传统旅游向全域旅游的转型升级，以及对全域旅游发展理念和发展模式的理解还不深，对旅游业发展的长期性、艰巨性和复杂性准备还不充分。二是对创建国家全域旅游示范县的扶持力度不够。旅游管理机构和人员不能完全满足全域旅游快速发展的需要；尚未将发展全域旅游与相关部门工作有机结合，协调配合不强，措施不到位，难以形成发展合力。三是"旅游＋""　＋

旅游"理念还没有深入人心，没有成为拓展经济新的发展空间的自觉遵循；如何科学规划、分步实施全域旅游发展路径还需进一步精准定位、精确引导、精心策划；有些领域还没有将全域旅游摆在足够的高度来认识，有的仍停留在口头号召动员、一般任务布置阶段；有的区县存在旅游资源特色不够鲜明、潜力挖掘不足、规划建设简单模仿等现象，推进过程中有待进一步创新方式方法；有的区县在基础设施规划上，对"旅游＋"考虑不够，旅游景区景点内外快速通达不便。

（二）资源整合力度不够，全域旅游合力尚未形成，产业融合起步缓慢

常德市旅游资源优势明显，但整合力度还有待进一步加大，从资源优势向竞争优势的转化方面尚有一定差距。一是旅游企业单兵作战、各自为政、重复建设等问题不同程度地存在，且各区县（市）虽然是根据自身特色发展旅游，但旅游产品单一，没有与周边其他产业深度融合，不能以旅游产业为平台提升产业附加值并实现产业之间的联动与共兴。二是旅游产业发展缺乏龙头引领，缺少竞争力强的大型企业集团和较大规模的旅游综合体，仅限于景区的开发建设，因旅游开发和配套滞后，使得旅游产品局限于观光、休闲、餐饮等传统功能，购物、娱乐等其他服务经济产业衍生缓慢，旅游企业整体规模及市场影响力较小，竞争能力不强，内在潜力释放不充分。三是区县（市）受交通条件的制约，整个旅游发展不成气候，特产、生态农副产品不能开辟新的销售市场，造成旅游经济在国民经济中所占的比例和所处的地位不突出。另外，在某些乡村生态旅游景区建设投入方面，介入了领导的家乡情节，以致景区定址、发展定位产生了偏差，造成旅游资源配置不合理，建成后景区割裂在"环境"之外，仅为"景点"。

（三）旅游资源与历史文化结合得不够，缺乏有效的整合和创新，深层次的文化内涵有待挖掘

目前还没有景区能真正成为常德的"城市名片"和"城市代言人"。从传统文化看，常德的酿酒文化、刘海砍樵的传说以及桃源民间木雕、刺绣传统工艺、石门的土司文化等民俗文化特色鲜明，桃花源、春申君、司马相如与卓文君的爱情故事等历史文化底蕴深厚，铁经幢、土家族的土地祭祀等宗教文化丰富多彩，都是可以开发的特色旅游项目，但由于对诸类历史文化资源缺乏系统梳理和深度开发，核心竞争力不够强，难以适应当前个性化、多样化的旅游消费需求。旅游业是较为典型的人气型产业，酒文化加载了丰富的人文和典故，当酒业与旅游业的各自属性相互融合、碰撞并相得益彰时，"酒文化旅游"便会彰显

出企业的个性及其独特的魅力。常德的酒文化历史悠久，虽然德山大曲已经是国家地理标志产品，但对于常德酒文化丰富的文化内涵来说，其旅游开发却几乎为零。桃花源有着丰富的文化内涵和经济潜藏价值，是有着 1600 多年历史的古道场。道家思想是其文化之魂，桃花源集道家文化和儒家文化于一处，应着重在文化传承、休闲、养生上做文章，而我们当前在宣传、开发上注入了太多"主流"元素，失去了自己独有的自然景观和文化内涵，失去了历史遗迹潜藏的经济价值。"家住常德武陵境，丝瓜井畔刘家门"，常德刘海砍樵的传说在北宋时已经成型并流传至今，可以说家喻户晓，已被作为非物质文化遗产加以保护，但鲜有人知道该传说的发源地在常德。现在，传说中黄金台的丝瓜井井口四周杂草丛生，井口石板风化剥落，井壁石砖残缺破损；传说刘海大战十罗汉的鸡鹅巷"刘海庙"也早已损毁，由于城市化，现今移址仿建在柳叶湖海樵村。全国重点保护文化铁经幢，仿木生铁铸造，为古代佛教纪念性建筑物、国家重点保护文物，建于乾明寺佛殿前，其上刻佛名或佛经，在我国现存经幢中比较少见，为研究我国佛教史、冶炼铁造史的重要资料。乾明寺因被毁而迁址滨湖公园，虽然寺已修复 10 多年，但经幢却一直未归原址。一个建筑物的遗产价值往往与其位置绑在一起，如此就失去了其历史遗迹的价值，也因此失去了旅游价值。

(四)对水域文化的挖掘和水上旅游产品的开发不够

常德市区水域面积 8760.7 公顷，境内共有大小河流 8 条。靠山吃山，靠水吃水，这不仅是一种因地制宜的变通，更是顺应自然的中国式生存之道。江水、湖泊是常德最大的特色，水就是常德的灵气，是其区别于其他地区的最显著特质。通过治理，常德目前拥有湖清、河畅、水净、岸绿、景美的城市水系，但是在旅游发展中，常德"水"的文章还远没有做足，江河、湖泊文化特色还没有充分挖掘，水域文化与旅游的融合还有待进一步深化。一是现有的湖、江主题旅游项目文化内涵不够丰富。依托穿紫河，已经建成了常德河街、德国风情街、风雨廊桥、万达广场、金银街、白马湖公园、丁玲公园等一批城市新亮点，美化了城市风貌，但目前仅基于商业上的运作，文化元素挖掘不够，仅仅是有了外壳而缺少元神及其文化蕴涵，没有体现本土区域文化特色，很难吸引外地游客重游，游客量少，商户为生意犯愁，对常德的商业经济促进作用不大。二是缺乏对水上旅游产品的开发，缺少匠心打造的标志性"泛体育休闲"水上运动和湿地生态休闲旅游的成熟旅游产品，水上旅游格局单调，产值贡献率和水资源利用率较低。

(五)旅游产品和服务亟须提档升级

一是存在重开发建设轻管理服务、重名声宣传轻内容设置等问题，造成基础设施配套和公共服务支撑不能跟上，限制了旅游业的全面发展。旅游景点在给地区经济带来很多收益的同时，也带来了新的困扰，如把经营权交给开发公司，而开发公司往往重视利益回收，缺乏合理的管理手段，造成景区内商户收入微薄，导致他们缺乏服务的积极性，引起了游客的怨言，甚至导致纠纷和矛盾。二是常德市区县(市)旅游乡村资源亟须开发利用，由于受制于旅游开发和配套的滞后，乡村旅游业态多数体量较小，缺少大投资商介入，如石门罗平乡长梯隘村得天独厚的天然自然景观丰富，土司衙门等土家族特色民俗文化源远流长，虽然本村村民在旅游产业上花了大力气，出义工建造了"银杏客栈"之类的民宿，吸引了常德市区和长沙部分游客，2600 亩生态茶园实现了经济收入4000 元/亩，让本村村民收入从 2009 年前的年均 3000 元增长到现在的 7000元。但因进出山道难行，交通制约，无法进行综合性开发和成方连片的大体量打造，未形成整体的产业体系。三是乡村旅游客流资源偏少，业态单一，产品同质，服务简单，导致消费带动性不强、档次不高的问题比较突出，用旅游带动乡村振兴实现艰难。另外，历史人文、民俗风情元素在与乡村旅游的结合上没有加强特质化创意和市场化开发，特别是乡村旅游交通配套、食品安全、服务标准化等有待进一步提升。

三、几点建议

产业融合是现代旅游业发展过程中不可逆转的趋势，是全域旅游发展中的关键步骤和重要抓手。以旅游业为中心，结合农业、工业、商贸等传统产业进行资源重新整合，优化要素配置，延长全产业链条，开辟旅游业发展新空间，为经济结构调整提供动力，有助于产业转型升级和供给侧结构性改革。发展旅游产业，要把大旅游理念融入经济社会发展全局，着力推动全域旅游和产业融合发展。

(一)高点站位，高标准谋划全域旅游发展，促进旅游产业与特色、优势产业融合

旅游业可以与多种产业融合发展，但要产生更好的融合效果、更好的经济和社会效益，则不能盲目融合，而要有所侧重。从国内外成功经验看，各地应着重推动旅游产业与特色、优势产业的融合。要以自身优势产业或特色产业为

重点,对当地旅游产业进行合理定位,强化旅游产业与特色、优势产业的深度融合,如此,才能取得事半功倍的效果。应重点把握好三个方面:一是在总体规划上强化整体意识。把全域旅游放在全域城市化、市域一体化的大局中来推进,主动用城市发展定位来引领旅游发展,拓宽旅游产业与各产业的融合渠道。旅游产业与农业融合,可使农业基地变身休闲景区,丰富农、旅产品体系,形成以农促旅、以旅强农、产业融合、优势互补的发展新格局,提升农业附加值;旅游产业与工业融合,可为工业文明植入旅游要素,丰富城市旅游产品,展示企业形象,加速工业转型升级;旅游产业与服务业融合,不但能促进传统服务业改造提升,还能创造出新的业态,使休闲康养、健康护理等新兴服务业获得快速发展。旅游产业与多产业融合的过程必须是相互融合、相互促进的,即传统产业在保留自身职能的基础上融入旅游要素进行改造提升,让既有资源得到整合与高效配置,从而实现传统产业与旅游产业的融合发展,推动"旅游+"向"+旅游"转变,实现旅游与经济社会发展的互促共进、互利双赢。特别在规划论证上,应突出整体理念,不仅在区域产业布局、基础设施建设、资源统筹整合上要"多规融合""一体推进",而且要重点突出"全区域""全要素"理念,可选择部分红色景点、养老院、湖区养殖场等公共资源实行特许开放,为公众提供休闲体验式旅游产品。应聘请一流业内专家进行科学规划设计,选择国内旅游业龙头企业进行定向招商,将常德着力打造为国内一流、世界知名的滨水临山度假、康养旅游目的地。二是在宣传推介上强化核心品牌意识。目前,"桃花源里的城市·常德"的城市旅游品牌在国内初步叫响,但在对外推介上仍存在零打碎敲、单打独斗、重复投入等问题,缺乏整体合力。"五指攥拳才能形成合力",应加强联动协调,整合有效资源,在全市组织的重大活动中明确统一的宣传推介口径,通过整体策划包装,捆绑营销宣传,形成以核心旅游品牌为统领、系列特色地域品牌百花齐放的大旅游、大宣传格局,不断提升常德旅游的知名度和美誉度。应注重定向推介,每年确定若干个重点区域或城市主动出击,聚全市之力进行高频度、密集化宣传,将旅游宣传推介做到游客家门口,形成"路人皆知"的强大宣传声势。三是在推进实施中强化融合意识。以"高端化、智慧化、融合化、标准化"为引领,深入推进"服务、交通、品牌、产业、管理"五大提升工程,推动要素资源和旅游发展跨界深度融合,实现全域旅游空间结构、产业结构、客源结构和消费结构的进一步优化升级。应依托智慧城市、智慧旅游、科技转化、业态孵化、绿色旅游建设,助推全域旅游转换发展动能;通过开展乡村旅游、康养旅游、文化旅游、畅通旅游系列提升行动,培育全域旅游发展新优势;通过落实入境游提振行动、旅游企业培育行动、旅游品牌推广行动、公共服务提升行动,补齐全域旅游发展短板;在市内各高校增设旅游专业，通过培育壮大专业人才队伍，完善资本运作体系，创新用地保障模式，破除全域旅游发展瓶颈。

（二）整合资源，培育龙头，引领旅游产业上档升级

旅游产业提档升级需要大资本运作、全要素融合、专业化评估和整体化推介，应树立"发展大旅游、组建大集团、形成大产业"的战略思维，坚持外部引进和自主培育两条腿走路，创新旅游投融资机制，探索组建旅游发展集团，解决常德旅游发展"有星无月"①的问题。具体工作中，一方面，可以引进国内大型旅游企业集团，实现与常德市旅游企业的融合发展；另一方面，可以推动市内旅游企业兼并重组，构建本土化大型旅游集团，形成规模优势和组合效益。运作模式上，可借鉴外地先进经验，由政府出资注册成立旅游集团公司，依法搭建融资服务平台，吸引撬动更多社会资本、民营景区参与开发建设，推动旅游产业资本化运作，缓解地方财政压力。经营管理上，推行职业经理人和专业化团队管理方式，建立现代企业法人治理结构，实现政企分离、自主发展。资源整合上，建立统一的运营管理平台，将优质的国有资产资源，包括景区、酒店、公园、文化馆、体育馆、会展馆、交通设施等各类资源纳入平台，通过剥离非核心业务减少不良资产、负债资产占比，优化要素资源配置。产品营销上，从市场需求角度出发，深入挖掘旅游产品的地域文化内涵和特色，及时调整和改进旅游产品的开发与设计，加快旅游骨干企业品牌提升、服务提质。

（三）创新机制，突出重点，延长产业链，加快多业态融合发展

突出优势资源和旅游跨界的深度整合，持续提供高端、新颖、人性化、特质化的旅游产品，加快旅游发展新旧动能转换。一是机制创新。全域旅游和产业融合发展涉及面广，需要清除体制机制等方面的障碍，如打破行政区划界限，把旅游资源相近的区域作为一个整体统一开发、建设和运营。二是探索开发健康养生旅游。顺应消费结构升级趋势，深度开发温泉理疗保健、生态保健等健康养生产品，开发医疗健康旅游、中医药旅游、养生养老旅游、森林生态旅游等新业态，形成一批健康养生旅游示范基地和旅游场所，着力打造养生旅游特色品牌。三是深度挖掘湖区旅游。做强延伸传统渔业产业链条，积极发展休闲渔业，支持企业建设集餐饮、观光、垂钓等功能于一体的综合性休闲渔业基地和水上田园观光体验区，不断优化游艇帆船、沙滩文体、潜水探险等休闲

---

① 有星无月：月亮使得天空的整体亮度提高了很多，星星永远达不到天空背景的亮度。借喻没有龙头旅游产业。

产品和观光航线,推动湖区旅游景点由单一的休闲功能向融合历史文化、水域生态文化的景点转化。挖掘河湾湖岛资源潜力,大力发展湖上观光游、游艇休闲游,研究打造若干个集游艇保养维护、钓具展览等于一体的旅游码头或游艇会所;以穿紫河岸、柳叶湖岸带为重点,打造休闲度假、生态观光、人文体验等多业态复合、多功能拓展的国内一流"黄金湖岸"。四是战略性规划、优化升级乡村旅游。结合美丽乡村建设,整合山水、风光、人文要素,建设农耕文化博览园、农事文化体验园、创意农园等,开展乡村非物质文化遗产展演、民风民俗体验等活动。大力发展观光农业、休闲农业、创意农业、定制农业和会展农业,打造国内知名的乡村旅游品牌。打造乡村老年旅游产品,在毗邻常德市区的周边建立老年人养生、度假和养老基地,完善医疗、娱乐、健身等服务设施,发展乡村旅游养老服务业。同时,制定乡村旅游管理规范、人才培训计划和统一服务标准,建立产业合作开发、资本并购重组和市场退出等一整套长效机制,盘活运营一批乡村旅游特色资源,逐步淘汰一批运营不力、效益不好的不良资产,推动乡村旅游转型升级。完善相关政策,促进企业、农民、大学生、创客等多主体创新,重点扶持农民"双创",鼓励农民工回乡创新创业,发展农村电商、休闲农业、乡村旅游等新业态,促进农村经济结构产业融合发展,培育农业农村发展新动能。五是用足用好历史文化,大力发展文化旅游。深挖历史文化、宗教文化、民俗文化内涵,对历史遗迹以及少数民族文化、桃源木雕、桃源刺绣等进行系统挖掘整理和保护性开发,打造一批专业文化特色小镇,通过策划文化探寻、文艺演出等,推进资源转化与演绎,形成与其优势门类相契合的新卖点。六是以自然资源和人文资源为依托,拓宽旅游空间,打造品牌节会和赛事旅游。以打造国内化会议城市为目标,不断完善会议设施,引进和组织具有国内影响力的品牌大会,带动会议旅游发展。积极发展水上运动、山地户外、低空飞行等体育赛事旅游,策划举办更多的国内水上赛事,进一步扩大国际马拉松、全国帆船、皮划艇赛等品牌赛事的影响力。七是有效利用资源优势,策划推广研学旅游。依托丰富的文物资源以及本土特色资源,不断挖掘丰富的历史文化,通过策划系列主题活动,进一步挖掘全国青少年研学修学旅游市场,打造一批党性教育、红色文化科普等旅游产品。八是以水为媒,实现水上旅游与陆地旅游的联动,盘活资源,丰富拓展四季旅游。加大冬春两季旅游产品开发力度,挖掘禅茶、酿酒、滑雪、美食等旅游资源,引导产品组合与联动,开发"观美丽乡村、泡温泉浴、玩高山滑雪、品生态美食"系列特色产品,如看桃花源、泡热市泉、览十美堂、登太阳山、游柳叶湖、买洞庭珠、赏乡村景、烧平安香、品茶禅味、听民俗韵等,改变"夏热冬冷"、晚上清冷的现状,将全域旅游和脱贫攻坚深度融合,让一方山水变得更美丽的同时提升百姓的获得感和游客的满足感，也要让一方人民变得更加幸福。同时，推动旅游与休闲购物相融合，开发包装一批具有自主知识产权、鲜明地方特色的乡村生态食品、民间手工艺品、常德特色旅游纪念品等旅游商品，推动其进入连锁超市、旅游景点、游客餐饮场所，形成空间全覆盖、购物便捷化的旅游商品营销体系，提高旅游购物在旅游收入中的比重。

（四）以游客为中心，打造互连互通的旅游交通环线，完善配套，优化旅游全过程服务

旅游业通过外地游客到本地消费来实现经济增长和产业升级，因而旅游业若想实现更好的发展，不仅要能吸引来游客，还要给游客留下好印象，让其自发对外宣传。一是改善旅游交通条件。统筹全域旅游交通资源，加快构建交通运输与全域旅游融合发展的格局，实现对重点景区、美丽乡村、特色小镇、度假区、牧场等的串珠成链、全域覆盖。着力将景区道路打造成文化景观路，将美丽乡村路打造成惠民致富路。特别是全域旅游全国示范县石门，其西北乡的交通问题重于所有的全域旅游建设项目，应争取西北环线高山茶海旅游公路以省道标准建设；加快对各区县（市）景区通道进行升级改造，完善景区漫游步道、骑行车道等内部连接道，实现景景通；以解决通达不便、进出较慢等问题为突破口，合理增加交通容量和交通设施，开通市区至重点旅游景点区域的公交大站和区县旅游快线，逐步提高乡村旅游道路的建设等级，研究开通市区到各区县（市）旅游快线的可行性，提升进出常德和旅游景区景点的交通通达度。同时，应根据自驾游、自助游的需求，建设与游客承载量相适应、分布合理、管理科学的旅游停车场所，进一步完善道路标识系统，提升交通服务保障能力。二是完善旅游接待体系，主动适应自驾游、散客化和互联网时代的发展趋势，着重在个性化服务上下功夫，积极培育几个规模较大、能够满足大众旅游需求的高端旅行社。根据城市发展定位，坚持多元化、多样化发展，积极引进高端、知名的高星级饭店、连锁酒店和旅游度假村，鼓励发展精品饭店、文化主题饭店、经济度假酒店等新型住宿业态，支持区县（市）风景点农村农民利用自有或租用农村房屋、院落和承包的山水林地等，发展精品民宿、家庭旅馆、乡村客栈等业态，满足不同层次的消费需求。在重点景区和重要场所，建设多国语言语音解说系统，设置多国语言标识和导引图，在全域实施"厕所革命"，建立整洁、明亮、有文化内容和统一标识的公共如厕体系。三是优化旅游服务环境。在进出常德的交通路口设置常德旅游景区的广告牌、提示牌、指示牌，绘制印刷常德旅游地图，并附上特色景点介绍、目的地交通通达线路和交通工具，投放周边区县（市）的客运中心和周边省市机场；加强旅游外侨局、住建、环保等

部门的联动，聚焦公共交通、市容市貌等影响旅游环境的重点问题，集中开展专项治理，创优旅游发展环境；可由市旅游外侨局牵头，选择培育一批先进典型，作为全域旅游定点推荐，建立质量追溯体系，推进旅游规范化运作；打造智慧旅游平台，加强对旅游产业运行监测调度平台的利用和功能开发，实现重点旅游景区视频监控和在线直播；加快数据中心建设，实现智慧旅游，逐步实现对旅游业务的全程数据化管理，发挥大数据在决策参考、客源分析、信息发布等方面的作用；打造旅游警察、旅游法庭、旅游仲裁等综合执法体系，完善旅游市场监管联动执法机制，加强事中和事后监管，维护良好的市场秩序，增强景区服务软实力。

　　结语：常德发展全域旅游，要坚持"创新、协调、绿色、开放、共享"新发展理念的引领，首先解决区县(市)旅游景点的交通瓶颈问题，努力在规划引领、基础设施、产品打造、品牌培树、提档升级、智慧旅游上实现突破，努力拓展商、养、学、闲、情、奇等旅游发展新要素，加快构建涵盖行、游、住、食、购、娱旅行六要素的旅游产业体系，以实现产业的融合发展。

常德市建立政府购买社会组织服务长效机制研究

湖南文理学院、常德市社科联课题组①

　　自 2018 年 6 月以来，本课题组组织市直相关单位参与，深入市直各业务主管部门、社会组织开展了现场调研，召开了专题调研座谈会，重点研究了常德市开展政府购买社会组织服务的现实条件和制约因素，认真分析了常德市开展政府购买社会组织服务存在的问题及原因。在此基础上，对常德市建立政府购买社会组织服务长效机制做了一些初步思考，提出了常德市建立政府购买社会组织服务长效机制的相关对策和建议。

一、近些年来常德市在政府购买社会组织服务方面所做的工作和取得的成效

　　政府购买服务是指通过发挥市场机制作用，把政府直接提供的一部分公共服务事项以及政府履职所需的服务事项，按照一定的方式和程序，交由具备条件的社会力量承担，并由政府根据合同约定向其支付费用。社会力量包括依法在民政部门登记成立或经国务院批准免予登记的社会组织，以及依法在工商管理或行业主管部门登记成立的企业、机构等。本课题所称的社会组织，是以社会团体、基金会和民办非企业为主体组成，独立于政府部门、企业及私人部门

① 课题主持人：肖小勇，湖南文理学院经管学院院长、教授。
课题组成员：李云峰，常德市社科联党组书记、主席。王一婵，常德市社科联社科发展研究中心副主任、经济师。侯林，常德市民政局社会组织发展指导中心副主任。高兮，常德市社科联社科发展研究中心工作人员。张梦虹，常德市社科联社科发展研究中心工作人员。

之外，影响社会的第三种社会力量。近年来，在各级党委和政府的重视和支持下，我国社会组织不断发展，在促进经济发展、繁荣社会事业、创新社会治理、扩大对外交往等方面发挥了积极作用。为更好支持社会组织发挥自身优势，保障和改善民生，服务国家、服务社会、服务群众，财政部、民政部于 2012 年联合下发了《财政部民政部关于印发〈中央财政支持社会组织参与社会服务项目资金使用管理办法〉的通知》(财社[2012]138 号)，由民政部每年制定项目实施方案，规范项目实施。以 2018 年为例，民政部下发了《民政部办公厅关于印发〈2018 年中央财政支持社会组织参与社会服务项目实施方案〉的通知》(民办函[2018]37 号)，投入资金 1.9 亿元左右，管理和指导社会组织参与四大类社会服务项目，亦即购买社会组织服务。就常德市而言，近年来市委、市政府高度重视社会组织的建设和发展，促进常德市社会组织规模不断扩大。自 2015 年来，常德市社会组织数量以每年 10% 的速度不断增长，截至 2017 年年底，全市在民政部门登记的社会组织达到 2832 家，其中市本级 745 家，区县(市) 2087 家。从社会组织的类别来看，共有社团 1419 家，民办非企业单位 1408 家，基金会 5 家。不仅如此，根据中央、省级文件精神，市财政局出台并印发了《常德市市本级推进政府购买服务工作实施办法》(常政办发[2015]10 号)及《常德市市本级政府购买服务工作试点方案》(常政办发[2015]11 号)，用于指导市本级政府购买服务工作。自 2015 年常德市开展政府购买服务工作以来，政府购买服务项目逐年递增，2018 年共推出政府购买服务项目 67 项，预算金额 5914 万，其中市本级适合社会组织参与的政府购买服务有"物业管理、社会组织孵化基地运营管理、军休干部养老服务、社区矫正、法律援助、残疾人就业培训、便民、信息服务、绿化养护、保洁服务、保障房后续管理"等 39 个，涉及资金 2038 万元，使社会组织参与社会服务的覆盖面日益扩大，社会贡献不断增长，展现了很好的示范效应。但从总体上看，常德市开展政府购买服务起步较晚，社会组织相较其他省市不够活跃，作用发挥得还不够充分。

二、存在的问题与原因

(一)常德市政府购买社会组织服务存在的问题

通过调研发现，常德市政府购买社会组织服务存在以下几个方面的问题。

1.市财政的政府购买社会组织服务预算资金较少，投入不均衡

常德市财政局数据显示，常德市自 2015 年开展政府购买服务以来，经过 3 年的有序合理发展，已初具规模，但社会组织可承接的项目仍然偏少。至 2018

年，社会组织可参与的政府购买服务项目数占到项目总数的 58.2% ，涉及的总金额占 34.4% 。从调研数据上来看，调研组认为常德市政府购买社会组织服务还存在着预算资金较少，投入不均衡的问题。截至 2018 年 7 月，社会组织实际参与承接的仅有社会组织孵化基地运营管理、常德市困境未成年人社会保护服务项目评估、外经发展"走出去"服务共 3 个政府购买服务项目，只占项目总数的 4.4% ，预算金额 80 万，只占总金额的 1.3% 。其他社会力量的购买项目和金额远多于社会组织，社会组织实际承接的项目很少，参与程度很低，项目和资金分配严重失衡。

同时，与其他省市横向对比来看，常德市投入资金偏少。如浙江省宁波市政府购买服务联席会议办公室 2018 年 3 月印发通知，确立 2018 年政府 29 家市级部门拟向社会组织购买服务项目 72 个，购买资金近 1400 万元，是常德市社会组织承接购买服务金额的 17.5 倍。

2. 市直各单位开展购买服务项目较少，社会组织参与程度不高

2017 年，在市民政局登记的社会组织有 700 多家，其中承接过政府购买服务项目的社会组织只有湖南大同社会工作服务中心、市互助养老义工联合会、市医药行业协会、市婚嫁行业协会、恒德社会工作服务中心等 5 家，涉及金额 60 万左右；市文体广新局主管协会 45 家，其中承接过体育赛事、文体业务培训的社会组织只有篮球协会、登山协会等 10 余家，涉及金额只有 20 万。市科协鼓励下属社会组织承接转移政府职能示范项目，但每年也只有极少数社会组织承接 1~2 个，金额也只有 1 万~2 万元，相较于其下属 40 多个社会组织来说，数量少、金额小，影响力不大。市文联主管的社会组织有 40 多家，只有丁玲文学促进会和诗词协会承接过少量项目，涉及金额 48 万。从以上数据可知，市直单位开展政府购买社会组织服务的数量少、项目少、金额少。同时，社会组织因自身因素制约，参与程度严重不够。

3. 政府购买社会组织服务不规范，整合力度不够

目前，政府购买社会组织服务主要以两种方式进行，一种是各部门因临时性的工作需要，向社会组织购买一次性小额度服务，另一种则是特定行业和特定领域的专项补贴。这两种购买方式都存在购买过程中购买主体与承接主体对接不畅通，项目实施过程不规范、不公开、不透明等机制建立不健全的问题。一是政府购买主体在有转移职能需求时整合力度不够，没有形成与承接主体对接的信息平台，宣传力度不够，承接主体缺乏获取项目信息的渠道。常德市开展的购买社会组织服务大多由业务部门自行购买，如市文体广新局开展送戏下乡惠民演出，2018 年预算全年 720 场，其中市直 93 场由政府采购；又如根据《常德市人民政府关于加快发展养老服务业的实施意见》（常政发〔2015〕3 号），

《常德市民政局、常德市财政局关于印发〈常德市养老服务业扶持补贴资金管理实施办法〉的通知》明确了将常德市养老服务业扶持补贴资金纳入市区财政预算，专项用于由民政部门批准、取得养老机构设立许可证和民办非企业单位登记证书的养老服务机构的床位资助、运营补贴、养老护理员特殊岗位补贴、社区居家养老服务运行补贴等，以及武陵区教育局对民办普惠型幼儿园的专项经费补贴。上述购买服务在实施过程中有较为规范的流程，但缺乏牵头单位与承接主体对接，信息发布全靠一对一联络，沟通不畅。二是项目发布、对接程序、绩效评估、资金拨付等过程不公开、不透明。政府购买服务项目的实施缺乏信息公开平台，缺乏完善的监督和评估机制，缺少第三方评估，且多交由下属公益Ⅱ类事业单位承接，或由人际关系决定，社会组织很难承接到项目。对于购买了社会组织服务的市直单位，由于不是专项经费，资金办理手续复杂，渠道不畅通，资金很难到位，导致社会组织参与的主观能动性不高。

(二)常德市政府购买社会组织服务存在问题的原因

上述问题的产生，主要有以下几方面的原因。

1.社会组织自身能力有待提高

与社会组织数量的高速增长相比，大多数社会组织，尤其是公益类社会组织不以营利为目的，因而运营艰难，机构硬件条件、人员素质也就难以得到提高，导致了在参与承接服务项目竞争时很难达到政府购买部门的要求。长期以来，地方政府对社会组织的培育扶持不够，导致其发育不良。许多社会组织自身力量较为薄弱，制度不健全、行为不规范、自律作用不够等，难以按质按量承接政府的公共服务。

2.社会组织社会认同有待提升

相较于企业、事业单位，社会组织在各方面处于弱势地位，竞争中经常处于下风，这样又会导致政府部门、社会公众对社会组织承接政府转移职能的认可不够，使社会组织即便参与承接服务竞标，也较难通过第三方专业评估。同时，根据《常德市市本级推进政府购买服务工作实施办法》(常政办发〔2015〕10号)，承担公共服务职能的公益性事业单位在符合承接条件、不新增财政供养人员编制的情况下可以成为承接主体，与具备条件的社会力量公开、平等地参与竞争。事业单位经费比社会组织经费充足，人力资源丰富，具有更好的承接条件，同时更为政府部门所熟知，所以政府部门更倾向于将转移职能项目"定向招标"给事业单位承接。同时，相关部门对社会组织活跃、调动社会各阶层力量的作用认识不够，对社会组织承接政府职能转移项目的优势认识不到位，不重视对社会组织的引导扶持。

3. 购买服务制度机制建立有待完善

常德市出台政策推动政府购买服务还只有 3 年时间，各项配套政策、措施并不完善，阻碍了政府开展购买服务、进一步清理和转变职能的落实，常常出现政府单向主导、滥用职权等问题。政府在与社会组织签署购买服务合同时，虽然也包括了评估与监督内容，但科学性与针对性不足。现有评估体系对服务对象的意见重视不够，缺少以服务对象为主体的绩效评估。

三、对策建议

（一）提高认识，明确政府购买社会组织服务的职能定位

政府向社会组织购买服务是全面深化改革的重要内容，是推进国家治理体系和治理能力现代化的重要方式，是创新公共服务提供方式、加快服务业发展、引导有效需求的重要途径，对于深化社会领域改革、推动政府职能转变、整合利用社会资源、增强公众参与意识、激发经济社会活力、增加公共服务供给、提高公共服务水平和效率，都具有重要意义。十九大工作报告中明确指出"加强社区治理体系建设，推动社会治理中心向基层下移，发挥社会组织作用，实现政府治理和社会调节、居民自治良性互动；构建政府为主导、企业为主体、社会组织和公众共同参与的环境治理体系"。十九届三中全会公报明确"推进社会组织改革、激发社会组织活力"。这是社会组织承接政府职能转移的政府购买服务项目，参与社会、环境综合治理的根本遵循。各级政府及部门要高度重视社会组织，大力扶持引导社会组织良性发展，注重发挥社会组织在社会经济发展过程中的独特作用和优势；要重新认识政府职能，厘清政府与社会、政府与市场的关系，深化简政放权，淡化全能型政府色彩，建设人民满意的服务型政府。推进政事分开、事企分开、管办分离，从亲力亲为、大包大揽转换为合心合力、共建共享；把工作重心转移到了解公共需求、制定发展规划、整合社会资源、培育社会主体、激发市场活力上来；扭转过去"不想买"社会组织服务的观念，凡是适合社会组织承担的，都可以通过委托、承包、采购等方式逐步移交给社会组织承担，真正向小政府、大社会过渡。

（二）完善机制，构建政府购买社会组织服务的制度体系

为鼓励、规范政府购买服务行为，加快推进政府购买服务改革，国务院及财政部、湖南省政府制定出台了一系列规范性文件，如《关于政府向社会力量购买服务的指导意见》（国办发〔2013〕96 号）、《关于政府购买服务有关预算管

理问题的通知》(财综〔2014〕13 号)、《关于支持和规范社会组织承接政府购买服务的通知》(财综〔2014〕87 号)、《关于印发〈政府购买服务管理办法(暂行)〉的通知》(财综〔2014〕96 号)。湖南省人民政府发布了《关于推进政府购买服务工作的实施意见》(湘政发〔2014〕20 号)、《省级部门政府购买服务工作基本流程(试行)》(湘财综〔2015〕28 号)、《湖南省政府购买服务管理实施办法(暂行)》(湘财综〔2017〕42 号)、《2016 年湖南省省本级政府购买服务指导目录》。但常德市在这方面做的工作还远远不够。因此,市政府要统筹规划、系统研究政府购买服务工作,特别是要专题研究购买社会组织服务工作,要明确各个职能部门在扶持发展、规范管理、购买服务等方面的职责任务。市发改委要牵头制定扶持社会组织发展的中长期规划和购买社会组织服务的规划;市民政局要牵头制定社会组织发展、管理与评估办法,为政府购买社会组织服务和社会组织承接服务提供精准的参考依据;市编办要在机构改革中进一步梳理、发布市直各个部门的职能转移目录或者清单,凡是可以由社会组织承担的服务性工作都可以转移出来;市财政局要牵头制定政府购买社会组织服务的办法,包括购买目录、参与购买的社会组织的条件和标准、预算资金、申报和评审程序等,还要建立购买社会组织信息服务平台,及时发布购买信息,扩大参与面与透明度,让购买主体、业务主管部门、承接主体在平台上充分交流,媒体、公众参与监督,实现公开、公平、公正;市审计局要定期对财政购买社会组织资金进行审计。

(三)建立清单,按年度合理编制政府购买服务目录

各部门要配合机构编制部门全面梳理适宜由社会组织提供的公共服务事项,按照有利于转变政府职能,有利于降低服务成本,有利于提升服务质量水平和资金效益的原则,在充分听取社会各界意见的基础上,合理确定常德市购买社会组织服务的重点领域与优先领域,制定政府购买社会组织服务指导性目录,明确购买服务的种类、性质和内容,并及时对外公布。要建立政府购买社会组织服务范围的动态调整机制。坚持"先易后难、先点后面、逐步推广"的原则,从实际情况出发,优先将与人民群众利益攸关、社会关注度高、基础好的公共服务纳入政府购买范围;再根据经济社会发展变化的情况,不断拓宽政府购买社会组织服务的范围,创新政府购买社会组织服务的形式和内容,持续满足公众日益增长的公共服务需求,确保"买得对"。

(四)科学预算,强化政府购买服务的资金保障

强化预算统筹对于积极稳妥地推进政府购买社会组织服务极其重要。一是

要规范预算编制。财政部门要加强调查研究，加快建立购买服务支出标准体系、价格核算办法，制定预算编报、资金安排、预算审批的工作流程，从制度上保证购买服务预算编制科学、规范。二是要科学测算所需资金。各部门要充分考虑相关因素，认真测算政府购买服务所需资金，在编报年度部门预算时同步编列。既要保证预算充裕，"买得到"，也要提高资金使用效率，合理控制利润范围，"买得精"。三是要加强资金管理。财政部门、预算单位、购买主体要对公共服务提供的过程进行跟踪监控，确保预算资金及时足额拨付到位和承接主体严格认真履行合同规定，督促购买主体"真的买"。四是要拓宽经费来源。立足本地市场状况和实践基础，多措并举、因地制宜地探索多元化筹措资金的渠道，保障政府购买社会组织服务资金持续稳定增长，确保"买得起"。

（五）规范流程，严格推进政府购买社会组织服务的监督管理

政府购买社会组织服务的主管部门、购买主体、承接主体、服务对象互相分离，各方的利益诉求不同、信息不对称，涉及的工作内容具有复杂性和差异性，必须构建完善的运行、管理机制，对购买社会组织服务进行全过程绩效考核。一是要依法规范选择购买方式和承接主体。购买主体要根据项目的具体情况和相关法规要求，按照公平、公开、公正的原则，采用公开招标、邀请招标、竞争性谈判、询价或者单一来源采购等多种形式择优选择承接主体，按照规定程序签订公共服务购买合同。二是要严密确定招标文件、服务合同的内容。要重视购买服务文件的制订，清晰严谨地拟订服务合同，细化服务质量的验收考核标准，尽可能采取可量化的考核指标，确保绩效考核有据可依。三是要认真组织合同履行验收和动态考核。建立"政府统一领导，财政部门牵头，民政、工商管理以及其他行业主管部门协同，职能部门履职，监督部门保障"的工作机制，采取日常监督、定期检查、抽查、暗查等多种方式，指导监督承接主体履行合同。四是要强化政府购买社会组织服务的绩效管理。加强成本效益分析，强化部门支出责任，建立健全由购买主体、服务对象及第三方组成的综合性评审评估机制、优胜劣汰的动态调整机制，以评价结果作为以后年度编制预算和选择承接主体的重要参考依据，确保"买得值"。五是要建立健全购买服务信息公开机制。构建政府购买社会组织服务公共管理平台，及时、准确、全面地将购买服务项目、服务标准、服务要求、服务内容、预算安排、购买程序、绩效评价标准和结果等信息向社会公开，使政府购买完全在"阳光"下运行。同时，畅通舆论和公众监督渠道，主动回应社会关切，虚心接受舆论监督，确保"买得清"。

（六）培育锻炼，提升社会组织承接公共服务的能力

常德市开放强市、产业立市战略需要常德市社会组织发挥更大的作用，但目前社会组织活跃度还不够，仍需要政府进行支持和引导。政府及其民政部门要根据经济社会发展的实际情况，大力培育承接主体，增强社会组织承接政府购买服务的能力。一是大力培育、扶持公益慈善类社会组织的发展。不断完善舆论、资金、人才等方面的扶持政策，加强社会组织孵化基地的建设与管理。进一步完善并发挥常德市社会组织发展指导中心的作用，形成市、区（县、市）、街道、社区四级社会组织孵化基地网络，使之成为社会组织培育发展提供服务的综合平台。同时，登记管理机关要大力推动社会组织完善内部制度建设，加强自身能力建设、人才队伍建设，通过税费减免、项目支持、政府补助等方式，扶持社会组织发展。二是加大对科技类、学术研究类、智库类等创新型公益类社会组织的政府购买服务力度。市、区（县、市）、街道、社区四级社会组织孵化基地网络要重点支持、引导社会组织开展经济发展、社会治理、民生服务、公共文化、学术研究领域的创新活动，为社会组织开展创新活动、提升创新能力提供项目咨询、转介服务、社会捐赠、公益资助等资源链接服务。三是加强信息服务，做好项目对接。加大宣传，提高社会各界对政府购买社会组织服务的认识，帮助社会组织及时了解政府购买需求，让社会组织能够通过参与购买服务逐步发展壮大起来，真正成长为公共服务和社会治理的参与主体。

湖南健康养老服务事业发展研究①

常德市社科联课题组②

【摘要】随着湖南省老龄化趋势的不断加剧，健康养老成为事关全省社会稳定、和谐发展的突出问题。总体来说，湖南省养老政策不断优化，养老投资日趋活跃，养老体系已初步形成，但还存在养老保障不均衡、养老服务链条不完整、养老人才紧缺等问题，还需要在保健教育、居家养老、医养结合、智慧养老等方面系统把握、科学统筹，做好健康养老服务这篇大文章。

【关键词】健康养老；服务事业；保障体系

一、湖南省健康养老服务事业发展的现状

（一）老龄化形势日趋严峻

截至 2017 年底，全省 60 岁及以上老年人口达 1245.87 万人，比上年度增加 44.77 万人，占全省常住人口总数的 18.16%，较上年度上升 0.55 个百分点，比全国平均水平高出 0.86 个百分点。全省 65 岁及以上老年人口达 832.86

---

① 本文系湖南省社会科学界联合会智库课题"湖南健康养老服务事业发展研究"（编号：2018028）的成果。

② 课题主持人：李云峰 常德市社会科学界联合会党组书记、主席。
课题组成员：匡立波，湖南文理学院马克思主义学院副教授。尹媛媛，常德市社会科学界联合会干部。李芷仪，昆士兰大学硕士研究生。李宁，湖南文理学院特聘教授。曾景昌，常德市社会科学界联合会办公室主任。陈立初，常德市民政局科长。

万人,占全省常住人口总数的 12.14%,较上年度上升 0.39 个百分点。人口老龄化程度高于全省平均水平的市州有常德市、张家界市、益阳市、怀化市、湘潭市,尤其是常德市 60 岁及以上老年人口占全市常住人口的比重已经达到 23.99%,已经进入深度老龄化社会。①

(二)养老事业投资日趋活跃

近年来,为扶持发展健康养老事业,省政府、民政厅先后出台了《关于加快发展养老服务业的意见》《湖南省老龄事业发展"十二五"规划》《关于加快推进养老服务业发展的实施意见》《关于促进健康服务业发展的意见》等一系列文件、政策,养老服务事业的政策环境不断优化,迎来了养老事业发展的重大机遇期,湖南养老事业的投资也日趋活跃。养老服务领域不乏大规模投资,湖南发展集团管理有限公司、湖南教育报刊集团、湖北侨亚养老产业股份有限公司、湖南教育报刊集团等大中型国有企业纷纷看好养老产业的发展,投入巨资进入养老领域,对养老行业的促进、提升作用明显。在 2018 年湖南省发展和改革委员会印发的《湖南省"十三五"服务业发展重大项目表》中,健康养老项目共有 88 个,总投资达 3532.18 亿元,其中"十三五"期间计划投资 2647.2 亿元,健康养老产业将成为湖南省服务业的重要组成部分。

(三)养老服务体系初步形成

截至 2017 年底,全省城镇职工参加基本养老保险人数达 1273 万人,全省城乡居民基本养老保险 60 周岁及以上老年人享受待遇人数达 972.8 万人。城乡居民大病保险全面落地,疾病应急救助制度基本建立,养老服务平台不断丰富,老年健康管理水平不断提升。截至 2016 年底,建成省级城市社区养老服务示范点 185 个,省级居家养老服务信息平台 55 个,市县级城市社区养老服务示范点 191 个,农村村级养老服务示范点 361 个。基层医疗卫生机构免费为辖区内 65 岁及以上老年人提供健康管理服务,老年人健康档案建档率达到了 89.74%。湖南省养老体系已初具规模,逐步形成了以家庭养老为基础、居家养老和机构养老为补充的服务体系。

---

① 数据来源:湖南省人民政府网。

二、湖南省健康养老服务事业存在的问题

(一)养老保障水平不均衡

一是城乡养老保障水平不均衡。由于农村地区的经济、社会发展水平不高，农村地区的社会保障水平远远落后于城镇地区。目前全省在岗职工月平均工资4044元，城镇职工基本养老保险金月均1700元，而农村基础养老金最低标准仅为每人每月75元，随着物价的持续上涨，养老支出总额将不断增加，城乡养老保障水平不均衡的矛盾将更加突出。二是老年人的服务设施不均衡。在省会及地级城市，老年人所需的医疗、保健、休闲、文化等各种服务设施和服务措施都相对比较完善，远远好于乡镇、农村地区。三是政府服务不均衡。政府服务呈现从省城—市州—县城—村镇逐渐减弱的鲜明特点，城市越大，城市的层次越高，政府的财政投入力度也就越大，反之就越小。四是软硬件配置不均衡。许多养老机构、养老服务只是为老人们解决了吃饭、住宿的需要，针对老年人的保健理疗、文化生活、心理咨询、临终关怀等软性服务则普遍比较缺乏。五是健康服务水平不均衡。不同服务主体和不同服务形态的养老服务水平参差不齐、各有千秋，对养老对象的身心健康有重要影响。比如，中低端机构可提供一般水平的生活照护，收费低廉，健康服务能力却普遍不足，而较高端的机构能够提供较好水平的生活和健康服务，但服务收费却较高。

(二)养老服务链条不完善

养老服务业综合性强，辐射面广，涉及医疗、康复、保健、护理、咨询、产品设计、生产制造、商贸流通等众多环节，各产业间的关联性强，对接度高，养老服务业的产业链可以拓展和延伸的空间十分广阔。但从目前全省情况来看，养老服务链还不够完善，一些环节至今仍比较欠缺或者薄弱，如健康管理方面对病前预防和病后康复不重视，居家养老服务的网络不健全、养老服务产品不丰富等问题还比较突出。整个行业还处于小、散、乱的传统服务时代，没有形成完善的养老服务链条。

(三)养老服务产业融合度低

养老服务事业涵盖众多领域，但就目前全省现状来看，主要是以提供机构养老服务为主，社区养老、居家养老还处于起步阶段，老年人托老服务、家务劳动、家庭保健、辅具配置等服务还未形成成熟的商业模式，业态比较单一，

与其他产业融合发展、培养新业态的意识还不够强，产业之间的融合度不高。

（四）专业管理服务人才紧缺

从目前的发展情况来看，人才紧缺是养老行业的普遍问题。湖南省针对养老人才的学历教育和社会培训较少。在大中专院校中，只有湖南都市职业学院开设有养老相关的老年护理与管理专业。在社会性培训领域，也很少有针对养老人才的专业培训，基本只是大型养老机构为了满足自身需要做一些专业培训，由于师资力量缺乏，往往存在专业性不强等问题。本课题组成员在长沙、湘潭、株洲、常德等多地进行调查走访时，也证实了这一情况。据统计，目前一般养老机构员工年流失率都在 20% 以上，同时受二孩政策影响，30 岁左右的女员工受到的冲击更大。养老服务机构人才的大量流失，不仅影响养老服务质量，也会造成人员培训成本的直线上升，加大民营养老服务机构的运营成本。

三、湖南健康养老服务事业发展的对策建议

健康养老是一个涉及面宏大的社会性系统工程，近些年来，湖南省各级政府及各个部门在促进健康养老方面已经做了大量工作，也取得了很多成效。针对湖南省健康养老的薄弱环节，本课题组认为可以从如下几个方面加以改进。

（一）加强健康养老领域的学习研究

一是加强专业研究。健康养老是一项宏大的事业，也是一个庞大的社会工程，涉及预防、保健、医疗、康复、照护等方面。从全省养老发展的现状看，居家养老服务体系建设、健康养老服务事业的投融资、健康养老专业人才的培养、健康养老服务产品的发展应用等方面，都非常需要系统性、专业性的研究。二是加强经验借鉴。当前，湖南养老产业发展探索形成了一些有效模式，如在民营养老结构方面形成了"万众和"模式、"普亲"模式、"康乃馨"模式等。社区的居家养老健康养老这一概念起源于西方发达国家，经过很长时间的探索，在健康养老方面已有许多成功的经验和模式，比如日本的介护养老、美国的持续照料社区、德国的互助养老、新加坡的社区医疗服务等，都非常值得学习和借鉴。下面，本课题组从国外和国内两个方面，提出了一些可供借鉴的经验和案例，以供参考。

1.国外经验

（1）日本的介护养老。介护养老是以介护保险为核心的养老服务方式。介

护保险最早诞生于美国，主要是为了解决失能老人长期护理的财务负担。日本引进这一保险制度，形成了富有特色的介护养老制度。在这一制度保障下，养老对象只需要承担护理费用的10%，其他90%则由保险公司承担，在提供良好健康保障的同时大大减轻了养老对象的负担。湖南省目前仍属于经济欠发达地区，老年人的人均收入不高，一旦失能需要专业人员护理，就会面临很大的财务负担。因此，日本的介护养老非常值得湖南学习借鉴。

(2)德国的互助养老。在德国，由于老龄化程度较高，养老服务人才不足，在此背景下形成了互助养老方式。互助养老的主要特点就是较为年轻健康的老人照顾年纪较大、行动不便的老人，以此形成持续循环。互助养老的方式，不但在一定程度上解决了服务人才短缺的问题，而且有效地促进了身体健康老年人的再就业，提升了老年人力资本的社会价值。对于服务人才严重不足的湖南而言，互助养老是非常值得借鉴的方式。

(3)新加坡的社区医疗。新加坡的社区医疗制度，是在借鉴英国和美国社区医疗制度基础上经过优化形成的创新模式。英国的社区医疗主要由政府主导，美国的社区医疗主要由市场主导，新加坡在此基础上，形成了政府主导、多元参与的社区医疗模式，既较好地实现了医疗的公平与效率，也较好地控制了医疗支出。

2.国内经验

(1)香港的高龄津贴制度。香港政府每年都为超过一定年龄的老人提供养老津贴，以减轻高龄老人养老的财务负担。高龄津贴分为"普通高龄津贴"和"高额高龄津贴"两种，主要是为严重残疾或年龄在65岁及以上的香港居民每月提供现金津贴。湖南为经济欠发达地区，而且多数老年人居住于农村地区，收入水平低，养老的经济支付能力差，可以借鉴香港模式，为65岁或70岁以上的低收入老人提供一定额度的现金补贴，提高他们的经济能力。

(2)合众优年康养社区。合众优年养老社区是由合众人寿保险股份有限公司投资的国内首个险资背景的大规模养老社区，社区充分借鉴美国经验，集AAC(活跃老人社区)和CCRC(持续护理社区)两种养老模式于一体，结合中国国情及养老观念，建设以养老为核心，以养生保健、专业康复护理、老年医学、旅游休闲为技术支撑，以城市中高端人群为客户资源，集养老、养生、康复、医疗、疗养服务于一体的中高端养老服务产业平台。

(3)攀枝花的森林康养模式。攀枝花位于四川南部，有着良好的森林资源条件。攀枝花就在此基础上，打造森林康养基地，形成了国内著名的康养示范区，目前每年约有3万名老人到攀枝花康养旅居。湖南省森林资源同样很丰富，如武陵源地区、衡山地区、崀山地区、宁乡温泉区等，都很适合发展森林康养服务,因此可以借鉴攀枝花的经验,打造一批环境优美的森林康养基地。

当然,湖南可借鉴的案例还有不少,本课题因时间、篇幅所限,在此不一一列举。在这方面,可以通过专项研究,对值得湖南借鉴的案例进行梳理,形成系统性专业成果,以供参考。

(二)提升养老保障的均衡化水平

在目前以至未来很长时期内,养老保障的均衡化水平较低,都将是全省养老事业面临的重大问题,同时也是重大难题。要解决这个问题,需要从以下几方面入手。

一是逐步提高农村地区和城市低收入群体养老保障的财政兜底标准。应加强省、市、县三级财政统筹,逐步提高财政补助标准,提升对养老对象的经济保障能力。只有经济保障能力提高了,健康才能得到更好的保障。另外,可考虑通过建立大病医疗统筹基金等形式,解决农村地区及城市中低收入群体的医疗费用保障问题。目前,因病返贫是老年人养老面临的突出问题。一旦罹患重大疾病,中低收入群体的医疗支付能力就会明显不足,公共财政应该提升这方面的保障水平,弥补这块严重危及健康养老的短板。

二是加强针对农村及城市低收入群体福利性养老基础设施的建设。湖南已经进入老龄化社会,而且老龄化程度高于全国平均水平,加之湖南又属经济欠发达地区,这就意味着大量低收入群体的养老问题无法以市场化的方式解决。所以,政府应在这方面加强科学规划,兴建一批由财政负担的福利性养老机构,解决低收入群体无法对接市场化养老的难题。

三是加强对特殊弱势群体的关怀照顾。本课题组在实际调研中发现,有两类比较特殊的群体,即农村留守老人和城市空巢老人,由于子女远在异乡工作,既很难得到子女的生活照顾,也缺乏情感的关怀和慰藉,健康状况和养老存在很大问题。最近几年,新闻经常报道独居老人死亡而其家人和外界毫不知情的事件。随着 20 世纪 50 年代后的人群进入养老阶段,而他们大多为独生子女家庭,这种情况会更加严峻。针对这两类群体可以分类制定保障措施。对于有一定经济条件的老人,可以帮助他们对接养老机构或提供社区日间照料;对于经济收入水平难以保障日常生活和健康需要的老人,则应尽可能将他们纳入最低生活保障范围,并组织、协调社会公益、慈善组织为这些老人提供力所能及的经济帮助和人文关怀。

四是加强对农村地区和弱势群体所在养老机构的监管。农村地区因为信息较为闭塞、监管距离较远、缺乏子女亲属的支援等问题,与之相关的管理服务很容易成为监管的薄弱环节,一些老人的合法权益受到侵害也不容易被发现。

在课题组在实际调研中就发现了孤寡老人在养老院被护工虐待的情况。这样的老人被虐待后，自己往往无力主张，所在养老机构也不愿对外声张，很容易成为监管的死角。因此，养老服务的监管部门应该加大对这些领域的监管力度，改进监管手段，提升监管的有效性，避免因为监管不力造成管理盲区。

（三）促进医疗与养老有效融合

毫无疑问，医养结合是健康养老的重要方法和途径，但全省目前医疗与养老的融合度是比较差的。

现实情况是，医院大都将经营重心放在医疗方面，很少往养老方面发展。而养老机构囿于资金、人才等因素，比较缺乏发展医疗服务的能力。要实现医疗与养老的充分融合，有三个现实路径：一是给予医疗机构专业性引导，提升他们发展养老服务的愿望和积极性。首先，要跟他们进行政策说明，让他们了解医疗机构发展养老服务的政策和规定；其次，政府部门要为医疗机构发展养老服务排忧解难，消除他们因为业务不熟悉而产生的困惑和担忧。政府在引导医疗机构时，应特别选择那些医疗业务不饱和、医疗资源有闲置的医疗机构，对这样的医疗机构来说，通过发展养老服务来提升资产的价值是现实可行的路径。二是鼓励有条件的养老机构内设医院或诊所。一些有一定规模的养老机构，如果自身没有医疗服务功能，很难形成完善的养老服务体系。老年人极易发病，也易发急病重病，养老机构如果自身有医院和诊所，在养老对象出现突发情况时，可以更迅速地采取措施，保障养老对象的安全和健康。另外，老年人因为年纪大行动不便甚至失能，从人性化角度来说，能不换地方解决问题，免去老人们远距离奔波的麻烦，是对老年人更有利的。三是引导不具备开办诊所或医院的养老机构密切与医疗机构的合作关系。目前，虽然一些小的养老机构大多与医疗机构有合作机制，但是这种合作是浅层次的，大多只是为老人开展定点服务和绿色通道，还不能满足养老对象更多的需要。所以养老机构与医疗机构的合作关系可以再密切一些，机制可以更深化一些，比如医院可以定期派出巡诊医生到养老机构巡诊，及时发现养老对象的健康服务需求，这种做法无论对养老对象还是养老机构和医疗机构，都是有益、有利的，值得鼓励和推广。

（四）建立广泛优质的居家养老体系

目前湖南仍属于欠发达地区，居民收入水平不高，在当前乃至今后很长时期内，成本较低的居家养老都将是市场首选的养老服务方式。但目前湖南居家养老服务市场与社会需要还存在一定差距。因此，建设一个服务优良、覆盖广泛的居家养老服务体系,是目前发展健康养老事业的重大任务。

一是发挥政府在社会建设中的主导作用。在目前阶段,由于养老事业的双重属性和市场发育的不完善,在市场力量难以参与或者不愿参与的地方,政府仍需要发挥主导作用,加强对涉老企业的扶持和对涉老金融的监管,形成良好的市场秩序,到一定阶段后,政府部门可以退往幕后,将服务的实施让位给市场主体。二是大力培育标准化、规范化、规模化的服务主体。标准化、规范化、规模化是居家养老服务的三大生命线,而目前居家养老服务市场的主体普遍呈现小、散、乱的状态,像湖南万众和社区服务管理有限公司那样有规模、规范化的服务主体非常缺乏,所以需要政府主管部门进行大力培育,通过为企业穿针引线、推动社区和养老服务主体形成合作关系及创业引导等孵化手段,支持居家养老服务企业的成长和发展。三是加强社区医疗能力建设。要做好居家养老服务,社区医疗服务提供的最短时间、最小距离的初次诊治救护必不可少。加强对社区医疗机构的规划和投入,完善基础设施和硬件水平。积极向社区医护人员提供财政补助,加强他们的收入保障,让他们安心在社区工作。四是加大政府购买居家养老服务的力度。居家养老服务不但为政府节省了大量机构建设的投资,也大大促进了社会的和谐稳定,因此政府部门有理由有责任扶持居家养老服务。政府部门可以通过向居家养老服务人员提供财政补助或直接出资向服务主体集中采购服务等途径购买居家养老服务。

(五)支持健康养老模式和技术的创新

随着经济、科技水平的不断发展,一些新的养老模式、技术和产品不断被创造并运用到养老服务中,大大提升了养老服务的质量和水平,对老年人的身心健康起到了很好的保障作用。比如,近几年出现的中医康养、森林康养、文化养老、养生养老、智慧养老等新兴养老模式,互联网、物联网、云计算等养老新技术,智能穿戴设备、养老机器人、长期护理险等有形和无形的养老产品。特别是对智慧养老、长期护理险等能为老年人养老保障发挥巨大作用的应用。目前,北京、上海等一线城市已经出现了上门医护的服务模式,通过平台 App 即可下单就医、护理。上门医护平台的服务内容包括上门打针输液、上门换药服务、上门康复评估等,实现了医养结合。政府应该通过财政资助、税收优惠或减免、出资购买服务等多种措施,加大扶持、鼓励力度,促进新的服务、产品和技术的广泛应用。

湖南可从养老模式、技术和产品三个领域加强创新应用,提升健康养老服务的系统水平。

在养老模式方面,加强以智慧养老为代表的新养老模式的应用。目前,旅居养老、森林养老、医疗养老、田园养老、人文养老、智慧养老等新兴模式不断兴起，在众多养老新模式中，智慧养老整合了最新的技术和服务手段，健康服务的综合水平最高。智慧养老目前在湖南省还是个新事物，普及程度非常低。所以，大力提升智慧养老的普及程度，是提升湖南省健康养老水平的关键路径。在这方面，政府可以从财力、政策上给予从事智慧养老服务的公司有力的支持，加快智慧养老服务网络的扩展，将更多养老对象纳入智慧养老服务的体系之中。在财力支持方面，政府既可以出资购买专业的智慧养老服务，也可以给接受智慧养老服务的养老对象一定补助。在政策方面，政府可通过投资扶持、延长免税时间、降低税收标准支持从事智慧养老服务主体的发展。

在养老技术方面，加强互联网、物联网、云计算等新技术的创新应用。目前，互联网、物联网、云计算等新技术已经被应用于养老服务，大大提升了养老服务的健康保障能力和效率。传统的养老服务，只能以人工方式解决对养老对象的照看问题，既难做到全天候，服务成本也非常高。互联网、物联网技术与智能穿戴设备关联运用于养老服务后，可以实现对养老对象全天候、无死角、低成本的照看，随时掌握养老对象的健康和安全状况，监测到情况有变可自动发送信息和呼救信号。目前，互联网、物联网、云计算技术已经被整合成一种系统软件，这种软件将互联网和物联网有机关联，实现了信息的有效采集和共享，并通过云计算技术实现大数据的分析应用。对于养老新技术的鼓励引导政策，政府可借鉴养老新模式的相关政策运用。

在养老产品方面，加强智能穿戴产品、长期护理保险等有形和无形产品的创新应用。智能穿戴设备是针对特殊人群的科技产品，可实现对穿戴者健康、安全状况的实时监测，对健康状况不佳、行动不便的老人来说，是一款非常良好的保障产品，可解决这些老人随时随地所需的健康服务问题。长期护理险发源于美国，指以因保险合同约定的日常生活能力障碍引发护理需要为给付保险金条件，为被保险人的护理支出提供保障的保险。鼓励资产管理机构开发稳健安全的金融理财产品，鼓励商业保险为老年人开发更多的涉老金融产品，如推行长期护理保险制度。2016 年 7 月 8 日，人社部发布《关于开展长期护理保险制度试点的指导意见》，选择了上海、重庆、青岛、成都、苏州等 15 个城市作为长期护理保险的国家试点，大约覆盖 4800 万人。截至 2017 年底，超过 7.5 万人享受到了保障待遇，在一定程度上缓解了失能人员及其家庭的经济负担。根据目前了解到的情况，湖南尚未实施长期护理保险制度，主管部门应积极加以研究，加强与中央有关部门的沟通协调，争取尽快将护理保险制度在湖南落地实施。

(六)强化养老服务保障

一是强化政策引领和资金投入。政府各部门要认真贯彻落实国务院和省人民政府《关于加快发展养老服务业的实施意见》等文件精神，强化政策引领和资金投入。将扶持康养产业发展资金纳入年度财政预算，对符合条件的养老服务机构、养老服务设施、养老服务项目等给予一定的资金支持；引进大型企业集团来湖南新建一批大规模、高档次、设施健全、医养融合的示范养老机构或养老社区，并给予政策倾斜，办让子女放心、老人安心、社会认同的养老机构。

二是强化人才保障。养老事业发展面临的重大问题之一就是人才不足。要发展好健康养老事业，必须突破专业人才不足的瓶颈。①整合培训资源。政府要充分整合和利用各类资源，鼓励湖南省各类大中专院校设置健康养老、养老服务、老年护理等相关专业及课程；引进省内外相关企业，独资或合作举办老年服务培训机构，开展健康养老方面的专业性培训，落实从业人员培训费补贴、职业技能鉴定补贴等政策；鼓励从业时间长、规模大、管理水平高的大型养老服务机构开展社会性培训，帮助提升培训水平，扩大培训规模。②实施"订单式"人才培养。主动对接养老服务行业产业和企业需求，创新校企合作方式，根据行业需求有针对性地制定人才培养方案。③创造先进经验学习机会。加强对养老事业发达国家或地区的学习与交流，如国外的日本、美国、德国及国内的香港、北京、上海、广东、重庆、攀枝花等都有较成功的养老服务业发展经验。

三是强化老年人的权益保障。老年人的权益保障，既与老年人自身有关，也与全社会的认识有关。老年人通常在社会中处于弱势地位，法律意识普遍薄弱，部门对老年人的服务意识不强，使得一些管理、服务机构在进行管理、服务时，容易出现不依法、不依规的问题。湖南省目前侵犯老年人权益的案件处于高发态势，在赡养、继承、婚姻、房产、损害赔偿等方面发生了较多的侵权事件，行政及司法部门应加大对侵权行为的打击力度，提升侵权行为实施方的成本，有效震慑、遏制侵权行为的发生。同时，老龄委、民政部门、社区等与养老紧密相关的部门，可以携起手来，加大对老年人权益保障的宣传，促进老年人对自身权益保障的重视，提升全社会对老年人权益保障的认识水平，加快构筑起保障老年人权益的社会服务体系。

(七)支持社会力量广泛参与养老事业

充分调动社会力量才能打好组合拳，要不断推进和优化养老服务事业的发展。企业作为供给侧结构改革的主力军，能够及时利用和整合现有资源提供专业化的养老服务。同时，宗教、社会组织在公益慈善领域往往具有很高的参与度。政府可以积极发挥协调作用，鼓励和引导社会各界力量参与养老事业：一是出台相关扶持政策，减少行业壁垒；二是为企业、宗教、社会组织和养老机构牵线搭桥，促进双方的交流合作；三是向企业、宗教、社会组织购买专业服务。同时，还要积极发挥金融体系对整个养老行业的辅助作用，借助"互联网＋"平台，根据老年人的养老服务需求，有针对性地为不同类型的老年人开发多层次、个性化的养老金融产品，通过标准化、专业化、便捷化的服务，不断提升老年人的满意度，赢得老年人的信赖。

参考文献

[1]陈早挺.关于常德市养老机构建设发展情况的调研报告[R].百度文库,2016.

[2]马场园明,洼田昌行.实现地区统筹养老的新形态——老年健康生活大社区[M].刘宁,译成.都：四川科学技术出版社,2017.

[3]郭源生.智慧医疗与健康养老[M].北京：中国科学技术出版社,2017.

[4]麻凤利.中国老龄产业发展的机遇与挑战[M].北京：中国社会出版社,2010.

[5]魏彦彦.中国特色养老模式研究[M].北京：中国社会出版社,2010.

[6]邹文开,赵红岗,杨根来.全国健康养老保障政策法规和标准大全[M].北京：化学工业出版社,2017.

[7]周博,王维,郑文霞.特色养老——世界养老项目建设解析[M].南京：江苏凤凰科学技术出版社,2016.

[8]何莽.中国康养产业发展报告[M].北京：社会科学文献出版社,2017.

[9]张岩松.老龄产业发展对策研究[M].北京：清华大学出版社,2016.

[10]陈正英,李金芳,唐莹.健康养老与社区卫生服务——湘鄂渝黔边区老年健康维护实证研究[M].长沙：中南大学出版社,2016.

[11]李云峰.探索构建政府主导社会参与的居家养老服务体系[N].中国社会报,2019 – 04 – 11.

常德"二战文旅城"项目建设探析

常德抗战文化研究会课题组①

一、课题摘要

基于波澜壮阔的常德抗战历史、抗战文化——这一本土最具震撼力、影响力的"二战英雄城"品牌开发，已于 2015 年新春，第一次被市委、市政府正式纳入本土发展战略，写进市委、市政府年度工作报告，在常德有关发展史上具有了划时代和里程碑的意义。鉴于有关两大实体支撑项目即"常德抗战文化旅游产业园"（常德"二战文旅城"）和"常德会战阵亡将士纪念公墓提质改造"已获得市规划委审议批准，并被纳入常德市"十三五"规划，考虑到常德抗战文化旅游产业开发系社会各界长期普遍关注的一大焦点，而相关运营要素定位是否科学直接影响甚至决定这一新型特殊产业开发的兴衰，为确保有关事业高品质、高效率、高效益地运行，确保社会各界特别是市委、市政府有关初心的尽快实现与圆满达成，本课题组在上述两大实体支撑项目策划、创意、设计的基础上，围绕有关品牌开发与产业运营必须正确把握的发展理念、名称确定、实施方略、经营模式、项目设计、品质建设等运营要素，以文件解读、史书查证、网上搜索、实地考察、上门求证、集中研讨等方式，进行全方位、全要素、多层面、多角度调研，最终形成了这一报告。但愿这一凝结着社会各界仁人志士智慧与心血的《常德"二战文旅城"项目建设探析》，能给有关领导科学决策、相关事业

---

① 课题主持人：刘树高。
　课题组成员：欧子成、邵可星、叶春华、万后铭、朱清如、龚玉峰、殷思革、李铁。

高效发展提供一些有益的借鉴与参考。

二、课题提出

由于种种原因,常德抗战——这一无数先辈用生命和鲜血换来的宝贵精神与文化遗产以及常德有史以来最具影响力、冲击力、发展力的历史与文化品牌,虽然引起了当地党委、政府部门的重视,但在外人眼中这一潜藏着巨大遗产价值、资产价值、资源价值、社会价值的精神与文化遗产如同大家闺秀长期"养在深闺",没有得到有效的开发利用。2013 年 10 月,市项目建设年领导小组组织开展"我为'四个常德'建设献一策"项目征集活动,一市国企高管精心创意的"中华抗战文化旅游产业园"项目位列 40 个最佳获奖项目榜首,并被政府"四个常德"项目储备开发库收藏。2014 年初,一市政协委员在一年一度的市政协会议上,提议打造"二战英雄城"城市"名片",在与会代表特别是参会的新一届市委、政府领导中引起了强烈反响。市委书记王群当即"拍板",明确指示各有关单位和部门,要高度重视有关"名片"的打造工作,切实搞好有关调研,把常德这一特别宝贵的历史遗产与文化资源"开发、利用好",促进常德文化旅游产业的全面发展。市政协主席李爱国将有关提案纳入市政协 2014 年"一号督办提案",并亲自主"督"领"办",政府各相关部门以及民间组织积极响应,纷纷为市委、市政府、市政协相关领导出谋划策。有关本土即将发展抗战文化旅游产业之事,也就此一度成为常德市街头巷尾热议的一个话题。2015 年 2 月,市委、市政府将有关"二战英雄城"名片打造纳入常德市"洞庭湖生态经济区"建设战略,"二战文旅城"、常德会战阵亡将士纪念公墓提质改造等项目,被市政府列为年度重大招商引资项目。2015 年 8 月,市规划委审议批准上述项目,市规划局随之进行项目规划选址,初步确定"二战文旅城"项目建在河洑。2016 年 2 月,上述项目再度被市政府纳入年度重大招商引资项目,不久又经市委、市人大、市政府审议,被纳入常德市"十三五"发展规划,并被写进市委、市政府年度工作报告。2016 年 7 月,该项目作为"抗战英雄纪念城"的主打项目,被纳入常德市引进战略投资者 38 个重大项目,并在市政府举行的相关新闻发布会上,正式对外公布。由此,包括该项目在内的常德市抗战文化旅游系列产业项目,正式进入政府操作前台,在常德市有关产业发展史上具有了里程碑的意义。尽管如此,由于种种原因,时至今日,常德这一"千呼万唤始出来"的名片"打造"工作,却一直处于"犹抱琵琶半遮面"的运行状态。

根据这种情况,为进一步搞好有关策划、创意与设计,2015 年 9 月,常德抗战文化研究会聚集本土一批能人志士,全面展开有关"二战文旅城"的课题调研。2016 年 6 月，市社科联组织开展以"服务全市经济社会发展"为宗旨的课题申报活动。为搞好常德抗战文化旅游产业——这一本土最具影响力、竞争力、发展力的民族产业发展研究，本课题组负责人刘树高主导的相关课题随即提出，并被纳入"2016 年常德市社会科学课题"名录。

三、研究背景

(一)历史背景

作为世界反法西斯战争东方战场的一个重要组成部分，常德滨湖地区当年先后爆发的无差别大轰炸、常德细菌战、厂窖惨案、常德大会战以及当地军民为之展开的系列抗战，艰苦卓绝，悲壮绝伦。特别是在世界反法西斯战争及中国抗日战争由战略相持转为战略反攻阶段爆发的那场抗日焦土大战——中日常德会战，更是气壮山河，举世震惊。面对疯狂进犯的 10 多万武装到牙齿的侵华日军，为赢得这场"最有意义"的特殊战争的胜利，常德军民以死伤近 30 万人的惨痛代价，寸土寸血，殊死抗击，得到了当时正在埃及开罗召开三国元首会议的世界反法西斯战争"三巨头"的一致认可。美国总统罗斯福不但提笔记下常德守城主将余程万将军的英名，而且认为此战"已决定了世界反法西斯战争的走向，将加速日本法西斯的灭亡"；英国首相丘吉尔认为此战系"东方伏尔加格勒保卫战"，"应写进世界反法西斯战争重大战史"。美国《芝加哥日报》、英国《新闻记事报》等世界各大媒体先后以《东方伏尔加格勒保卫战》《中国饭碗之战》《中国最有意义的抗日大战》为题，竞相报道有关常德抗战的情况。尤为重要的是，这场爆发在"特殊时期""特别会议"期间的焦土大战，不仅使常德一战成名，成为世人口口相传的"东方伏尔加格勒"；而且有效坚定了世界反法西斯战争"三巨头"打赢第二次世界大战的信心与决心。中、美、英随后同时发表《开罗宣言》，明确要求日本无条件归还窃占中国之一切领土。这一重大而深远的意义，连同那段波澜壮阔的抗战历史，构成常德今日大力发展抗战文化旅游产业、重塑"世界形象"的最为坚实的根基。

(二)现实背景

放眼世界，审视当下，岁月也非如歌，说"中华民族到了最危险的时候"并不为过。中东战争的风起云涌、东欧局势的持续恶化、朝鲜半岛的险象环生、军备竞争的全面兴起，已把全球推向"第三次世界大战"的边缘。看不见硝烟的经济战、舆论战、文化战、情报战甚至拥核战，早在世界范围内开打，令难以置身事外却仍在"崛起"阶段的泱泱大国，不能不被动地站在调停、斗争、抗衡、维和的前沿。就国内形势而言，事关中华民族生死存亡的"台独""藏独""疆独""港独"等民族分裂势力活动猖獗，已持续造成我们民族资产、国家资源的大量浪费。身处这个似曾相识的内忧外患的时代，通过创建"二战文旅城"，把先辈用生命和鲜血换来的抗战文化、抗战精神熔铸到华夏儿女建设强大祖国的无尽生命力、创造力之中，并以此全力促进维护我们赖以生存的国家安全与社会稳定，既是我们这个曾经饱受战火摧残的抗战大市为党分忧、为国解难的一种精神展示，更是我们这些后人情系民族、心连祖国的一种信仰自觉。

(三)产业背景

党的十八大以来，以习近平同志为核心的党中央高瞻远瞩，注重用全球华人普遍认同的抗战文化与抗战精神，提振包括台湾同胞、港澳同胞、海外侨胞在内的所有中华儿女的爱国情感与报国之心，通过将每年的 9 月 3 日确定为中国抗战胜利纪念日，将每年的 12 月 13 日确定为南京大屠杀国家公祭日，将抗日遗址、抗日英烈分别纳入"保护"与"缅怀"名录等，把"铭记历史、缅怀先烈"的民族情感上升为一种"国家意志"；通过高调举办"中国九三大阅兵"、参观中国人民抗日战争纪念馆、举行国共两党最高领导人"历史性会晤"、在国际场合表达维护国际"二战秩序"主张等，把"珍爱和平、开创未来"的中国意志变成一种"世界行为"，成为包括中国人民在内的所有热爱和平的世界人民的一大共识。

党中央、国务院正全面推行"文化制胜""以德治国"发展战略，促进社会主义文化大发展、大繁荣的产业新政呈"井喷式"出台，中国创意产业、文化产业、旅游产业特别是抗战文化旅游产业，进入了一个前所未有的全盛发展时期。内蒙古海拉尔、辽宁沈阳、山东枣庄、江苏南京、浙江金华、湖北宜昌、云南腾冲、湖南芷江等抗战英雄之城为之大打"抗战牌"，有关文化旅游产业发展事业方兴未艾，成为当地一大全新的经济增长点。早就吹响抗战文化旅游产业"集结号"的常德，现正抓紧做好有关"大战"的准备。伴随新一届政府领导班子的走马上任，伴随各方相关仁人志士的合力推进，曾经饱受日寇"四重摧残"的常德，必然会更好地传承当年父老乡亲的"抗战雄风"，以用足用活用好本土抗战历史资源、文化遗产的实际之举，向中央看齐；以抗战文化旅游产业全面开发的兴业之为，造福本土、造福社会、造福全人类。相信在不久的将来，中国常德"二战文旅城"——这一新兴特殊产业，必然会在沅澧大地乃至全省、全国、全世界，呈现异常夺目的光辉。

四、研究目的

(一)去伪存真

常德抗战是本土战争持续时间最长、先辈生活最苦、财产损失最重、对敌斗争最惨、社会影响最大的一场民族卫国战争，不容任何单位、任何人随意践踏与亵渎。但现实是，现阶段，史书上、影视剧里、纪念馆(园)中，随意"涂脂抹粉"甚至篡改抗战历史、亵渎抗日英烈等问题屡见不鲜，已严重伤害众多国人的情感，危害华人对一个国家与民族的深切认同，损害我们的下一代对历史的正确认知与评判。基于此，本课题组成员不忘初心，本着敬畏历史、崇尚英雄、热爱家乡的质朴情感，着力强化有关体系化研究，意在避免类似现象在本土即将全面展开的抗战文化旅游产业发展中重演，期盼家乡最终能够打造一批真正经得起历史检验、经得起现实拷问的抗战文化旅游精品。

(二)出谋划策

鉴于市委、市政府有关决心已经下达，市政协有关推进工作正在展开；考虑到市政府新一届领导班子即将走马上任，本课题组聚集本土具有一定抗战历史文化底蕴、拥有相同历史"情结"与现实"梦想"的仁人志士和专家学者共商策划、共谋创意、共襄设计，意在拿出一个能供常德有关决策者参考、能让多数"领导满意、老人满意、群众满意"并便于政府相关单位操作运营的一流的调研作品，以促进本土抗战文化旅游产业健康、有序、规范与高效发展。

(三)增光添彩

鉴于文化旅游产业已成当今世界的一大"绿色经济""朝阳产业"，而千城一面、万景趋同的"特色危机"又正普遍困扰着众多中国城市的决策者与建设者；考虑到本土唯一独具人文特色并在国内外"拿得出手"的桃花源风景名胜已被国内 10 多个城市刻意"占先"，常德眼下缺乏一个具有强大竞争力的核心吸引物，本课题组成员出于"人无我有、人有我新、人新我特"的创建思维，把调研重点放在如何高品质、高品位打造"常德抗战文旅城"实体支撑项目上，企图以此帮助政府部门将这两大实体支撑项目打造成全市民众普遍认可、两岸民众普遍认同的核心吸引物，让中外客人在常德"停得住脚步""安得下初心"；让本土民众"静得下心神""记得住乡愁"，并由此焕发出巨大的爱党、爱国、爱军、爱乡热情，为"五个常德"全面发展、民族伟大复兴增砖添瓦、增光添彩。

五、研究意义

(一)这是"铸魂壮根"的需要

历经数十年的改革和发展，我们国家已现崛起之态、富强之姿，"两个一百年"的民族复兴中国梦正越来越接近现实；但现阶段乃至今后一段时期，美日遏制中国崛起的图谋不会轻易改变。要圆中国梦，先铸民族魂；民族魂魄在，国家长存的根本就在。围绕常德"二战英雄城"品牌开发高品质打造的文化旅游产业、民族英雄瞻仰圣地、抗战精神传播家园以及由此伴生的各种征集、奉献、参观等活动，就是重铸民族之魂、壮大民族之根最直接、最提气、最有效之举，利在当代，功在千秋。因此，强化有关调研，搞好产业发展，促使本土抗战文化旅游产业健康、稳步、高效与可持续发展，我们责无旁贷。

(二)这是"正本清源"的需要

在全球"文化制胜"的发展趋势和中国已进入文化大繁荣、大发展时期的时代背景下，不少抗战大市已将本地有关资源潜在的巨大力量熔铸到承担本土全面发展的生命力、创造力和凝聚力之中，对强化本地城市功能开发、产业结构调整、城市建设品质提升、民众文明素养提高以及实现经济和社会发展由"量"的扩张到"质"的提升产生了很多积极、深远的影响。但由于种种原因，很多有关决策者、建设者习惯于任期内"创政绩""打品牌"，对这一事关民族情感、一地振兴的特殊产业缺乏深层次的认知，在没有深刻领会这一新型事业与本地人文历史、自然风貌、文旅景观、精神内核、发展条件，特别是与党的相关意识形态、国家产业新政的内在联系并为之深入调研、精心谋划、高质创意的情况下，就随意上马，结果导致或因罔顾政策擅自取名，或因涂抹历史亵渎英灵，或因取悦游客流于低俗，或因简单复制修旧如新等，使得许多游客质疑、市民反感，导致这一能够有效吸引人气、吸引资源、吸引财富的民族产业"这也不对，那也不像"，反而影响了一地的声誉及其他产业的发展。因此，必须强化正本清源，搞好有关工作的调研，既重客人游览初心，还历史本来面目；又重产业持续发展，显现文化应有内涵，以确保相关建设高品质、高效率、可持续发展。这是常德打造一流抗战文化旅游精品的不二法门，也是对抗战历史真诚敬畏、对抗日先辈深切缅怀、对子孙后代高度负责的必然选择。

(三)这是"凝神聚力"的需要

当今中国,要真正傲然屹立于世界民族之林,除了发展强大经济、建设强大国防外,还要抢占世界最能凝神的精神高地,打造全球最能聚力的文化方舟。以凝聚本土民众及全球华人爱国情感为内核,以促进本土发展、民族复兴、世界和平为目标的中国常德抗战文化旅游产业开发,既是我们立足提升中国影响力、竞争力,抢占人类一大"文化高地"的利在当代之举;也是我们倾心提升民族感染力、影响力,打造全球一流"精神家园"的功在千秋之为。因而强化有关产业发展研究,正确诠释中国抗战历史,全面彰显民族血性文化,深刻揭示世界和平内涵,既是促使现代常德走向全国、走出亚洲、走进世界的一种有益尝试,更是促进当今中国引领"世界潮流",彰显大国意志、显示大国风范、尽到大国责任的一种有效手段。唯有英雄多壮志,敢教日月换新天。如果我们能够以此客观展示常德人民乃至湖南人民、中国人民威武不屈的历史,全面彰显今日中国的强大,准确表达"中国意志",就必然能在一定程度上形成,形成促进中华民族真正傲然屹立于世界民族之林、维护亚洲乃至世界和平的巨大力量。这既是一种期盼、一种梦想,更是一种责任、一种担当。

六、课题界定

(一)抗战文化

国内史学界普遍将抗战文化定义为"抗战历史文化"与"抗战应用文化"。"抗战历史文化"是指在中国抗日战争期间,一切为抗战服务和有利于抗战的先进文化,它包括政治谋略、军事思想、社会思潮、斗争精神、文艺创作、抗日宣传等。这些抗战历史文化,对中国抗战胜利发挥了极其重要的指导和推动作用,由此形成的伟大抗战思想、抗战智慧、抗战意志、抗战品格以及中国军民抗战精神:天下兴亡、匹夫有责的爱国情怀,视死如归、宁死不屈的民族气节,不畏强暴、血战到底的英雄气概,百折不挠、坚忍不拔的必胜信念,众志成城、共御外侮的大局意识,构成了中华民族的一大文化与精神瑰宝。"抗战应用文化"是指中国抗日战争胜利以来,一切不断吸取、传承民族抗战历史文化精髓,不断创新、升华并广泛服务和有利于民族振兴、国家发展、社会进步的先进文化,它包括先辈追思、英烈缅怀、典型宣传、英雄崇尚、正气弘扬、人心凝聚、遗址保护、战地游览、情景互动、场馆建设、影像制作、作品编撰、书刊发行、艺术表演、文化交流、精神传承等。这些抗战应用文化,对不同时期的民族振兴、国家发展、社会进步发挥了积极有效的推动作用，同样构成了中华民族的一大文化与精神财富。纵观中国抗战文化发展历程，无论是抗战期间，还是抗战胜利以来，相比国内其他同类抗战大市，常德以伤亡人数最多、提供军需物资最多、成立相关社团最多、组织大型活动最多、文艺演出最多、出书最多、拍片最多等实际之举，走在了全国前列。

（二）文化旅游

这里所指的文化旅游是指现阶段围绕抗战历史遗迹、文化艺术、建筑遗存、自然景观、历史人物、宗教社团以及承载相关资源的各类新型建筑而展开的集政治、经济、人文、教育、科技、历史等于一体的一项特殊文化旅游活动，属于专项旅游的一种。其主要特点是通过实地观光游览抗战历史遗存及相关文化景观，寓教于乐，从中受到一定的思想熏陶、文化感染与精神激励。在这方面，常德虽胜于本省长沙、衡阳、怀化等抗战名城，却又远远落后于内蒙古海拉尔、山东枣庄和云南保山、广西桂林等抗战大市。

（三）品牌开发

这里所指的品牌开发，是指针对一地抗战历史的正面影响度及相关品牌的本质特征，根据党和国家有关现行法律、法规与政策，围绕国际国内形势及促进一地发展、民族复兴、世界和平需要而组织开展的抗战文化旅游产业系列开发活动。在这方面，全国地级市里，有关开发各有千秋，但影响最大、参观人数最多的要数山东枣庄和内蒙古海拉尔两地。他们不仅分别创建了抗战纪念馆，还均兴建了有关文化园。就常德而言，市政协定位的有关园区建设、遗存保护、英烈缅怀、精神传承等"五大工程"建设如能全面实施，在不久的将来，常德有关品牌的开发必能"一枝独秀"，焕发"风景这边独好"的绚丽光彩。

（四）特殊产业

这里所指的特殊产业，是指那些围绕抗战文化旅游景点、景观以及广大游客心理诉求而发展的一种集政治环境、抗战历史、社会经济、教育科技、文化旅游、行业交流于一体，事关民族情感、社会进步、国家振兴的综合性新型产业。这一综合性新型产业关联性高、涉及面广、带动点大、辐射性强，是当今中国经济社会发展中最具有活力的新兴文化产业之一。它以抗战文化旅游为主导，复合其他相关产业发展，通过旅游与经济、文化产业之间的相互转换、相互影响和相互驱动，能够形成多种新的文化旅游发展业态与产品，可有效带动一地旅游综合消费，延伸产业链条，拓展发展空间，从而全面提升一地的社会经济影响力和核心竞争力。目前,全国这一特殊产业发展最快、最好的要数山东台儿庄,已为之形成集交通运输、宾馆住宿、红色旅游、产品开发于一体的产业集群,仅新开发的"台儿庄古镇"门票收入,这个县级小区每年就创收 1.5 亿以上。相比之下,常德还处在有关产业发展的"原始阶段"。

(五)运营要素

运营要素指围绕有关民族产业开发而必须审慎面对、正确把握、努力达成的各种要素,它包括战略定位、内涵把握、范围界定、方略确定、平台搭建、人才吸纳、资本引进、模式创建、设计提升、建设把控等,事关有关品牌开发与产业创建品质高低、效益好坏的根本。在这方面,江苏南京、山东枣庄、云南保山、四川成都等地已形成较为完备、科学的运营体系;而常德却在有关战略定位、内涵把握、范围界定等核心要素构成方面普遍存在认知不一等问题。仅在名称确定方面,目前就有三种说法:一为"二战英雄城",二为"抗战英雄城",三为"抗战英雄纪念城",这在一定程度上影响了市委、市政府相关决策的落实。

七、理论支撑

(一)在政治方面,符合党和国家相关政策

党的十八大报告明确指出:"文化是民族的血脉,是人民的精神家园。坚持把社会效益放在首位、社会效益和经济效益相统一,推动文化事业全面繁荣、文化产业快速发展。"中央城镇化工作会议明确要求,城镇建设"要依托现有山水脉络等独特风光,让城市融入大自然,让居民望得见山、看得见水、记得住乡愁;要融入现代元素,更要保护和弘扬传统优秀文化,延续城市历史文脉"。毫无疑问,兴建"二战文旅城"文化旅游项目,既是"把社会效益放在首位"的圆"梦"之举,更是"让居民望得见山、看得见水、记得住乡愁"以及"保护和弘扬传统优秀文化,延续城市历史文脉"的兴国之为,必然能够得到全社会的认同。

(二)在法律方面,符合法律法规主要精神

"二战文旅城"文化旅游项目建设所涉及的土地资源利用、环境保护、旅游产业发展等,均应符合《中华人民共和国土地管理法》《中华人民共和国环境保护法》《中华人民共和国旅游法》等法律法规的基本要求。如刚执行的《中华人

民共和国旅游法》就明确要求："旅游产业发展应当遵循社会效益、经济效益和生态效益相统一的原则，国家鼓励各类市场主体在有效保护旅游资源的前提下，依法合理利用旅游资源。"而"依法合理利用"旅游资源的"二战文旅城"文化旅游项目，无疑达到了这一基本要求，因而具有坚实的法律支撑。

（三）在建设方面，符合文化产业发展要求

"二战文旅城"文化旅游产业项目主要有以下两大坚实支撑：一是党和国家的政策支撑。中央关于推动社会主义文化大发展大繁荣的《中共中央关于深化体制改革、推动社会主义文化大发展大繁荣若干重大问题的决定》明确指出："引导社会资本以多种形式投资文化产业，参与重大文化产业项目实施和文化产业园区建设，在投资核准、信用贷款、土地使用、税收优惠、上市融资、发行债券、对外贸易和申请专项资金等方面给予支持"，国务院在《文化产业振兴规划》中也明确要求："支持国家级文化产业基地建设，大幅增加中央财政扶持文化产业发展专项资金，不断加大对文化产业发展的支持力度"，这些政策无疑给抗战文化园项目融资创造了极为有利的条件。二是产业发展环境的支撑。随着党的十八大的召开，随着中央、国家相关一系列有关改革措施的出台，文化大发展、大繁荣的黄金时期已经到来。据行业人士调查分析，目前，北京、上海、香港等国际大都市70%以上的金融机构及大型企业和50%以上的私企老板已把目光和资金投向文化旅游产业，已呈现出广泛参与、竞相投资的发展态势。由此可见，"二战文旅城"文化旅游项目建设秉天时、占地利、得人和，具有广阔的发展前景。

八、研究假设

（一）一园壮千秋

通过用优秀的专家设计，用优质的材料建设，用优良的工艺打造，用过硬的团队运营，打造中国全面、经典、到家的民族抗战历史展示平台、两岸经贸文化交流中心，用抗战文化凝聚海峡两岸及全球华人对一个国家、民族的普遍认同，使之成为中华民族光耀千秋的一大文化高地。

（二）一园铸国魂

通过以适当方式镌刻、铭记、讴歌、缅怀抗日英烈的伟大思想、过硬品格、可贵精神，打造完备的抗日英烈瞻仰圣地与祭祀场所和全球华人精神家园，使

之成为全球华人、海峡两岸、各党各派、社会各界情系祖国命运、心连民族复兴的一大精神丰碑。

(三) 一园创模式

通过引入非营利公益性机制，打造一种全新的筹备、建设、开发、营运、管理模式，打造文化增值运营样板、湖湘发展连接通道、常德旅游核心景区，推进常德"二战英雄城"和"道德之城"的品牌建设，使之成为区域与相关行业最具核心竞争力的一大旅游精品。

九、预设目标

一是连带效应。通过创建常德"二战文旅城"这一文化旅游"核心吸引物"，可有效带动境内风景名胜以及新建桃花源古镇、常德河街、德国小镇等文化景观旅游，打造本地文化旅游产业发展升级版，促进全市产业转型升级与均衡发展。

二是辐射效应。通过创建常德与周边长沙、湘西、衡阳、鄂西、随枣、宜昌等中日会战主战场以及风景名胜文化旅游精品景区、线路和品牌，能有效促进产业经济结构调整，打造区域优势文化旅游产业集群。

三是契合效应。通过创建有关文化旅游产业，并与风景名胜、新型科技、生态文化、金融市场、现代农业、产业平台深度融合，能有效实现常德与"一带一路"、长江经济带建设等国家战略的高度契合，拓展常德社会经济发展空间。

四是转化效应。通过有关体系化建设，能有效发挥常德这一优势文化资源在社会主义精神文明建设中的牵引力、感染力、带动力、辐射力作用，从而将其潜在的力量熔铸到承担一地发展的生命力、创造力和凝聚力之中，不断提升全民综合素养，有效增强国人自觉齐心协力建设强大祖国的时代紧迫感，促进祖国早日和平统一及中华民族伟大复兴。

五是对外效应。通过这一文化交流平台，以有关精品演出、文物展览、研讨讲学、英雄祭奠等活动作为常德对外文化交流的主要形式和载体，能不断拓展常德的对外文化交流空间，巩固发展本地多元化的对外文化交流新格局，提高常德文化的国际化水平。

六是综合效益。通过强化这一新型特殊产业建设，能有效促进本地城市效益、社会效益、经济效益、生态效益、文化效益同步增长。仅就经济效益而言，保守预测，常德将每年新增游客至少 1000 万人次，拉动周边相关年收益增加200 亿元以上，新增就业岗位 10 万个以上，项目自身创收 150 亿元以上。

十、主要内容

(一)项目定位

民族抗战历史展示平台、两岸经贸文化交流中心、抗日英烈瞻仰圣地、全球华人精神家园、文化产业运营样板、湖湘文化第一品牌、常德旅游核心景区。

(二)项目概述

"二战文旅城"文化旅游产业项目占地总面积约为1600亩,总投资约为43亿元。主要景点有:二战全景展示馆、国之重器(兵器模型)展示城、民族抗战苦难展示区、中国抗日英烈展示墙、民族抗战胜利纪念碑、抗倭英烈纪念祠、抗战文化广场、故宫文物万里大转移、民族工业西南大搬迁、慰安妇女终生大屈辱、中国三大战场(正面战场、敌后战场、隐蔽战场)展示区、抗日巷战游击区、抗战盟友区、抗战文化博览区、抗战生活体验园及"五馆六楼七中心"等。这些项目创意充分吸取了全国各地同类景观景点创意设计之精髓,无论是项目名称定位、规划选址,还是景观设计内涵、景点表现形式,均符合党和国家相关政策,符合常德发展实际,符合文化旅游产业发展要求。特别是"城"中融入现代高科技,并注重强化冲击力与心灵震撼力的高度融合的世界二战全景展示馆、国之重器(兵器模型)展示城、民族抗战苦难展示区等项目创意,不仅具有历史底蕴、文化内涵,为中国首创项目;而且注重项目的"国际视野"与"中国表达",具有一定的时代特征与产业特色,是常德不可多得的一大文化旅游产业项目。

(三)项目要义

一是突出时代性。如在民族抗倭英烈纪念祠里展示自鸦片战争以来国家认定的牺牲在各个抗日战场的中国所有民族英雄画像、战绩等;同时在祠堂四周,雕刻同时期日本战犯代表人物的跪像,并记录其罪行。二是突出公益性。采用实物征集、复制征集、光电还原等方式,发动国人捐献有关正面战场、敌后战场、隐蔽战场的实物及国共两党牺牲的军官的图片、事物等抗战纪念品。三是突出观赏性。如兴建全尺寸微型的中国抗战全景展示区(含中国版图、日本版图、印缅部分版图等),采用先进的声光电技术,并由此组成空中俯瞰和地上、地下游览(可体验的如手动、电动、声控的形式)三条参观线。四是突出互动性。如复原老常德城市巷战部分战场,运用先进的声光电技术等,还原在中国军史上最为经典的"常德保卫战"中的"巷战"场景，打造国内独创的抗战体验区和"拓展训练基地"。

（四）各界看法

一是两岸认同。中宣部、文化部、国家新闻出版广电总局以及"台湾"湖湘文化发展协会、香港海峡和平统一基金会等单位相关人士普遍认为，常德"二战文旅城"项目建设"利在当代，功在千秋"，均表示"愿意给予相关支持"。二是央企认可。中国交通建设投资集团、中国核工业建设投资集团、中国建设投资集团所属企业，已先后派人前来常德对接有关事宜，均明确表示"愿意投资建设"。三是社会支持。在市政协的强力推进下，市台办、市社科联、市总工会、市发改委、市规划局、市国土局、市园林局、市文物局以及各相关民间社团组织的专家学者，纷纷响应市委、市政府号召，或建言献策，或实地考察，或分头调研，或精心创意，一个群众性的抢占"文化高地"、打造"精神家园"、创建"旅游品牌"的局面，已在常德基本形成。

十一、研究理念

（一）主题思想

牢记历史、反思战争、警醒现在、昭告未来。

（二）策划态度

敬畏历史、厘清文脉、留存精髓、大力弘扬。

（三）工作起点

立意高远、规划科学、效果明显、发展持续。

（四）项目内涵

文化为魂、资源为点、创意为线、传承为本。

（五）运行策略

政府主导、规范运行、统筹兼顾、分步实施。

（六）奋斗目标

国人同心、平台集群、产业样板、全国闻名。

十二、建设步骤

（一）总体思路

以邓小平理论、"三个代表"重要思想、科学发展观以及习近平总书记有关重要讲话精神为指导，深入贯彻落实党的十八大会议及十八届三中全会精神，严格按照中央、省、市有关加强文化产业与旅游产业发展部署，大力发展抗战文化旅游事业，通过兴建"二战文旅城"文化旅游项目，带动国内相关文化产业快速发展，促进政治、经济、文化、生态、社会建设全面进步，促进海峡两岸和平统一，促进中华民族伟大复兴。

（二）运营要求

"二战文旅城"文化旅游项目建设，需要科学统筹、市场运营、和谐共进。所谓"科学统筹"，就是明确项目建设的指导思想、工作目标、实施计划、组织机构、运行要求等一切相关事宜，确保整个项目建设有组织、有计划、快节奏、高效率地运行。所谓"市场运营"，就是在确保整个项目主导权掌握在党和政府手里的前提下，引入市场机制，由国有文化旅游公司或相关控股公司按照市场经济法则，自成立之日起，全面从事相关经营与管理工作。所谓"和谐共进"，就是自项目正式启动之日起，围绕项目总体目标，政府与民众、部门与企业、纪检与公安、媒体与文艺等方方面面密切协同，通力合作，和谐共处。与此同时，项目涉及的政治与经济、规划与设计、政策与监督、投资与融资、文化与旅游、环保与生态、安全与服务等工作领域通盘谋划，有条不紊，和谐共生。

（三）筹资策略

"二战文旅城"文化旅游产业项目建设，需要健全机制、夯实基础、广泛融资、分期投入、规范运行。所谓"健全机制"，就是围绕项目建设及文化、旅游产业发展需要，出台一系列便于筹资的相关政策，并据此系统展开相关工作谋划、业务衔接、筹资洽谈等，确保工作有的放矢。所谓"夯实基础"，就是拿出部分资金与资产注入政府平台公司，以便其顺利展开融资。所谓"广泛融资"，就是严格按照政府相关政策及项目运行需要，展开全方位、多渠道的融资工作。所谓"分期投入",就是将项目资金分期用于土地报批、征地拆迁及公益性建设项目等。

(四)建设步骤

"二战文旅城"文化旅游产业项目建设,需要运作同步运行、建设分步实施。所谓"运作同步运行",就是所有园区项目同步规划、同步设计、同步报批、同步招商、同步融资、同步管理,力争整个项目建设有条不紊,高效实施。所谓"建设分步实施",就是按照先易后难的原则,首先启动公益性项目建设,随之展开经营性项目报批、征地、拆迁、补偿、融资等前期工作。

十三、运行保障

(一)环境保障

环境保障主要反映在五个方面。一是中央倡导。以习近平同志为核心的党中央高瞻远瞩,大力倡导两岸同胞不断弘扬民族抗战文化、传承抗战精神,共同维护国际秩序及先辈传承下来的"海洋资产"。二是国家支持。党和国家全面推行社会主义文化大发展、大繁荣,文化创意与文化旅游已经成为推动全国经济、社会、文化、生态发展的一大"绿色经济"与朝阳产业。三是社会认同。抗战文化遗产价值日益凸显,国内有关园区建设、场馆兴建、遗址修缮、遗存保护、影视拍摄、史书出版、战地旅游、活动抗战等抗战"文化盛事"全面兴起。四是省里要求。省委、省政府极力倡导打造"湘字号"文化品牌,以中国抗战正面战场"最大主战场"著称于世的湖南已经步入抗战文化旅游产业发展的黄金机遇期。五是市里重视。市委、市政府已做出打造"二战英雄城"名片的战略部署,市政协以及政府各相关单位、公益社团正在积极推进。

(二)资源保障

常德地处"黔川咽喉、湘西门户",自古以来都是兵家必争之地。抗日战争时期,这里更是中日两国争夺的焦点,侵华日军称常德为"大日本帝国以战养战的主要粮仓",蒋介石将这里定为"拱卫陪都重庆第一战略要地"。境内现存的当今中国整体保留最为完整的 75 处大战遗址与大量文化遗存,见证了当年中日两国争夺这里的血雨腥风,也构筑起常德市今日创建"二战文旅城"项目不可多得的历史文化资源。尤其是周边先后爆发的 9 大会战(长沙 3 次会战、衡阳会战、湘西会战、武汉会战、宜昌会战、随枣会战、鄂西会战),更是赋予了地处这 9 大会战中心地带、先后遭遇日寇"四重摧残"但始终威武不屈的常德发展抗战文化旅游更为广阔的抗战文化旅游发展空间。加之常德原本就山清水秀，物华天宝，人杰地灵，又与张家界、神农架、岳阳楼、岳麓山、南岳以及庐山等风景名胜毗邻，在此创建"二战文旅城"项目，既能满足广大游客接受世界"二战"历史反思、中国抗战精神洗礼、湖湘文化情感润泽、常德发展心灵慰藉的心理需求，又能满足广大游客实地感受湘鄂两省神奇大自然赋予的良好愿望。

(三)民风保障

抗战时期，常德滨湖地区人民就尽心尽力致力于抗战文化传播、输送抗战物资、积极捐款捐物，并踊跃送子参军、铁血抗击来犯之敌，为之先后死伤近 30 万人，用无尽的汗水、泪水以及无数的生命和鲜血，支撑了我们民族这场伟大的卫国战争，为湖南抗战、全国抗战乃至二战胜利做出了重大贡献。和平时期，传承抗战先辈这一民族血性、人类良知的常德儿女不忘乡愁，不仅每年清明时节自觉、自愿、自发前往抗战遗址祭奠先辈，而且先后编撰了大量抗战史学与文学专著，组织拍摄了有关电影、电视剧、微电影、专题片，创办了 6 个抗战民间社团组织(民间组织数量为全国之最)，开展了"常德细菌战诉讼""常德细菌战国际研讨""纪念常德会战胜利书画展览"等一系列大型公益活动。所有这些，构筑起常德今日实施有关品牌开发伟力的渊源和打造"二战文旅城"优势的根基。

(四)市场保障

1.区域市场

湘鄂两省为中国抗日战争及世界反法西斯战争胜利做出了巨大贡献和牺牲，两省人民也为此对"抗战"具有与众不同的历史情结。地处湖南西北部并与湖北接壤的常德，必将因为"二战文旅城"文化旅游项目的落户与建成，首先吸引这两个省的民众来此旅游观光。常德本地及其周边的湘西、益阳、岳阳的民众，也会成群结队来此观光游览。

2.华人市场

中华抗战精神属于两岸四地、属于中华民族。由于"二战文旅城"文化旅游项目系中国目前最大、最具特色的抗战主题公园与抗战文化产业项目，本身即已能够引起国人关注，再加上周边拥有张家界、凤凰、神农架、庐山、南岳衡山等世界级旅游景点，国内游客必会纷至沓来。特别是台湾同胞、海外华人因为经历特殊，对项目会有别样感情。

3. 机会市场

作为两岸爱国主义教育基地,"二战文旅城"项目可通过一定的市场行为和行政行为,吸引一些特殊群体特别是青少年前来常德观光游览,寓教于乐。因兴建该项目不是为了延续仇恨,而是为了尊重历史、还原真相,故而可把市场开拓到日本,以吸引一切爱好和平的日本人民特别是青少年前来常德,让他们更好地了解历史真相。更何况,本项目与张家界、凤凰、庐山、衡山、岳阳楼、神农架等著名旅游胜地相距不远,加之有本地"世外桃源"风景名胜的助阵,势必会将游客吸引到常德来,从而实现旅游优势互补、溢出效应叠加。综上所述,"二战文旅城"文化旅游项目将面临一个多元化的客源市场。根据全国各地抗战纪念园的运行情况,并借助张家界等旅游名胜的优势,保守预测,该项目建成后,每年前来常德观光游览的游客新增人数至少会超过 1000 万。

十四、研究结论

湖南统计信息网数据表明,2015 年,常德市完成地区生产总值 2709 亿元,增长 8.7%。其中,第三产业完成增加值 1116.3 亿元,增长 13%,对经济增长的贡献率为 56.3%。全年接待海内外游客 3641.9 万人次,比上年增长 23.5%。接待国内游客 3626.8 万人次,增长 23%;接待境外入境游客 15.1 万人次,增长 2.5%。全年实现旅游总收入 276.1 亿元,增长 27.9%。国内旅游收入 272.1 亿元,增长 27.3%;国际旅游外汇收入 0.61 亿美元,增长 15.8%。由此可见,第三产业是常德经济的重要支柱,旅游产业呈现良好的增长态势。由此可见,随着"二战文旅城"文化旅游项目的建设与发展,常德必然会在不远的将来声震四方,名扬四海,产值翻番,相关决策者和投资建设者也会因此而名留青史,流芳百世。

(一)城市效益

(1)拉动项目周边旅游:相关年收益增加 200 亿元以上。

(2)促进第三产业发展:转变经济增长方式,提高经济发展质量和效益。

(3)提升区域文化品位:通过大打"抗战牌",推动周边城市科技创新和教育文化发展,提高人口素质,提升常德城市软实力和竞争力。

(4)推动城市扩容提质:城市建设质量、容量将全面提升,且城市配套建设费用可以通过项目开发而收回。

（二）社会效益

1. 凝聚民族情感，振奋民族精神

"二战文旅城"有关系列工程建设将推动全民族国耻、国殇、国士、国格、国德教育，推动重铸民族精魂，凝聚全世界维护战后国际秩序的力量，其价值不可估量。

2. 推动两岸交流，促进祖国统一

"二战文旅城"有关系列工程建设过程就是两岸交流合作的过程。项目相伴生的"高峰论坛"、资料征集、史著编纂、影视摄制等，都将凝聚两岸中国人的精气神，联结两岸中国人的血脉。加上全球华人凝心聚力、共推和统，将有效推进祖国和平统一大业。

3. 打造文化极品，创造文化遗产

"二战文旅城"有关系列工程所有景点景观，所有抗战精神"表达"，都将成为中华民族的精神宝库永存世间，激励和启迪后人，并受到全人类的推崇和保护。

4. 扩大群众就业，促进社会稳定

"二战文旅城"有关系列工程建设将新提供就业岗位 10 万个以上。

（三）生态效益

1. 促进生态旅游

常德将成为区域生态环境开发、利用、保护的辐射中心，并由此构建一批集度假、养生、湿地、产业、宜居等于一体的"生态工程"建设，从而让一地的绿水青山成为当地的金山银山。

2. 发展生态经济

优化产业布局，强化产业功能分区，工业向园区集中、农民向城镇集中、土地向规模经营集中，强化工业园、物流园等方面的配套项目与设施建设，引导相关企业实施技术升级改造和资源循环利用，增强园区的生态承载力和吸引力。同时，大力推进生态农业，推进做大做强当地特色效益农业，争创绿色品牌等。

3. 强化生态保护

推进当地发展村域经济，美化乡村环境，使乡村旅游、商贸物流、特色效益农业等产业融合发展，从而推进产业城镇化。同时，强化生态环境优化，促进本地搞好生态脆弱地区移民搬迁，巩固退耕还林成果，推进交通沿线、旅游景区、城镇周边和河流两岸绿化经济林带建设，搞好常德境内水土保持等。

(四)经济效益

"二战文旅城"项目创收在 150 亿元以上。

(1)土地收益：该项目需要土地 1600 亩以上，1600 亩 × 200 万元/亩 = 32 亿元。

(2)经营效益：保守预测，该项目建成后，每年常德新增游客将至少超过 1000 万。仅新增部分年门票收入即有 1000 万人 × 200 元/人 = 20 亿元，年附加收益为 1000 万人 × 60 元/人 = 6 亿元。

(3)溢出效益：游客综合乘数效益拉动当地年度 GDP：1000 万人 × 600 元/人 = 60 亿元。

(4)税收增长："二战文旅城"系列工程项目产生税收 20 亿元以上，项目运营后拉动当地年税收增加约 15 亿元。

十五、成果转化

根据以上情况，结合习近平总书记有关抗战系列讲话精神、党和国家关于文化旅游产业发展系列政策、《湖南省"十三五"时期文化改革发展规划纲要》以及市委、市政府打造"二战英雄城"名片的初衷，为切实搞好有关园区项目建设，建议如下。

(一)强化国际视野，确保高质发展

一是搞好项目高端设计。鉴于有关园区项目建设品质事关常德形象、城市品质提升、国际国内影响、产业发展前景，建议以市规划委审议通过的该项目创意文案为基础，以本土有关专家为主体，邀请国内外一家或多家相关专业团队参与园区所有项目策划、创意与设计，有关理念注重"中国表达"，有关形式注重"时代特征"，有关内容注重"国际旅游"，努力强化园区项目的吸引力。这也是市委、市政府决定打造有关"名片"的一大初心。二是强化运营对外交流。鉴于有关项目建设事关民族情感，事关国共两党不同认知及两岸和平统一，事关民族伟大复兴，建议立足常德，面向全球，使整个项目运营突出民族大义、文化旅游，突出两岸认可、华人认定、国际认可，在争创 5A 级景区上使狠劲，在扩大对外交流上下功夫，广泛加强与二战老兵、地区政要、商业巨头、中外名人的交往，努力强化项目建设的发展力。三是加快经济结构调整。鉴于抗战文化旅游产业是围绕有关景点、景观以及广大游客心理诉求而发展的一种集政治环境、抗战历史、社会经济、教育科技、文化旅游、行业交流于一体，且事关

民族情感、社会进步、国家振兴的综合性新型产业;考虑到这一综合性新型产业关联性高、涉及面广、带动点大、辐射性强,是当今中国经济社会发展中最具有活力的新兴文化产业之一,必将复合其他相关产业发展,通过旅游与经济、文化产业之间的相互转换、相互影响和相互驱动,形成多种新的文化旅游发展业态与产品,有效带动全市旅游综合消费,延伸产业链条,拓展发展空间,能给常德市社会、经济、文化、生态、旅游、地产等带来一场深刻的变革,建议市委、市政府高瞻远瞩,尽快做好本地经济与产业结构调整部署,与项目同频,与湖湘共振,与时代同步,与国际接轨,从而全面提升本地社会经济影响力和核心竞争力。四是强化园区国际收藏。鉴于当今中国地缘政治极为复杂,和平与发展仍然是世界主流,建议立足本国与遭受侵略的亚太国家,面向世界二战反法西斯阵营,采取购买或3D复制等方式,广泛征集或搜集抗战实物、二战个人收藏以及当代中外书画名家作品等,努力强化园区馆藏的感染力。

(二)强化力量建设,确保高速运转

一是明确推进主体。鉴于有关园区建设涉及民众"乡愁",涉及政治、经济、军事、文化、地产、旅游以及生态等领域,需要政府搭台,企业唱戏,建议立足健康稳妥,面向高效运营,由市委书记或市长牵头,分管城建工作的副市长负责,市委、市政府各相关部门"一把手"及业务精英参与,组建一个项目建设指挥部,主要承担高层对接、项目立项、征地拆迁、政策拟制、综合协调等职能。二是明确运营主体。鉴于有关项目系常德抗战文化旅游产业主打项目,且事关本地经济结构调整、文化旅游产业发展,建议立足当下,面向长远,指定一家市政府平台公司担当业主,由其牵头,引进一家或多家有关战略合作伙伴单位即专业团队具体操作,由其专事这一项目体系化的运营管理。三是明确实施主体。鉴于有关园区建设是一项复杂的系统工程,需要一批高素质的经营管理人才支撑,建议以抽调或高薪聘请的方式,引进一批既懂政策更懂法律、既懂历史更懂文化、既懂管理更懂经营、既懂创意更懂操作的复合型人才进入政府平台公司,由其承担项目规划编制、战略引进、活动策划、资本运营、业务研究、市场营销、日常管理等工作,确保有关建设科学、规范、有序与高效地实施。

(三)强化科学运营,确保高效实施

一是确定运营模式。鉴于文化旅游产业是一项朝阳产业,而有关运营模式的确定直接决定着这一朝阳产业的发展走向,建议顺应时代发展要求,确定该项目为3P+公益项目,并就此明确有关原则与要求,以便相关单位顺利对接战

略投资人。二是搞好运营规划。鉴于有关园区建设事关各方利益、"五个常德"全面发展,建议尽快明确发展理念、产业布局、建设规模、经营业态、盈利方式、优惠政策、风险防控、主打产品、运营要求等,避免"任性"运作、多头管理与重复建设,把有关政治风险、廉政风险、经营风险控制在最低,以确保有关园区建设健康、稳步与高效地运行。三是优化运营机制。鉴于有关园区建设事关常德建设品质、发展能力、运营水平,建议依据党和国家现行政策,立足项目可持续发展,创新思维,弯道超车,搭建一个集策划师、政工师、工程师、经济师、会计师、金融师、律师等专业人才于一体的临时高端策划团队,专门负责有关管理策划,从创意主体确定到战略投资引进,从激励措施拟制到优惠政策出台,从项目建设展开到 5A 景区创建,从操作规程设计到项目品牌形成等,逐一进行研讨、论证、拟定。同时,引进互联网＋、物联网＋、客户端＋、公益＋、文化＋、旅游＋、云计算等新型运营管理模式,并将其贯穿项目建设与日常管理的全过程,以确保有关建设快速、高效地实施。四是强化项目宣传。鉴于常德市打造"二战英雄城"名片的目的之一就是扩大常德影响,建议市委、市政府借鉴山东枣庄等地的做法,充分发挥本地主流媒体以及自媒体人才资源丰富的优势,由市委宣传部牵头,抽调一批精兵强将,专事有关项目运作及常德文化旅游宣传。同时,加强与两岸主流媒体知名人士的联系,并通过他们把常德抗战历史、抗战文化、抗战精神这一主旋律弘扬出去,把"二战文旅城"这一正能量传播给世界,从而让常德走向全国、走向世界。

(四)强化正确认知,确保高地长存

市委、市政府做出打造"二战英雄城"名片的战略部署已有两年,可有关项目建设至今没有什么实质性进展,一个重要原因,就在于存在以下两个不一:一是"旗号"认知不一。市委、市政府出台的文件里,就先后出现了"二战英雄城""抗战英雄城""抗战英雄纪念城"三种"旗号"。尽管这三种旗号的"英雄"颜色一样,也各有千秋,但"名不正言不顺",不利于有关项目宣传。鉴于旗帜决定方向,上述三种称谓也只是城市"荣誉"或发展理念,不构成具体项目名称,且冠以"英雄"二字的城市名称依法依规需报中央有关部门审批,而有关审批需要层层研究、层层上报,不是一蹴而就的事,建议市委、市政府立足正面影响扩大,面向具体建设推进,尽快统一口径;考虑到有关园区项目名称定位决定权就在本市,且项目名称定位只需符合市委、市政府有关"名片"打造的初衷就行,建议将这一"旗号"连同有关园区名称一并定位为"二战文旅城"。基于这种"觉悟"失之偏颇,考虑到这一建设项目创意以现实为经、以历史为纬、以旅游为点、以产业为面、以文化为魂,建议市委、市政府不忘初心,坚定信念，从促进民族复兴的高度、促进世界和平的广度、促进民族团结的深度、确保项目可持续发展的长度出发，将该项目的创建目标定位在抢占国际"文化高地"、打造民族"精神家园"上，着眼大历史、大文化、大现实的背景来谋划，放眼世界政治舞台、亚洲和平大局来考虑，立足民族复兴百年之梦的实现及战后国际秩序的有效维护来实施，并以此更好地践行中华民族威武不屈的抗战精神，促进民族复兴、亚洲稳定与世界和平，使之成为常德市最具人气、最具活力、最具发展力的"湘字号"第一文化旅游品牌。

（五）强化创新精神，确保思想高度

鉴于兴建"二战文旅城"文化旅游项目的核心目的是延续中华民族的伟大品格与精神，而要成就这一利在当代、功在千秋的伟大事业，需要超常的运作理念和工作思路，建议市委、市政府及相关单位：一要最大限度地以历史凝聚精神，以精神提升价值，使项目具有持久核心竞争力；要广泛动员社会各界特别是领导机关、融资机构、理财机构、慈善机构、企事业单位及社会各界人士参与项目建设，将之打造成一个真正同心的公益项目、同德的文化品牌、同道的产业基地、同游的市场模式。二要最大限度地整合两岸、海内外、社会各界的资源，以文化促影响，以影响聚资源，同心推动项目建设；利用两岸特别是大陆的文化政策，以两岸促项目，以项目连两岸，有关资金筹措、项目谋划、经费使用完全公开，并全程接受相关部门和社会的监督。三要最大限度地发掘项目的作用，想方设法争取北京、台北的共同认可，使这一在全国范围内具有唯一性精神价值的项目具有国内领先水平和永恒历史价值；要通过本项目，进一步表达中国人民维护世界和平的坚定意志，充分彰显中华民族勇于负责、敢于担当、乐于奉献的伟大"国格"，从而谱写中华民族令世人崇尚、敬畏的崭新历史。

第四篇

把握时代脉搏　积极作为担当　不断深化社会科学研究

李云峰

　　当今世界，竞争日益激烈，社会变革日新月异，迫切需要哲学社会科学提供有力的智力支持。当代中国正经历着我们历史上最为广泛而深刻的社会变革，也正在进行着人类历史上最为宏大而独特的实践创新。这种前无古人的伟大实践，必将给理论创造和学术繁荣提供强大动力和广阔空间。这是一个需要理论而且一定能够产生理论的时代，这是一个需要思想而且一定能够产生思想的时代。2019 年习近平总书记在看望参加政协会议的文艺界、社科界委员时指出，哲学社会科学工作属于培根铸魂的工作，在党和国家全局工作中居于十分重要的地位，要坚持以精品奉献人民，一切有价值、有意义的学术研究，都应该反映现实、观照现实，都应该有利于解决现实问题、回答现实课题。近年来，市社科联勇于担当，积极作为，在市委领导的大力支持和坚强领导下，社科研究工作取得了一些成绩。

一、要充分认识我们已经取得的成绩

　　近四年，是市社科联发展历程中极为重要、极具挑战、极不平凡的四年，面临新的发展形势和挑战，市社科联顶住压力、保持定力、展现魄力、凝聚合力，科研工作在很多方面实现了从无到有，从有到优的蜕变：研究热情持续高涨，课题申报数量由 2016 年的 18 项，上升到了 2019 年的 170 余项；研究内容持续扩展，从"精准扶贫""文化产业"等研究面逐渐渗透政治、经济、管理、教育等领域；研究参与范围持续扩大，社科研究队伍覆盖高校、市直单位、市级社会组织、区县社科系统；研究成果不断涌现，《社会组织参与精准扶贫支持乡村建设的研究》《善卷史料考》《新世纪常德地方文学论》等专著相继出版发行；制度机制持续完善，成立了常德市社科成果评审委员会，制定了市社会科学成果评审委员会工作规则、市课题管理办法等多项制度。

(一)大胆探索，循序渐进，科研立项工作稳步推进

社科研究工作是把握时代脉搏、促进社会进步、咨政惠民的重要手段，同时也是社科联的工作职能。过去，由于人、财、物的极端缺乏，此项工作一直没有系统组织。从 2016 年开始，我们多方汇报、多方协调、大胆探索，启动了社会科学课题研究工作。常德市社科课题研究工作，立足市情实际，在年度立项数量和课题资助方面，保持稳步增长的发展势头。2016 年度，社会科学研究课题立项 18 项，其中重点课题 11 项，一般课题 7 项，已结题 17 项，安排资助经费 14.5 万元；2017 年，课题立项 81 项，其中重点资助 17 项，一般资助 37 项，自筹 27 项，已结题 65 项，安排资助经费 35.5 万元；2018 年，课题立项 117 项，其中重大委托课题 10 项，重点课题 32 项，一般课题 75 项，已结题 90 项，安排资助经费 36 万元；2019 年，课题申报数量接近 170 项，立项课题 134 项，其中重点课题 37 项，一般课题 97 项，安排资助经费 42 万元。目前，常德市社科研究已呈现氛围日益浓厚、社科工作者热情日渐高涨、研究数量节节攀升的良好态势。

(二)围绕中心，服务大局，社科研究发力更加精准

近年来，我们一直坚持服务大局和问题导向，紧扣服务全市经济社会发展主题，聚焦改革发展面临的重大理论和实践问题，加强全局性、前瞻性、针对性研究。

在研究选题上，我们根据省、市年度经济工作会议及常德市"两会"精神，拟定课题《参考指南》，加大应用对策研究的立项布局。每年确立 10 至 20 项重点课题，承担着关系常德市经济社会发展以及地域特色问题的研究任务，实行重点项目、重点研究、重点投入、重点管理的运行机制，取得了一些成绩，有些成果已先后进入决策领域，对常德市经济和社会发展已经产生或正在产生积极的影响和促进作用。

在研究模式上，针对课题研究短板，积极整合多方资源。2018 年市社科联经反复研究，大胆探索，提出了社科研究合作的新思路，向市直各单位发出了《课题研究合作函》，以期联合攻关，精准发力。合作函一经发出，就引起良好反响，一些重要部门围绕"开放强市、产业立市"发展战略，紧扣常德市经济社

会发展实际，深入实地，长期调研，反复论证，形成了一批具有现实指导意义的理论成果，得到了市领导的重视和支持。

在研究层面上，我们坚持"纵深兼顾，突出重点"的原则。在每年的立项评审过程中，结合市经济社会发展实际和政府工作计划，予以适当引导，立足常德实际的应用对策型课题数量占比保持在60%以上。研究面从2016年的地域文化、精准扶贫、"互联网＋"等逐渐渗透供给侧结构改革、农业农村发展、县域经济发展、文化旅游、健康养老、园区经济等领域，为传承常德地域特色文化、服务常德市经济社会发展、普惠广大群众提供了智力支撑。

同时，我们也积极参与省级课题的学习与研究。自2016年以来，我们连续四年获立省级重点项目，市社科联主席李云峰主持了重大项目"社会组织参与精准扶贫支持乡村建设的研究"，其研究成果已形成专著出版发行，是我国第一部专门研究精准扶贫和乡村建设研究的著作。由涂碧波市长牵头主持，湖南文理学院承担，市社科联参与的重大项目"'海绵城市'建设理论与实践的研究"，经我们多方努力与协调，形成了实践部门与专家团队联合攻关的专业团队，多项研究成果获得国家专利。"湖南健康养老服务业发展研究"课题也已进入论证的后期阶段，系列成果获得专家认可，被国内多家学术期刊刊发。2019年申报的课题"人口老龄化背景下湖南省农村养老的社会支持体系研究"被确立为省社会科学成果评审委员会重点项目。

（三）整合资源，开辟渠道，积极推进成果转化

解决成果转化渠道不足、不畅的矛盾。我们充分利用现有平台，努力开辟转化渠道，一是资助部分课题项目一定经费，助力成果向外宣传推广；二是精选课题形成《社科成果专报》，及时向各市级领导和有关决策部门提供有参考价值的课题成果，对市领导批示的成果，及时对接相关职能部门落实；三是在市社科联主办的常德论坛、常德社科网、常德智库上刊发研究成果，以扩大宣传和应用；四是将年度课题成果汇编成册，发放到各相关职能部门和有关单位；五是将研究成果转化为市委内参及市人大建议、市政协提案，加大转化落实力度，扩大成果影响力。

在转化过程中取得了一些成绩：《常德三文一体与美丽经济建设问题研究》《基于富硒产业构建的常德市现代农业发展研究》《"互联网＋"背景下常德市农村精准扶贫障碍路径及评价研究》《常德乡村旅游精准扶贫研究》《统筹城乡视野下常德农村体育发展研究》等30余篇研究成果得到了市级领导的批示，部分成果被相关市直单位调阅研究。《实施健康中国战略，加速常德健康养老服务业发展》被评为市政协优秀提案，研究成果进入了市领导决策参考层面，助力

全市文旅康养四大千亿产业发展。《常德市建立政府购买社会组织服务长效机制研究》等引起了市政协领导的高度重视,研究成果列入市政协对口协商议题和市直相关部门重点落实项目。

(四)建立机制,强化管理,积极规范各类运行保障

社科研究是一项严谨、有序的工作,需要强有力的机制做后盾,保障各项工作有序运行。近年来,我们积极探索,主动学习,不断完善各项制度。

1. 建立评审机制

2017 年 3 月,由市社科联提出,市委宣传部批准,成立了常德市社科成果评审委员会,明确了评审委员会成员,确立了评审制度。常德市社会科学研究申报、成果鉴定与转化等工作正式步入正轨。

2. 强化顶层设计

为深入贯彻落实党中央关于繁荣发展哲学社会科学的战略部署和习近平总书记在哲学社会科学工作座谈会上的重要讲话精神,市委宣传部、市社科联多次就常德市如何加快构建中国特色哲学社会科学召开座谈会,广泛征求市直相关部门、在常各有关高校、市级社科类社会组织等的有关意见。结合常德发展实际,2018 年 5 月中共常德市委印发了《中共常德市委关于加快构建中国特色哲学社会科学的实施意见》(常发〔2018〕5 号),对构建具有常德地方特色的哲学社会科学体系、学术体系、话语体系做出了部署。

3. 制定管理制度

2018 年 7 月印发了《常德市社会科学成果评审委员会工作规则》,进一步推进了常德市社会科学成果评审委员会工作的规范化、制度化。同时《常德市社会科学成果评审委员会课题管理办法》围绕课题立项与管理工作,依次在课题类别、选题和申请、评审和立项、经费管理、成果验收、成果转化和推介等各个基础环节上进行了规范;参与修订《湖南省哲学社会科学科研项目资金管理办法》,并拟以此为参照制定常德市哲学社会科学科研项目资金管理办法。

二、要客观正视我们还存在的一些问题

在过去几年的工作中,我们主动作为,积极探索,取得了可喜的成绩,但也存在不容忽视的问题。

(一)对社科研究工作重视不够

党委、政府对社科研究工作重视不够,还没有成立全市哲学社会科学工作

领导小组统一指导和协调哲学社会科学工作；一些重要单位和部门没有专门的研究机构和研究计划，投入的人员、时间和资金等也十分有限。部分高校甚至没有相应的学术带头人和配套资金；大部分研究会研究意识淡薄，社科研究参与率低。

(二)研究能力还不够强

我们的社科研究能力与实际需要还存在很大差距，研究成果有的是基于工作实践的总结性思考或是纯粹的学术论文，没有应用价值，关注实践前沿、扎根数据分析或田野调查等实践应用方面的研究成果质量不高，特别是研究重大问题、系统问题、战略问题的成果还很少。一些单位、部门和高校缺乏专门的组织机构和学术带头人，很多社科工作者研究基础薄弱，缺乏必要的培训和指导，有很多人不知道如何申请课题，在研究工作中既不知道研究什么，也不知道如何研究。

(三)研究经费严重不足

目前，市内包括几所高等院校在内，有超过 2000 人具备参与项目申报和研究的条件，申报项目逐年大幅增长，市财政预算的课题研究经费却只是九牛一毛，以致年度立项、课题调研、项目管理和资助标准等方面的矛盾十分突出，同时，常德市除湖南文理学院、常德职业技术学院外，其他高校、党校还没有配套的研究经费，相关部门甚至没有此项目。

(四)研究队伍结构不均衡

据 2016 年至 2019 年的课题申报数据统计，四年来，市内各高校和党校的申报比例约占 83.5%，中小学及社会组织约占 8.8%，市直单位占比仅 7.7%，高校中湖南文理学院占比近 50%。研究队伍结构严重失衡，不利于科研工作的提质增效。

(五)成果转化渠道不畅通

尽管我们充分利用现有资源，努力开辟成果转化渠道，但一些突出问题仍然存在。一方面，实践部门与理论研究部门对接、交流不充分，一些具有实践指导意义的研究成果难以被实践部门采纳应用。同时，实践工作部门在工作中面临的难点热点问题，也没能及时通过课题研究的形式深入研究与论证。另一方面，我们争取到的领导重视不够，在成果转化过程中缺乏一定的政策支持，在解决实际问题的过程中很难达到"靶向治疗"的效果。

(六)科研管理工作不完善

目前社科研究氛围日益浓厚,社科工作者的热情日益高涨,课题申报数量稳步增加。但是,由于市社科研究工作起步较晚,经验不足,在如何指导社科研究、开展科研培训、组织专家团队、实施激励措施等方面还需要不断探索和完善。

(七)学术交流氛围不浓厚

学术交流是个人钻研和集体智慧融合的互动形式,可以促进智慧相互"碰撞"、相互激发和协作研究,对启迪思想、激发常德市学术争鸣至关重要。但目前常德市学术交流活动还不活跃,对外交流、跨区域、跨部门合作甚至还没有起步。

三、要深入审视我们今后要走的路

当前我国正处于社会转型时期,支撑发展的要素条件也在发生深刻变化,经济发展处于结构调整阵痛期、增长速度换档期,各种矛盾相互交织、叠加,开展系统的科学研究是时代发展的客观需要,是党委、政府进行科学决策的客观需要,是地方、高校转型发展的需要,是为常德培养一大批研究人才的需要,也是解决社会、经济、民生发展实际问题的需要。今后,市社科联将不辱使命,开拓创新,在社科研究方面强弱项、补短板,重点做好以下几项工作。

(一)夯实基础,助推科研工作水平不断提升

1. 强化工作管理

针对常德市科研工作起步晚、经验不足的问题,进一步推进、完善社科研究管理工作。建立既适应社会科学发展要求,又符合常德实际的社会科学研究工作机制,强化工作标准,规范工作流程,持续推进课题申报、课题评审、成果验收、成果转化、学术交流等各项工作的健康发展。

2. 扩大覆盖范围

在目前社科研究队伍基础上,突出重点,各个击破,逐步引导和激活社科研究"僵化带",填补研究层面"空白带",扭转"研究队伍结构不均衡"等局面。同时以区县(市)社科联建设为契机,持续扩大社科研究辐射力和带动力,壮大县域社科研究队伍,丰富社科研究内容,促进常德市社科研究全域发展、全面覆盖。

3. 促进社科研究与实践应用紧密结合

一是促进课题组的理论工作人员与实践部门相结合，在研究过程中实现"理论结合实践"以及"上接天线"与"下接地气"的有益对接。二是促进研究队伍中老中青、传帮带的交流与合作，带动研究队伍的优劣互补与人才培养。三是加强对社科研究的动态指导，针对基础薄弱、思路不清的社科研究要及时提供必要的培训与指导。

(二)创新形式，促进科研事业不断攀升

1. 探索政府购买研究成果路径

争取政府社科成果采购清单，面向全市、全省、全国发布重大研究课题，实行社科研究跨学科、跨区域合作，建立全市统一的社科成果网上交易平台，实现政府采购与社科研究动态的信息对称，为政府科学决策提供"一站式"服务。

2. 建立联合攻关模式

充分发挥社科联的桥梁纽带作用，整合各方资源，加大与高校、市直单位、企业、社会组织等的联合联盟，进一步构建学术共同体，通过协同创新，实现优势化、规模化聚焦，联合攻关解决社科研究过程中的各大难题。

3. 建设信息共享平台

在数字化、信息化时代，社科研究也要借助东风，善谋善筹，进一步改进和完善信息服务平台。抓好"常德市社会科学界联合会"网站、"常德智库"微信公众号、常德论坛等宣传平台，促进信息资源的全方位共享和流通，为各级领导及时了解情况、实施宏观管理和科学决策提供高效便利的服务；为社科工作者互动学习提供资源和共享平台，增强学术交流，扩大学术影响力。

(三)建立机制，推进各类运行保障不断规范

1. 建立协同工作机制

争取市委、市政府主要领导的重视，加大对社会科学工作的统一指导和协调，促进组织、统战、人社、财政、教育等相关部门落实职能责任，健全工作机制，创新完善政策，形成加快构建中国特色社会科学的强大合力，促进社会科学工作有效运行。

2. 健全人才培养和引进机制

加大哲学社会科学人才培养力度，建立科研队伍培训机制，打造专业化的科研团队，为社科发展输出研究型人才。探索高层次人才引进和激励机制，大力引进学术带头人、党政机关决策咨询人才和企事业单位管理型人才，建立研

究指导组织和专家导师团队。

3.建立决策咨询机制

决策咨询的发展程度是衡量决策科学化的重要标志,推进和完善决策咨询机制是更好地服务常德市经济社会发展的现实需要。建立决策咨询机构,完善决策信息和智力支持体系,多形式、多途径建立各种社科智库。探索专家参与市委、市政府重大决策咨询论证制度,加大对全局性、战略性、前瞻性问题的谋划,建立决策与决策研究的直通车,推进决策服务跟踪、评估、反馈,有效改进工作机制,充分发挥社科系统服务决策的强大合力和"智囊团"作用。

4.构建学术评价机制

贯彻尊重知识、尊重人才方针,营造良好的学术氛围。建立各类评价机制,合理确定评价条件,制定评选标准,完善评价机制。争取 2019 年制定《常德市哲学社会科学奖评选办法》,启动评优评奖工作,对获得国家级、省级、市级社会科学重要奖项或对社会科学研究有突出贡献的集体或个人,以市委、市政府的名义进行表彰,实施"沅澧学者"计划,激发人才创新创造活力。

(在 2019 年全市社科研究工作座谈会上的讲话)

发挥社科联职能作用　做新思想的有力传播者

李云峰

十八大以来，中国社会主义建设进入新时代，习近平新时代中国特色社会主义思想既是中国特色的社会主义改革开放建设实践成果，又是今后长期指导中国特色社会主义改革开放和建设的根本遵循和指导思想。正如习近平总书记说的"坚持和发展中国特色社会主义，需要不断在实践和理论上进行探索，用发展着的理论指导发展着的实践。在这个过程中，哲学社会科学具有不可替代的重要地位，哲学社会科学工作者具有不可替代的重要作用"。因此社科联应当也必须发挥职能作用，带领广大社科工作者做新思想传播的主力军。

一、习近平新时代中国特色社会主义思想的伟大意义

习近平新时代中国特色社会主义思想是伟大实践基础上的伟大理论创造，是当代中国马克思主义、21 世纪马克思主义，传播它，具有重大意义。

(一)重要的理论意义

新思想是中国特色社会主义理论体系的重要组成部分。新思想涵盖改革发展稳定、内政外交国防、治党治国治军各个领域，既坚持传统，又谱写新篇章，创造性地提出了一系列新思想：关于中国特色社会主义进入新时代的思想；关于我国社会主要矛盾已经转化为人民日益增长的美好生活需要和不平衡不充分的发展之间的矛盾的思想；关于新时代中国特色社会主义发展"两步走"的战略思想；关于统筹推进"五位一体"总体布局、协调推进"四个全面"战略布局的思想；关于贯彻创新、协调、绿色、开放、共享发展理念，建设现代化经济体系的

思想;关于全面从严治党的思想等。这一重大思想以一系列新思想新观点新论断,进一步丰富了马克思主义理论宝库,为发展马克思主义做出了中国的原创性贡献,在马克思主义中国化进程中具有里程碑意义。

(二)重要的政治意义

二十世纪八九十年代,世界社会主义遭受严重挫折。西方一些人弹冠相庆这一"世界性的胜利",鼓噪马克思主义终结、社会主义终结、人类历史终结,资本主义一统天下的时代来临。习近平新时代中国特色社会主义思想的创立,深刻表明科学社会主义在 21 世纪的中国焕发出了强大的生机活力,在世界高高举起了中国特色社会主义伟大旗帜。世界上越来越多的人认识到,新自由主义、西方资本主义并未终结历史,马克思主义、科学社会主义始终具有强大的生命力。

(三)重要的实践意义

新思想是坚持和发展中国特色社会主义的强大思想武器和行动指南。思想是行动和实践的指南,习近平新时代中国特色社会主义思想对新时代坚持和发展中国特色社会主义的总目标、总任务、总体布局、战略布局和发展方向、发展方式、发展动力、战略步骤、外部条件、政治保证等一系列重大问题做出了系统回答,为新时代更好地坚持和发展中国特色社会主义提供了强大思想武器和行动指南。"八个明确"深刻阐明核心要义,"十四个坚持"全面谋划基本方略。精准把握"八个明确"的科学内涵和"十四个坚持"的基本方略以及二者之间的关系,对于学懂弄通做实新思想至关重要。从一定意义上说,"八个明确"则是行动指南,讲的是世界观、是怎么看,回答的是新时代坚持和发展什么样的中国特色社会主义的问题;"十四个坚持"则是行动纲领,讲的是方法论、是怎么办,回答的是新时代怎样坚持和发展中国特色社会主义的问题。

(四)重要的世界意义

习近平新时代中国特色社会主义思想中关于共同构建人类命运共同体的重要思想,符合人类进步潮流、代表时代前进方向。当今世界正处于大发展大变革大调整时期,和平、发展、合作、共赢的时代潮流更加强劲,同时挑战也层出不穷、风险日益增多,全球治理体系和国际秩序变革加速推进。世界怎么了,我们该怎么办? 这一"世界之问",表达了世界各国对人类前途命运的深切忧虑。中国提出的构建人类命运共同体的倡议,汲取"自由人联合体""天下观""和文化"的思想精华,将攸关中国前途命运的中国梦与攸关世界各国前途命运的世界梦紧密连接在一起，让世界各国共享中国智慧、中国方案。这一重大倡议，既让世界发展成为中国的机遇，又让中国发展成为世界的机遇，为开辟人类更加美好的发展前景指明了方向、明确了路径。

二、社科联传播新思想责无旁贷

新形势下，社会思想观念和价值取向日趋活跃，主流和非主流同时并存，社会思潮纷纭激荡。传播新思想，就是巩固马克思主义在意识形态领域的指导地位，就是践行和弘扬社会主义核心价值观，就是巩固全党全国各族人民团结奋斗的共同思想基础。做好新思想的传播，迫切需要哲学社会科学界更好地发挥作用，为传播新思想贡献力量。重任面前，传播新思想社科联责无旁贷。

(一)由社科联机构性质决定

社科联是党和政府团结和联系广大社会科学工作者的一个不可缺少也不可替代的重要渠道，在贯彻党的路线、方针和政策，团结、发动和组织广大社会工作者为实现党的任务而奋斗，为现代化建设事业贡献聪明才智上具有重要作用。因此，社科联需要充分传播新思想，引领社科工作者学习和贯彻新思想。

(二)由社科联工作位置决定

社科联是党和政府在思想理论战线的参谋和助手，是可以信赖的思想库、智囊团，具有学科齐全、人才荟萃、渗透和覆盖理论界五路大军(指科研单位、高等院校、党校、实际工作部门和解放军)的综合优势，是繁荣和发展社会科学事业的一支重要方面军。社科工作的意识形态属性决定了社科联必须主动作为，做好新思想的传播工作。

(三)由社科联工作职能决定

社科普及是社科联重要的工作职能，数十年来，社科联普及活动紧密围绕宣传推介人文社会科学、马克思主义理论、党的方针政策、国家法律法规、中华优秀传统文化等，从满足百姓日益增长的文化精神需求出发，充分利用各级组织、各界专家、全媒体等社会资源，紧密结合广大人民群众的工作、学习、生活和思想实际，坚持为群众着想，让事实说话，通过突出主题、丰富内涵、扩展外延、深入浅出、寓教于乐，来解疑释惑、造势鼓劲和传播科学，从而扩大了传播范围，提升了传播效力，提高了百姓的社会科学素养和精神文明素质。

三、常德社科联传播新思想当仁不让

(一)深入开展"社科普及月"活动

积极协调和支持社科基地免费对外开放,鼓励各社会组织和社科基地采取巡展、巡讲和发动百姓参与等形式,传播社会科学知识,推动社会科学利民惠民。近年来,我们根据中央、省委的要求和常德市"开放强市、产业立市"发展战略目标及社会公众需求,举办内容丰富、互动参与性强的群众性社科普及活动,包括邀请市委讲师团干部在社区、基层开展学习宣传习近平新时代中国特色社会主义思想和十九大精神的理论宣讲、"开放强市、产业立市"发展战略有关的社科咨询服务、"马克思 200 周年诞辰"主题展览展示展演、《习近平谈治国理政》第二卷学习交流、习近平新时代中国特色社会主义思想知识竞赛、沅澧文化知识普及、精准扶贫、爱心助学等特色创新活动,将社科普及知识送进机关、企业、社区、农村、学校、军营等。

(二)大力巩固社科理论阵地

由市社科联主办的《常德论坛》改版增质,发行范围稳步扩大,影响持续提升,与全国 300 多个城市的社科联、100 多所高校交流,成为常德市展示理论成果、反映时政热点的重要窗口。精心构建社科宣传网络。2017 年以来,我们加强与电视、主流媒体的合作,在《常德日报》《常德晚报》《常德论坛》、常德社科网开辟了"宣传习近平新时代中国特色社会主义思想"专栏,市电视台开辟了"走近社会科学"专栏,营造了浓厚的社科普及氛围。创新传播载体,精心打造了"常德社科网"、"常德智库"公众微信平台,刊发社科类动态信息、理论文章和社科知识 50 期,刊登信息 2000 多条,总访问量达 40 万余次,成为普及社科知识、传播社科思想的有效载体。

(三)打造"社科大讲堂"品牌

从 2018 年开始,我们与相关单位、特邀专家合作,以创办讲坛讲座为阵地,定期举办学习宣传贯彻习近平新时代中国特色社会主义思想、党的十九大精神为主题的理论宣讲活动,做好十九大精神的学习宣传、理论宣讲、政策解读,迅速兴起学习宣传研究党的十九大精神的热潮,展现社科理论工作者的时代担当和历史责任。同时,开设常德人文、历史专题讲座,面向机关干部、社区居民、青少年讲好十九大精神,宣传常德文化、讲好常德故事,用党的十九大精神武装头脑、苦练内功、提升自身素质，用实际行动推动常德市社科工作的发展。

（四）开展学术交流

贯彻落实习近平在全国哲学社会科学座谈会上的讲话精神和中央、省委文件精神，组织开展《习近平谈治国理政》第二卷学习交流、《习近平新时代中国特色社会主义思想三十讲》学习交流；启动习近平新时代中国特色社会主义思想"三个认同"征文活动，切实增强广大社科工作者对习近平新时代中国特色社会主义思想的政治认同、理论认同、情感认同；面向全市发起"学习王新法精神"论文评选活动，和市委宣传部共同举办了"喜迎十九大·学习王新法精神、做合格共产党员"理论研讨会，以扶贫英雄精神激发干事创业的斗志；突出"社会科学服务发展"主题，与市文联联合，面向全市开展原创社会科学优秀文艺作品征集活动，征集作品70余件，评选优秀作品9件（篇）；举办海峡两岸宋教仁思想研讨会、抗日保台民族英雄孙开华学术研讨会等；积极参与省社科联组织的湖南省优秀社科普及读物推荐活动。

四、社科界要强化新思想传播措施与途径

社科界要把宣传普及习近平新时代中国特色社会主义思想作为重大政治任务，把新思想讲清楚、讲明白，让老百姓听得懂、能领会。社科界传播新思想时要在传播途径上下功夫，既要丰富传播手段，也要做细宣传内容。

（一）传播新思想需举好旗帜

坚持正确的政治方向和学术导向，在自觉抵制各种错误思想、巩固马克思主义在哲学社会科学的指导地位上发挥作用。理论上成熟是政治上成熟的标志，理论上清醒是政治上清醒的前提。习近平总书记要求："坚持以马克思主义为指导，是当代中国哲学社会科学区别于其他哲学社会科学的根本标志，必须旗帜鲜明加以坚持。"社科联是推动社会科学事业健康发展的引领者、组织者和示范者，站在意识形态工作的第一线，要把坚持正确的政治方向和学术导向、巩固马克思主义在哲学社会科学中的指导地位放在首位。社科联党组要先学一步、学深一层、学实一点，切实履行意识形态工作责任制，在政治引领、思想引导、凝聚共识上发挥作用，做讲话精神学习的先行者、贯彻落实的践行者、理论创新的带头者；要对繁荣发展哲学社会科学有带头"举旗""亮剑"的政治意识、大局意识、核心意识、看齐意识、责任意识；要组织社科界认真学习、深

刻领会,通过召开座谈会、研讨会,对社会组织负责人、秘书长进行学习培训,自觉抵制错误思潮,把马克思主义作为发展哲学社会科学工作的理论基础、思想灵魂,在重大问题上有红线和底线思维,不含糊、敢作为、先发声,充分发挥社科界专家学者引领社会、凝聚人心的作用。

(二)传播新思想需加强阐释

充分发挥社科联在学习宣传贯彻党的十九大精神和习近平新时代中国特色社会主义思想中的研究阐释作用。党的十九大报告和习近平新时代中国特色社会主义思想具有很强的理论性和创新性,社科联要充分发挥自身优势,组织力量加大研究力度,准确阐释这些新思想、新观点、新论断的重大意义和丰富内涵,努力推出有思想内容、有理论高度、有参考价值的研究成果。同时,社科界尤其要认真研究习近平总书记在哲学社会科学座谈会上的讲话精神和最近在全国宣传思想工作会议上的讲话精神,要自觉承担起举旗帜、聚民心、育新人、兴文化、展形象的使命任务。

(三)传播新思想需培养人才

打造一支政治合格、业务过硬的习近平新时代中国特色社会主义理论研究、传播队伍,为新思想的传播奠定人才基础。习近平总书记指出,"人才是事业发展最宝贵的财富,人才资源是党执政兴国的根本性资源"。要加强新思想的阐释,使新思想贴近人民群众,首先必须打造了一支理想信念坚定、理论功底扎实、掌握传播理论与方法且愿意为常德实践贡献力量的研究传播队伍。为此,常德市社科联联合在常高校、各区县(市)党校以及工作在其他行业的理论、教学工作者,共同打造了一支政治合格、业务精良的新思想理论研究、传播队伍。

(四)传播新思想需搞好结合

坚持以用促学、以用促传,将新思想传播和以理论服务常德"开放强市产业立市"战略结合起来。习近平总书记在中央党校建校 80 周年庆祝大会暨2013 年春季学期开学典礼上的讲话中强调,"学习的目的全在于运用。""读书是学习,使用也是学习,并且是更重要的学习。""要发扬理论联系实际的马克思主义学风,带着问题学,拜人民为师,做到干中学、学中干、学以致用、用以促学、学用相长。"我们推进新思想传播的目的,绝不只是为了简单地提升各级干部和人民群众的理论水平,更重要的是通过提升广大干部群众的理论水平,增强广大干部群众自觉践行市委市政府"开放强市产业立市"战略的自觉性、主动性，增强广大干部群众运用马克思主义的一般原理和方法解决常德实际问题的能力。

（五）传播新思想需贴近群众

要坚持以人民为中心，大力推动社会科学普及更好地面向社会、走进基层、服务群众。要创新载体形式，贴近百姓需求，整合各种资源，积极拓展功能，发挥联动效应，着力打造科普精品。要完善纵向联合省、市、县三级，横向覆盖社会各方面的网格化、社会化、公益化社会科学普及工作格局，并继续积极推进社会科学普及立法工作。要创新社会科学学术与科普活动品牌，完善社会科学普及工作体系，组织"新思想知识宣讲"活动，开展"主场＋分场"形式的学术年会，创建社科普及基地，努力实现科普工作内容"通俗化"、方法"多样化"、活动"常态化"，健全面向社会、基层、群众的社科普及工作立体网络，通过"润物无声"的手段、方法，有效发挥宣传普及和聚集效应。

（2018 年 9 月 3 日在全国社科联工作会议上的发言）

肩负使命任务　勇于担当作为

李云峰

2018 年 8 月 22 日全国宣传思想工作会议后,我们高度重视,第一时间组织机关干部职工进行了学习,谋划部署学习贯彻举措,我们深刻地认识到,习近平总书记在全国宣传思想工作会议上的讲话,深刻总结了十八大以来的宣传思想工作的历史性成就、历史性变革,深刻阐释了新形势下宣传思想工作的历史方位、使命任务和重点工作,深刻回答了事关全局和长远的一系列重点问题,思想深刻、意蕴丰富,为新形势下开展宣传思想工作提供了根本遵循和行动指南。

社科理论工作是宣传思想工作的重要组成部分,社科理论阵地是意识形态工作的重要阵地。市社科联作为全市宣传战线的工作部门,在学习贯彻总书记讲话精神上,必须深学一层,先行一步,切实提高站位,勇担使命任务,以讲话为遵循开展各项工作,我们将切实做好以下几个方面的工作。

一、当好学习宣传的排头兵

社科界是哲学社会科学工作的"主战场""主阵地",广大社科工作者是学习宣传讲话精神的"主力军""排头兵"。我们一定要把抓好讲话精神学习作为一项重大任务,发动社科界和社科类社会组织开展系统性学习,在学习的过程中,注重学立场、学观点、学方法,注重学习的完整性、系统性、透彻性,力争做到学用相长、学以致用、力学笃行。另外,还要加大宣传力度,以《常德论坛》期刊和单位网站、微信公众号为阵地,开辟学习专栏、专版、专题,发挥示范引领作用,形成联动效应,掀起学习讲话精神的热潮。

二、当好高举旗帜的战斗员

习近平总书记指出："坚持马克思主义在我国哲学社会科学领域的指导地位，建设具有中国特色、中国风格、中国气派的哲学社会科学。"社科联作为繁荣发展哲学社会科学的职能部门，就要义不容辞、责无旁贷地高举马克思主义光辉旗帜，当好冲锋陷阵的"战斗员"。我们将积极引导广大社科工作者在科研教学和宣传普及中，旗帜鲜明地划清马克思主义与非马克思主义的界限，在政治上、思想上、行动上与党中央保持高度一致，坚决贯彻市委决策部署，对错误的思想观点、杂音噪音，及时发出权威声音，展现真理力量，引领社会思潮。我们将牢固树立阵地意识，运用马克思主义的立场、观点和方法，管好社科讲堂论坛和期刊网站，管好社科类组织，管好社科队伍，做到守土有责、守土尽责。

三、当好贯彻落实的推动者

市社科联作为市委、市政府联系广大社科工作者的桥梁纽带，就要切实履行好繁荣发展社会科学的牵头职责，发挥"联"的优势，做好"联"字文章，整合各方资源，当好推动者。我们将紧紧围绕习近平总书记在讲话中提出的举旗帜、聚民心、育新人、兴文化、展形象的使命任务，牢牢把握宣传思想工作九个"坚持"的工作规律，并以此为遵循，认真落实市委 5 号文件精神要求，将文件中推动常德市哲学社会科学发展的"585"工程（五大基地、八大领域、五支队伍）和相关政策要求落实、落细，进一步抓好社会科学研究、社科普及、社科学术交流、社会组织管理等职能发挥，着力为常德市哲学社会科学发展筑牢良好的发展基础，推动哲学社会科学繁荣发展，形成推动"开放强市、产业立市"的强大合力。

（原载于《常德论坛》2018 年 5 期）

着眼长远　筑牢基础
推动社科事业跨越发展

李云峰

近年来，常德市社科联立足工作实际，深入谋划目标方向，积极整合优势资源，大力搭建工作平台，精心打造活动品牌，推动社科工作影响不断拓展，为服务上级决策、推动社会发展发挥了重要的作用。其主要做法如下。

一、高起点谋划，构建发展战略图

(一)广泛调研"定位"

2016 年以来，面对常德市社科事业发展定位不清晰、目标不明确的工作状况，我们以开展"摸清家底，找准定位"为主题，广泛开展调查研究。一方面，走出家门看世界。组织工作力量，省内赴长沙、株洲、衡阳等 10 个市州社科联考察交流，省外赴台儿庄、宜宾等城市，学习兄弟市州社科工作的先进经验，不断开拓工作视野。另一方面，摸清家底谋思路。深入市内各高校、学会、社科普及基地实地走访，多次组织社科专家、社科工作者进行集中座谈，为常德市社科事业发展集思广益、把脉问诊。在调研基础上，形成了数据翔实、内容客观的调研报告，得到了省社科联和市委领导的肯定。

(二)紧扣中心"谋篇"

作为群团组织，在实践中，我们深刻认识到社科联的工作只有围绕中心、服务中心才有出路、有位置。为此，我们积极转变思路，积极发挥社科联所具有的桥梁纽带作用，立足与社科理论界专家学者联系广泛的优势，围绕市委市政府中心工作、重大决策、重点项目，选准主题，找准角度，精心开展社科立项课题研究、社科学术交流等系列活动，组织社科工作者为党委政府献智献策，一大批社科"金点子"进入了领导决策视野，得到了实际部门的支持和采纳。

(三)着眼长远"布局"

事业发展需要长远眼光，需要长期坚守。2016年以来，我们认真学习习近平总书记在哲学社会科学工作座谈会上的重要讲话精神，深入宣传贯彻《湖南省社会科学普及条例》和《常德市社会经济发展"十三五"规划》要求。紧盯新形势、新任务、新要求，进一步明确了打基础、抓基层、补短板、定制度、建机制的工作思路，先后制定了《常德市社科联2016—2017年工作计划》《常德市社会科学事业"十三五"发展规划》等纲领性文件，确定了"突出一个主题，实现三大突破，抓好五大建设"重点工作，为今后全市社科工作发展提供了有效指引。在我们的努力下，更有许多展望正转化为发展现实。2017年，为建立社会科学发展长效机制，我们提请常德市委、市政府同意，成立了社会科学普及会议联系制度和社会科学评审委员会。

二、高强度推进，抢占发展主动权

(一)狠抓课题研究补短板

长期以来，常德市社科研究在组织上处于停滞状态，限制了社科界服务上级决策的作用。我们着眼于这一制约性短板，大力开展社科课题研究，取得了很大突破。2016年，由常德市社科联组织的《社会组织参与精准扶贫支持乡村建设的研究》被列为全省重大社科项目课题，我们以石门县上马墩村为试点，动员20多个社会组织成立扶贫工作队，开展社科普及宣传和扶贫帮困实践，常德市户外文化研究会会长王发强被评为常德十大"最美扶贫人物"。目前，课题已结题并得到了市委主要领导肯定。由王群书记牵头的《"海绵城市"建设理论与实践的研究》被确立为2017年度省级重大课题，我们正组织相关部门和专家团队进行研究，力求形成科学完善的课题研究成果。同时，积极探索开展市级社科课题申报工作，制定发布了《2016年常德市社会科学课题研究参考指南》，面向市直各有关单位、各市级社科类社会组织、在常各高校下发通知，收集上报课题申请40余份，市社科联组织相关领域专家学者集中研讨，科学分析课题的研究价值和可行性，先后确立了常德农村扶贫攻坚政策措施研究、常德文化旅游产业发展研究等18项具有较强针对性和前瞻性的课题立项，对课题成果进行逐项评定，将优秀成果汇集成册，供市委、市政府领导决策参考。2017 年计划立项研究课题 50 个，已下发选题征集通知。

(二)狠抓活动拓影响

2016 年以来，我们积极整合学会、媒体、企业等各方资源，大力开展系列学术交流活动，社科工作影响持续拓展。按照市场化运作的模式，开办了常德企业大讲堂，先后聘请张锡民、张召忠等知名专家教授来常开办讲座，共举办讲座 12 场，有 6000 多人参加了讲座；与《常德日报》社联合承办了"湖湘大学堂·名家讲坛"活动，邀请著名学者、央视签约编剧程韬光作了"相约柳叶湖畔·共话朗州司马(刘禹锡)"主题演讲，常德市市级领导、市直单位主要负责人等共 300 多人听取了演讲；举行了"常德文化高峰论坛"，50 多名文化工作者和高校学者围绕自身研究专长，就常德市文化发展现状和发展方向进行了交流讨论；紧跟省社科联部署，面向全市社科界开展了"学讲话，谈感悟，促发展"主题征文活动，汇集征文 30 多篇，评选获奖论文 10 篇，其中 3 篇获省社科联评奖，常德市社科联获批活动组织奖。

(三)狠抓保障促推进

积极争取党委和政府的重视和支持，加大对哲学社会科学的支持和投入。2016，常德市新增社科普及经费预算 20 万元，追加课题研究经费 15 万元、会议经费 20 万元、网络平台建设经费 5 万元，社科事业预算经费增加总量较上年有了巨大突破，同时，省社科联也给予了大力支持。2017 年，常德市社科普及经费扩充至 50 万元，新增社科研究经费正在协调纳入财政预算。在人员保障上，我们不遗余力，各方奔走，争取市委、市政府主要领导和组织编制部门的支持，在当前机构压缩、编制精简的大环境下，市编委下文成立"常德市社科事业发展研究中心"，定编 5 个，目前，已完成 3 名人员编制划转到岗工作，1 名硕士研究生考聘和 1 名博士引进工作均已启动，进展顺利，社科工作力量逐步得到加强。同时，新的办公场地也已选定，可望于 2017 年 5 月前迁往新址办公。

三、高标准落实，实现发展新跨越

(一)搭建高效普及平台

扎实推进各级社科普及基地创建工作，常德市东方红博物馆被确定为全国科普宣传基地，我们支持该基地先后开展了"抗战胜利70周年实物展"等系列人文社科普及活动，得到了中央、省主流媒体的推介。2016年以来，常德市大力加强社科普及基地建设，新增市级社科普及基地9处，中国常德诗墙、城头山国家考古遗址公园、常德烟草公司紫菱图书馆被评为省级社科普及基地；加强了基地的规范管理和业务指导，推动社科普及基地功能逐步完善。大力巩固社科理论阵地，由社科联主办的《常德论坛》质量不断提高，发行范围稳步扩大，影响持续提升，与全国300多个城市的社科联、100所高校交流，成为市内刊物展示理论成果、反映时政热点的重要窗口。精心构建社科宣传网络。我们加强与电视、纸质媒体的合作，在《常德日报》、常德电视台开辟了"走近社会科学"专栏，营造了较浓的社科普及氛围。创新传播载体，策划打造"常德社科网"、"常德智库"公众微信平台，刊发社科类动态信息、理论文章和社科知识30期，刊登信息500条，总访问量达30000余次，成为普及社科知识、传播社科思想的有效载体。2017年将继续与《常德日报》《常德晚报》开展常年宣传合作，继续开设"走进社会科学"专栏，新设"我的社团我的会"专栏。

(二)开创高质社科品牌

创新创优社科工作品牌，在全市社科界广泛开展以"优秀社科成果评选、优秀社科专家评选、创建先进社科组织"为主要内容的"两评一创"活动，先后高规格开展了七届优秀社科评选、两届优秀社科专家评选。2017年我们已提请市委、市政府成立社会科学成果评审委员会，准备开展新的评选活动。精心组织"走近社科"主题宣传。2016年5月，2016年湖南省社科普及主题活动周启动仪式在常德市白马湖公园隆重举行，省人大常委会副主任谢勇、省政协副主席欧阳斌出席活动。我们以此为契机，在白马湖公园广场举办了为期7天的"走近社科"大型主题展览，摆放社会科学知识宣传展牌150块，开设社科普及咨询台50个，印制发放社科普及读本等资料10000余份，组织文艺演出队100人。通过组织社科工作者与市民面对面交流、发放宣传册、现场讲解，提升了广大市民对社会科学的知晓率，产生了广泛影响。2017年初，我们筹集了专项经费，组建了专业队伍，开始创作一套哲学社会科学普及文艺节目。

(三)打造高能社科队伍

为充分发挥社会科学界思想库、智囊团的作用，我们面向全市大中院校、市直各单位、科研机构下发了《常德市社会科学专家人才库申报通知》。社科专家人才库分为专家库和青年人才库2个子库，目前已收集人才资料300余人，建成后将报市委组织部审批备案。我们加强了社会组织管理，制定并印发了

《常德市社科类社会组织管理办法》《中共常德市社科联系统社会组织党委工作职责》等规范文件，扎实开展社科类社会组织党建工作，加强政治理论学习；多次召开学会工作会议，增设了政治理论学习议程，通过组织全市社科类社会组织集中学习十八届五中、六中全会精神和习近平总书记在哲学社会科学座谈会上的重要讲话精神，进一步提升了学会负责人的政治观念和大局观念。

各位领导、专家、同仁，以上是我们市社科联在推进社科事业发展的进展情况和有效做法，和兄弟市州相比，差距还很大。在今后的工作中，我们将竭力进取，学习先进，不断总结，努力提高工作能力和水平，继续创新社科工作思路方法，使社科普及工作再上新台阶。

（在 2017 年全省社科工作座谈会上的发言）

六个"强化"引领社科工作发展

李云峰

2016 年 5 月 17 日习近平总书记在北京主持召开哲学社会科学工作座谈会并发表重要讲话，令我们基层社科工作者倍感振奋，深受鼓舞。总书记的讲话思想深刻、意蕴丰富，为新形势下繁荣发展哲学社会科学提供了根本遵循和行动指南。憧憬哲学社会科学事业大发展、大繁荣的美好明天，正视社会科学工作面临的新形势、新任务、新挑战，我们深感责任重大、使命光荣，并一定会以总书记讲话精神为指引，坚定信心、鼓足干劲，把握方向、抓住关键，努力提升工作水平，做到不负时代、不负使命。为切实贯彻落实习近平总书记讲话精神，根据目前哲学社会科学发展领域普遍存在的问题，我们将在六个"强化"上着力。

(一)强化党的领导

哲学社会科学是人们认识世界、改造世界的重要工具，是推动历史发展和社会进步的重要力量，其发展水平反映了一个民族的思维能力、精神品质、文明素质，体现了一个国家的综合国力和国际竞争力。"一个没有发达的自然科学的国家不可能走在世界前列，一个没有繁荣的哲学社会科学的国家也不可能走在世界前列。坚持和发展中国特色社会主义，需要不断在实践和理论上进行探索、用发展着的理论指导发展着的实践。在这个过程中，哲学社会科学具有不可替代的重要地位，哲学社会科学工作者具有不可替代的重要作用。"总书记强调，要加强和改善党对哲学社会科学工作的领导，把哲学社会科学纳入重要议事日程，加强政治领导和工作指导，体现了中央对社会科学的重视，各级党委政府要充分认识社会科学在治国理政中的重要作用，加强对社会科学工作的引导管理，充分发挥哲学重要作用，促进社会科学事业繁荣发展。

(二)强化社科普及，着力提升社会科学人文素养

习近平总书记在讲话中指出："哲学社会科学是人们认识世界、改造世界的重要工具。"加强社科普及工作，是传播知识、提高全民科学文化素质的现实需要。面对各类社会思潮交织，人民精神文化需求不断增长的现实，我们开展社会科学普及工作要不断适应形势，确立普及主题，选准普及内容，改进普及方式，将活动宣传和媒体宣传相结合，推动社会科学进机关、进企业、进厂矿、进社区、进学校，普遍提高广大干部职工和广大人民群众的人文素养。

(三)强化组织体系构建，着力夯实社会科学发展基础

基础不牢，地动山摇，一项事业发展水平如何，很大程度取决于其是否拥有健全的组织网络。完善社科工作组织体系，更好地落实社会科学工作使命，需要加强顶层设计，从中央到地方，要进一步明确社会科学工作的管理机构，科学划分工作职能，形成组织机构健全、职能清晰的社科工作网络。长期以来，常德市社科工作组织体系不健全，工作职能发挥严重受限。不仅市级机构人员力量严重缺乏，同时由于种种原因，区县(市)也未成立社科机构，使社会科学缺少应有的组织力度，许多工作难以落实。

(四)强化队伍建设，着力聚集社会科学事业英才

习近平总书记指出，要实施以育人育才为中心的哲学社会科学整体发展战略。为此，党委、政府要积极创造条件，一方面，要加大社科人才队伍培养力度，为人才队伍建设提供有力支撑；强化优势学科建设，努力打造形成一支年龄梯次、知识结构、学术层次合理的哲学社会科学专业人才队伍；优化人才培养体系，加快高水平、高素质人才的培养；加强教风学风建设，全面推进哲学社会科学人才队伍健康发展。另一方面，要加强社科工作队伍建设，加快吸纳和聚集高层次社科人才，建设社科人才资源库，积极搭建人才培养平台，要通过资源整合，将高等院校、地方党校、党委政府研究机构及相关部门研究力量的理论和实践人才汇集起来，建设好地方新型智库。同时，重点帮扶一批优质社科类组织和科研骨干开展研究工作，增强社科研究的竞争力和影响力，打造成为党委、政府科学决策的"思想库"。

(五)强化机制建设，着力激发社会科学工作活力

习近平总书记客观地指出："社会科学领域还存在一些亟待解决的问题，

如管理体制和运行机制还不完善。"为此,我们要紧跟讲话精神,加强探索创新,在巩固现有科学机制的基础上,不断完善社科工作的各项机制。特别是要建立健全领导决策机制,让社会科学更多地参与党委政府决策;建立健全社科考核机制,将社科普及、社科课题研究等工作纳入党委政府绩效考核和精神文明建设考评,推动各级各部门将社科工作落到实处;建立社科人才与社科成果奖励机制,激发广大社科工作者从事社科理论研究的热情;建立完善社科工作管理机制,不断促进社会科学工作规范化、科学化。

(六)强化投入力度,着力加强社会科学工作保障

国家层面,既没有专门的机构,也没有预算社科事业发展基金和设立国家社会科学奖。就常德市来看,财政在社会科学事业上还谈不上投入,2015 年事业经费预算仅 14 万元,远远落后于自然科学和其他事业投入。为此,建议各级党委、政府切实加大对哲学社会科学事业的投入力度,拓宽投入渠道,切实形成保障哲学社会科学长远发展的经费投入机制,为广大社科工作者提供必要的科研条件和工作条件。同时,建议各级政府设立自然社会科学发展基金,用于哲学社会科学知识普及、社科学术著作出版资助、社科优秀人才和优秀成果奖励等。

(原载于《常德日报》,2016 年 7 月 6 日)

第五篇

加快构建中国特色常德风格的哲学社会科学

——常德市社科联座谈《中共常德市委关于加快构建中国特色哲学社会科学的实施意见》侧记

雷春桃①

2018 年 6 月 26 日上午，市社科联召开专题座谈会，学习《中共常德市委关于加快构建中国特色哲学社会科学的实施意见》（常发〔2018〕5 号），市直 15 家单位、市内各高校科研处及市相关社科类、文化类社会组织主要负责人共 40 多人参会。

会上，市社科联主席李云峰领学了《中共常德市委关于加快构建中国特色哲学社会科学的实施意见》文件精神，各参会单位代表现场交流，进行思想碰撞。

市委党史办以"推进常德红色文化、地域历史研究基地建设"为主题，梳理了近年的工作成果：理论研究上，致力于赵必振及其学说的研究，推动建成了赵必振纪念馆，成立了赵必振研究会；阵地建设上，本着"存史、资政、育人"理念，打造了多个红色教育基地，并着重于党史陈列馆的建设，展现党的历史风貌；围绕红色品牌建设，培育红色经济，以史惠民。

市文体广新局总工程师江勇就"加强文化传承保护 增强地方文化自信"主题进行了交流分享，介绍了市文体广新局在常德文化的传承、创新方面的工作情况：争取党委、政府的多方支持；发掘地方文化资源，积极申报国家、省级文化遗产项目；搭建平台，多途径宣传展示地方文化；创新形式，有效推动文化遗产的保护和传承。

湖南文理学院马克思主义学院院长黄向阳教授就"如何加强马克思主义大众化传播基地建设，筑牢学习研究马克思主义主阵地"交流了工作方案并指出：

---

① 雷春桃，女，常德市社科联工作人员。

首先，要打造一支政治合格、业务过硬的马克思主义理论研究、传播队伍，为马克思主义大众化传播基地建设奠定人才基础；其次，要认真研读原著，加强理论学习、提升理论水平，增强运用马克思主义理论说服、教育大众的能力；再次，要坚持以用促学、以用促传，将马克思主义大众化和以理论服务常德"开放强市、产业立市"战略结合起来；最后，要立足常德实际，在讲好常德故事中推动马克思主义在常德的"常学常新"。

市委党校马克思主义教研室罗米娜和大家共同探讨了新形势下党校马克思主义理论教育的困境和出路，指出面对"一式固定""一师多能""一体失位"等困境，党校教育应因材、因层施教，拓展创新教学方法，打造立体式、开放型教育模式，构建教师与学员"实践共同体"。

湖南幼儿高专科研处郭铁成教授以"建设湖南一流的学前教育学和小学教育学学科"为题发言，展示了湖南幼儿高专在建设"卓越院校"、一流学前和小学教育学学科的奋斗目标，详细介绍了建设过程中的工作思路和重要举措。

常德历史文化研究会会长周星林教授就研究会工作进行了交流，指出要发挥专家优势，为地方文化事业发展当好建言者；发挥专业优势，为地方文史研究当好引领者；发挥平台优势，为地方文史研究当好传播者；发挥团队优势，为社会科学与文创产业结合当好实践者。

市善卷文化研究会副会长王剑英就"如何加强善德文化研究，提升善德文化影响力"提议：以善德文化为常德精神元素建立科学的文化产业发展应用体系，打造"桃花源里的城市"品牌形象，继承、发展和传播善德文化，弘扬常德的精神，使各方形成合力，共同实现常德文化产业的繁荣发展。

市国学教育研究会会长胡生平作了"激活经典，传承发展，以优秀传统文化滋养文化自信"的发言，指出要提升认识，强化队伍，奠定区域推动基础；要整体架构，有效实施，建设区域推动体系；要经典熏陶，价值渗透，丰富区域推动载体。

市委宣传部副部长李清彪在座谈会上强调，大家要深刻领会、充分把握市委 5 号文件起草的重大意义，在开展工作的过程中，把理论武装、理论指导和理论创新结合起来，坚持正确的政治方向、价值取向和学术导向的统一；坚持以立足本土为重点，把年度任务与"585"工程具体目标相结合；坚持以问题为导向，针对目前存在的管理体制和运行机制不健全、学科建设较滞后、学术水平总体不高、科研协同性不强、学风作风不扎实、人才队伍总体素质不高等问题，结合文件提出的重点任务和目标，采取有效措施，逐一加以改进和解决。

不同的视角，相同的结论，将发展中国特色哲学社会科学和常德本土思想文化紧紧联系在一起，它们相互交织、相互影响，形成体现常德特点的学术观点和理论创新。毫无疑问，市委 5 号文件为常德市构建中国特色哲学社会科学提供了有高度、有格局、有视野的顶层设计，必将推动形成具有常德特色、常德风格、常德气派的哲学社会科学的发展。

（原载于常德社科网）

常念"紧箍咒"定期"回头看"，常德市社科联多举措抓实制度建设

曾景昌

2019 年以来，市社科联围绕规范化管理目标，通过抓实"建""学""用"等重点环节，切实做到了用制度管权、管人、管事。

一、"建"重实际

市社科联根据中央八项规定精神以及市本级各项纪律规定要求，重点对已有的公务接待、采购管理、财务支出等 8 项制度进行修订，新建文件处理、宣传报道、集中学习等 10 项内部管理制度。结合单位实际，对社科研究、社科普及、社会组织管理等职能业务工作流程进行梳理，制定规范流程图。多次召开制度修订讨论会，广泛收集整理意见建议，提升制度建设的合理性和可操作性。

二、"学"出实招

市社科联在单位月度工作例会、支部党员代表大会设置制度学习专题，相关负责人就单位制度的重点内容和制度制定的初衷进行了解读，让干部职工深入理解制度的真实含义，增强学习制度和落实制度的自觉性，强化纪律意识和责任意识。以学习制度为契机，形成人人学制度、人人懂制度、人人按制度办事的良好氛围。

三、"用"求实效

党组班子带头执行各项制度，经常督促检查干部职工上下班纪律、服务态度等，按季度进行通报，和干部年度考核挂钩，将制度执行列入领导干部"谈心谈话"的重要内容，常念遵规守纪的"紧箍咒"。定期"回头看"，组织各科室对照各项制度要求，查找执行过程中存在的问题，及时改进，防止制度执行"时紧时松"，确保单位制度真正落到实处。

（原载于《常德日报》2019 年 7 月 27 日）

弘扬主旋律　凝聚正能量
——常德市社科联 2018 年工作综述

曾景昌

2018 年，市社科联积极应对新形势、新任务，融入发展大格局、大战略，着力下好先手棋、打好主动仗，事业发展保持了稳步向上的势头。

一、课题研究更扎实

市社会科学成果评审委员会第一次会议审议并通过了《常德市社会科学成果评审委员会工作规则》《常德市社会科学成果评审委员会课题管理办法》等制度草案；面向各区县、市直各单位、市内各高校科研处、市级社会组织，收到申报课题 130 余项，共立项 117 项，其中重大委托课题 10 项，重点课题 32 项；省级课题研究有序推进，市社科联与湖南文理学院联合承担的省级重大课题"海绵城市城市建设理论与实践的研究"已进入结题阶段，由市社科联组织的省级智库课题"湖南健康养老产业发展研究"已完成初步调研报告，正处于完善阶段。

二、学会管理更规范

2018 年，市社科联完善社会组织工作台账，联合市民政局开展"一站式"年检，依规注(撤)销 2 家社会组织，并督促 6 家社会组织进行整改。在此基础上，大力拓展社会组织规模，全市社科类社会组织达到 50 家；先后开展多次全市社科类社会组织负责人集中业务培训，并组织社科联系统党委社会组织负责人赴延安进行党建培训。

三、学术交流更活跃

2018 年 3 月中旬，市社科联成功承办《孙开华评传》首发暨海峡两岸孙开华研究学术交流会，来自海峡两岸的近 40 名专家学者进行了现场学术交流；3 月下旬，支持常德市名人研究会开展宋教仁等历史人物研究，参与在桃源举行的"国家重大选题《宋教仁逸事》结题报告会"；5 月下旬，举办原创文艺作品颁奖座谈会，邀请文学艺术家代表及获奖作者近 30 余人参与座谈；积极参加全国社科联工作会议、长江中下游城市发展论坛、全国赵必振学术研讨会等省内外学术交流活动，推动常德学术氛围开放发展。

四、社科普及更深入

2018 年 5 月 25 日，市社科联在常德河街启动"不忘初心扬沅澧人文精神，牢记使命建幸福大美常德"主题社科普及活动月活动，现场搭台展演，摆放"十九大精神""本土文史"等各类社科知识宣传展牌 120 余块，开设社科普及咨询台 20 个，印制发放社科普及读本等资料 1000 余份。活动月期间，指导社会组织、科普基地开展了形式多样、内容丰富的科普活动 87 场次。创新社科普及形式，推出"常德社科大讲堂"品牌活动，以"鬼谷智慧""国防教育""乡村振兴"等为主题，邀请魏后凯、刘茂松、戴旭、兰彦岭等学者来常德市讲学，推动社科知识走进校园、村居、社区。加大社科普及基地创建力度，认定常德市规划展示馆、桃源工艺术博物馆、津市市红色收藏展览馆、常德市老西门昕玲香舍等 4 家单位为常德市第四批社会科学普及基地，推动市丁玲纪念馆成功创评省级社科普及基地。

五、理论服务更有力

一年来，市社科联以习近平新时代中国特色社会主义思想宣传为主线，广泛开展理论阐释宣传，在全市社科理论界组织开展"强化三个认同"主题征文活动，征得理论文稿 30 多篇，成功召开全市社科界学习习近平总书记在全国宣传思想座谈会上的讲话精神座谈会；精心承办全省社科专家基层行活动，配合省社科联组织中国社科院、省直部门、高校专家服务团队深入常德市石门县、桃源县等地，就"乡村振兴"战略实施开展调查研究和决策咨询；积极开展理论普及，邀请省社科联党组书记宋智富以《党员领导干部要提高马克思主义"看家本领"》为题，为常德市理论学习中心组(扩大)2018 年第 3 次集中学习做了专题报告，邀请市委宣传部部务会成员、调研员刘桂平在全市社科工作会议上开展了习近平新时代中国特色社会主义思想宣讲；充分发挥《常德论坛》社科理论宣传阵地作用，使改版后的刊物内容更加丰富，可读性更强，开辟了"开放强市、产业立市""决策参考"等专栏，更加有力地弘扬了主旋律，凝聚起正能量。

（原载于《常德日报》2019 年 1 月 20 日第二版）

把脉常德区域发展　助力美丽乡村建设
——2018 年湖南省社科专家服务团常德行活动侧记

曾景昌　刘芳

　　11 月 14—16 日，2018 年湖南省"社科专家服务团常德行"活动在常德市锦江宾馆拉开序幕。本次活动由湖南省社会科学界联合会、中共常德市委员会、常德市人民政府共同主办，常德市社会科学界联合会及相关县（区）具体承办。活动以实施乡村振兴战略、打造全域美丽乡村为主题，结合全市"大调研"活动的开展，借助省社科联"社科专家服务团基层行"活动的有利契机，通过社科专家深入基层、深入一线调研宣传、咨询服务，把脉常德区域发展，更好服务社会经济发展，为常德市加快推进"开放强市、产业立市"战略提供有效的智力支持。

　　专家服务团组成人员包括湖南省人大常委会委员、省社科联党组书记、常务副主席宋智富，省社科联党组成员、副主席胡卫箭，省农业厅原巡视员、省农产品质量安全协会会长李志纯，中国社科院农村发展研究所研究员任常青等领导、专家、学者。根据活动安排，14 日上午召开了一个简短的情况通报会，正式启动"社科专家服务团常德行"活动。会议由市委常委、市委宣传部部长胡丘陵主持，他代表中共常德市委、常德市人民政府向策划组织本次活动的省社科联、各位领导专家表示了热烈欢迎和衷心感谢，并介绍了常德当前的产业发展情况和城市发展规划。宋智富书记介绍了专家服务团成员、活动目的以及前期准备工作情况，他表示，把常德行作为此次专家服务团基层行的开头戏、重头戏，是对常德乡村振兴工作给予的热切厚望和鼎力支持。参会成员观看了常德地方宣传片，了解了这座"国家海绵城市试点城市""国家智慧城市试点城市"所蕴含的巨大的原生动力。

　　市农委主任李百艳就全市实施乡村振兴战略和美丽乡村建设的情况进行了

简要汇报。

社科专家基层调研活动从 11 月 14 日至 16 日在西洞庭管理区、石门县和桃源县全面展开。

一、坚持规划先行，推进乡村振兴

14 日下午，社科专家服务团一行轻车简从，赴西洞庭管理区调研。

专家服务团一行在西洞庭管理区领导陪同下，先后视察了汇美农业科技有限公司、彭家湖朝鲜蓟种植示范基地、毡帽湖高效蔬菜基地和白芷湖人居环境整治现场。汇美农业科技有限公司是一家以果蔬种植、生产加工、销售为主的湖南省农业产业化龙头企业。公司占地260 余亩，建筑面积近 15 万平方米，目前年生产各类农产品罐头 5 万多吨。在公司产品展厅，宋智富书记一行查看了糖水黄桃罐头、梨罐头、橘片罐头以及朝鲜蓟健康饮品等一系列产品，并询问了相关生产、销售情况。

在彭家湖朝鲜蓟种植示范基地，专家学者下到地头，观察作物生长状况，仔细聆听工作人员讲解朝鲜蓟被欧美国家充分肯定的功效所在。据介绍，十多年来，公司累计种植朝鲜蓟 10 万多亩，生产罐头 1.5 万吨，出口创汇 5000 万美元，实现工农业总产值 5 亿元，工农业利税 1.5 亿元，农户增收近亿元。宋智富书记鼓励公司要坚持品质、诚信、创新的发展战略，要致力于成为在农副产品深加工行业中具备明显特征的专家型企业。

在毡帽湖高效蔬菜基地，工作人员介绍了秋延辣椒种植、无人机飞防等新型技术的应用及取得的成效，指出这些新型技术的应用使农业生产效益进一步提升，2018 年 1 月至 10 月全区农业总产值高达7.37亿元，同比增长 9.18%。

白芷湖社区位于管理区东北部，近年来，其按照美丽乡村建设和乡村振兴的要求，发挥地处湖区和土地集中成片的优势，狠抓产业发展、环境整治和乡村文明建设，取得了一定的成效，充分发挥了示范引领作用。全社区已有水泥路 11 公里，硬化沟渠 16 公里，路灯 120 盏，农村集中式生活污水处理站 1 个，垃圾池 38 个，垃圾桶 450 个，并实行垃圾统一清运，基本实现了道路硬化、村庄亮化、卫生净化。

二、发展全域旅游，促进乡村振兴

石门县是革命老区、少数民族过半县、常德市唯一的国家武陵山片区区域发展与扶贫攻坚试点县和省定扶贫开发重点县。

在对夹山寺（国家4A级景区、茶禅文化源头、闯王李自成禅隐地、国家重点文物保护单位）、龙王洞等旅游热点的实地考察中，专家团成员里吉首大学副校长、教授黄昕谈到，在推进全域旅游创建工作中，要注意做好对接，加强区域合作，积极主动地对接和融入张家界等黄金旅游圈，实现资源互享、信息互通、交通互联、客源互送，不断提升旅游人气；要做好规划，紧扣"神奇壶瓶山、唯美石门县"的形象定位，充分发掘一村一品、特色民居等有文化内涵和个性特点的地方特色，不要搞野蛮生长；要学会讲好故事，延伸挖掘本地历史人文故事，增加对游客的吸引力。湖南生物机电职业技术学院副院长、教授谈再红提到，要注重旅游资源和农业资源的有机结合。文化很足，产业要有支撑。比如石门银峰可以与禅茶文化结合并以此促进茶产业发展，知名的石门柑橘亦可作为打造田园综合体的主题。省社科院办公室主任、中国乡村振兴研究院研究员陈文胜还指出，要扩大品牌升级和保护，品牌形象要高端化，科技服务要绿色化。最后，宋智富书记强调，"唯美石门"在贫困县中算是发展得挺好的，要深刻领会党的十九大报告中提出的实施乡村振兴战略，要走质量兴农之路，提高品质，增强吸引力，不要美丽的贫穷。

三、确保高位推动，实施乡村振兴

桃源县地处湘西北，因千古名胜桃花源而得名。其县域面积、人口数量分别居全省第4位、第16位，是典型的版图大县、人口大县和农业大县。专家服务团到达的茶庵铺镇松阳坪村是湖南省生态文明示范村、常德市文明村和常德市美丽乡村建设示范村，也是国家级无公害茶叶基地。全村有耕地面积4213亩、茶叶4120亩、林地17976亩，以茶叶为主导产业，年吞吐鲜叶3.8万担，年加工成品1.8万担，人年均茶叶收入在5000元以上。考察过程中，专家对桃源县的乡村振兴工作给予了肯定，并强调要积极打造茶旅融合新业态，因茶兴旅、以旅促茶，力求建成高质量，高品位的美丽乡村。

四、专家问诊把脉，助力乡村振兴

实地调研完毕后，常德市委副书记朱水平，市委常委、宣传部部长胡丘陵出席了专家咨询会。有关单位负责人就"实施乡村振兴战略，打造全域美丽乡村"面临的实际困难提出了具体问题，由各专家进行解答并提出了对策建议。
石门县委副书记邓碧波提到了在发展全域旅游、实施乡村振兴、努力打好脱贫攻坚战的过程中存在的几个短板：一是互联互通旅游交通体系发展不够，还没有做到外部通达，内部顺畅。二是缺乏完备的旅游接待体系。如没有五星级酒店，知名的壶瓶山景区、仙阳湖景区没有像样的接待中心，自助接待体系也比较分散。三是推广全域旅游的产品体系不足，没达到示范县要求。四是专业技术人才匮乏。石门作为教育强县，每年高考有十个以上的北大清华上线数，然而人才回流比较少，人才流失大。针对这几个问题，吉首大学副校长、教授黄昕给出了相应的回答，对于交通条件的改善，首先要争取财政投入，其次更要加强区域合作，做好对接规划。对于接待体系的薄弱，要想办法撬动工商资本，通过旅游线路、产品推介会等形式，发展企业家投资。对于旅游产品体系的不足，要做好规划，挖掘延伸旅游产品的深度，搞好产业融合，提高综合收入。对于专业技术人才的缺乏，黄昕指出，这是一个有政治高度的问题，乡村振兴工作中，人才振兴是关键。要出台乡村人才振兴方案、实施办法，给出适当的激励、考核政策，激发乡村两级干部队伍的创造性和积极性。鼓励各党政机关、事业单位、高校的驻村挂职干部队伍到乡村去。还可以充分挖掘新乡贤、老党员、老领导、企业家等生力军，吸引他们参与到乡村振兴建设中来。另外，还有一些敢于开拓市场的新型职业农民、乡土人才等，都可以成为争取的对象。提高现有干部队伍待遇，设立人才专项资金，通过政府投入、社会赞助等成立人才基金，这些都能作为参考方法。而成立石门县乡村振兴学院这类的人才培养学校，也不失为一个良好的解决途径。黄昕更是表示，如果这样，吉首大学非常乐意在整合资源、提供策划、教学质量考核、甄选教学实验基地等方面给予支持。

常德市农委领导就村级集体经济薄弱，如何打破无资源无资金的困顿局面、带领劳动人民致富的问题向专家请教，省农业农村厅新农村建设处副处长邝力荣表示，一是发展集体经济。要借助基层力量，在思路上下功夫。这个没有万能钥匙，重要的是坚持因地制宜的原则，靠山吃山，有什么资源优势，就集中精力利用开发。坚持市场运作，借助市场力量。比如以前有集体土地资源就只会出租土地，现在可以转换思路，借助市场力量寻求合作。要循序渐进，找准方向，明确目标，坚持政策支持。应用资产、资源、资金的科学管理，提高资金效率，避免回报率低下。二是从政府层面来说，要抓试点带发展，抓创新推发展，抓改革激发展，抓管理稳发展，抓奖励帮发展，抓培训保发展。三是利用集体资源创收。比如创新土地经营创收，置办物业创收(建厂租给经营者等)，发展特色产业创收，提供有偿服务创收，办合作社创收。

西洞庭管理区党工委委员、武装部长陈建军提出，在乡村振兴中，传统农业应加快向现代农业转型升级。湖南生物机电职业技术学院副院长、教授谈再红认为，一直存在一个文化误区，即把休闲农业乡村旅游当作景点商业开发。

这是不对的，大规模的人造景点，只会造成没有回头客、消费水平低下的后果。只有挖掘乡村民族文化，利用农村资源，迎合现代人怡情养性的消费需求，才能走得更远。另外，农旅结合松散，造成投资大、收益低，要把旅游和特色产业有机结合，打造完备的产业链。细分来说，就是要做好一村一品，一县一特。结合产业，发展生产、示范、景观一体化模式，增加体验活动、科普交流，开发食品、生物制品等系列产品，将生产、旅游、休闲、文化有机地结合起来。

咨询会上，各专家学者还进行了主题发言。湖南省社科院办公室主任陈文胜关于乡村振兴提到了五个方面：一是产业要有品牌理念。注意高质量发展，把大众化的产品品牌化，特色化的产品高端化。要建立健全制度，尊重价值分配定律。资本能带来财富和利润，但同时要清晰产权问题，与农民形成一个共享机制。二是建设生态宜居的新农村。良好的生态环境是农村的最大优势和宝贵财富，只有尊重自然、顺应自然、保护自然，才能推动乡村自然资本加快增值，实现百姓富与生态美的统一。三是建设乡风文明。在乡村振兴战略五个方面的总体要求中，乡风文明蕴含丰富的文化内涵。尊重传统，以优秀文化引领乡村文化的前进方向，是乡村振兴战略中最基本、最深沉、最持久的力量。四是有效治理。实现人民的主体行为。五是生活富裕。在粮食安全的基础上，把农业和文化、旅游结合起来。

湖南省文化和旅游厅副巡视员王鹏发言，指出要让文化工作在乡村振兴中发挥作用。增强文化自觉，坚定文化自信，是认识层面上必须形成的共识。保护好文物、古建筑、古村落、历史文化，形成越常德越湖南、越中国越世界的文化认同。从文化视野的角度，要开展公共文化体系的建设。从文化产业的角度，要保护好文化旅游资源，把历史古韵之美和人文之美良好地结合起来。发展传统价值经济，由点到线、由线到面地建立特色鲜明的农耕文化展示区，力求建设看得见山、留得住水、记得住乡愁的美丽乡村。

湖南省农业厅原巡视员、农产品质量安全协会会长李志纯发言，指出乡村振兴首先要振兴产业。要有安全、优质、高效的质量理念和山美、水美、村庄美、人更美的发展理念。推进三个文明，在生产、生活文明的基础上建设生态文明。其次要加强美丽乡村建设。抓好生活垃圾的处理，生活习惯的改良，从交通、环保、休闲娱乐等方面，做好引导工作，把政府的决策变成人民的自觉行为，投入带动，样板带动，孵化新型经济，实现城乡一体化对接。做好山和水的文章，在保证粮食安全的前提下（不能休耕），搞好功能区、服务区、园区建设。

咨询会上，常德市委副书记朱水平就此次社科专家服务团常德行活动深情感言：第一，感想与感谢。宋智富书记带领专家服务团，响应中央、省委省政府号召，把实施乡村振兴战略落实到具体行动上，马不停蹄，在短时间内跑了几个区县，呼应了人民的需求、基层的期待，站位很高，调研和指导很实在，政策宏观指导性比较强。他代表 621 万常德人民群众对社科专家、资深服务团表达衷心的感谢。第二，期待与希望。基层非常期待对整个农村、农业、农民"三农"工作的具体思想指导，希望专家服务团传道授业解惑，给予政策、技术、方式方法的指导，对于梳理出的急需解决的问题，希望专家服务团给出建议和规划。第三，责任与担当。对于"三农"工作，中央连续多年下发 1 号文件予以强调部署，时不我待。我们要通过这次的专家指导，借脑借力，积极作为，认真学习，吸纳吸收，改进工作。

（原载于新华网）

结合本职助脱贫　社科联扶贫攻坚在行动

——常德市社科联脱贫攻坚纪实

李云峰　欧子成　曾景昌　唐旭东①

近年来，市社科联以习近平新时代中国特色社会主义思想为指导，认真落实市委扶贫工作要求，进一步明确责任，强化举措，把住"两个结合、一个配合"，推动精准扶贫工作得到较好落实。

一、结合本职工作助扶贫

（一）加强扶贫理论研究，助力扶贫攻坚大局

2017年，由市社科联主席李云峰主持的省级重大社科课题"社会组织参与精准扶贫支持乡村建设的研究"顺利结题并编撰成《精准扶贫与乡村建设理论和实践》出版发行，得到了省社科联和市委领导的认可，相关研究精华被省扶贫办、省民政厅、常德市扶贫办、市民政局、市非公有制经济组织和社会组织党工委采纳进系列文件和方案，为市委全面科学精准扶贫提供了决策依据和理论参考。

（二）加强扶贫精神研讨，激发干事创业斗志

2017年上半年，市社科联在深入学习宣传扶贫英雄王新法的活动中，面向

---

① 李云峰，常德市社会科学界联合会党组书记、主席。欧子成，常德市社会科学界联合会党组成员、副主席。曾景昌，常德市社会科学界联合会副秘书长兼办公室主任。唐旭东，常德市社科发展研究中心干部。

全市市直单位和各高校发起了学习"王新法精神"理论征文活动,得到了积极响应,共评选出优秀作品 21 篇,并汇编成优秀征文集报送相关市领导参阅。7 月 21 日,与市委宣传部联合举办了"喜迎十九大·学习王新法精神·做合格共产党员"理论研讨会,邀请全市理论界、高校代表和征文获奖代表出席,进一步总结提炼了"王新法精神",激发了大家干事创业的斗志。

(三)着力扶贫希望工程,推动社科公益走进乡村学校

2016 年 9 月,市社科联组织全市社科类社会组织到石门县上马蹬村进行精准对接扶贫,共对接贫困户 35 户、中小学生 17 人。2018 年 4 月,为了支持乡村教育,关心贫困山区孩子素质培养和身体健康,市社科联和市文化礼仪协会及爱心妈妈联合会一起到桃源县沙坪镇,为全镇中小学生和兰坪村住校的孩子及家长上了一堂生动的礼仪课,并举办了一堂健康知识讲座,得到了全体师生的热情欢迎和积极响应。至今,镇中学周校长还常提及礼仪文化课对学生的深刻影响。

二、结合实际要求抓扶贫

(一)抓基础设施建设扶贫

2016 年初,市社科联帮助石门县壶瓶山镇大京竹村筹资 5 万元修建了一座钢架连心桥;2016 年,从省民政厅协调 5 万元资金帮助桃源县沙坪镇兰坪村修建村组道路;2015 年至 2016 年,带动户外文化研究会出资 30 多万元帮助石门县太平镇上马蹬村重新整修了村部,创办了旅游服务中心,开垦了茶叶基地 20 多亩。

(二)抓爱心募捐资金扶贫

2016 年 9 月,市社科联发动社会组织精准对接上马蹬村 35 户贫困户和 17 个贫困学生,共捐款 3 万多元。同时,购买和帮助销售了 3.8 万多元的农副产品,支持了户外文化研究会长期驻村开展帮扶工作。2017 年 8 月,再次发动社科界社会组织、社科普及基地和部分爱心人士为桃源县沙坪镇兰坪村易地搬迁项目公益募捐 2 万多元。2018 年 9 月,市社科联通过社会公益募捐 20 万元,其中 10 万元用作桃源县沙坪镇兰坪村 84 户贫困户茶叶产业合作社入股及 4 户贫困户的危房改造资金,另外 10 万元善款则送到石门县第六中学资助该校 41 名低保贫困学子。

(三)抓文艺下乡精神扶贫

2016年,市社科联组织社会组织在上马蹬村精准扶贫的同时,结合普及科普知识,举办了一场心连心篝火晚会,让全村百姓特别感动。2017年11月,我们又组织常德市美丽家乡环保艺术团专程赴桃源县沙坪镇兰坪村进行慰问演出,同时还开展了一系列科普知识下乡惠民活动,让全村人民寓教于乐,增长知识和技能,效果非常好。

三、配合扶贫工作队帮脱贫

市社科联坚持当好后盾,配合扶贫工作队和村委抓好扶贫各项工作。通过实实在在的举措,帮助对接扶贫户一步步实现脱贫。

(一)精确对接找准扶贫路子

结合全市扶贫工作具体部署要求,市社科联始终将精准扶贫作为重大政治任务、政治责任、政治使命,狠抓落实。由主席李云峰挂帅,副主席欧子成负责落实,将10位干部员工对接到每一户贫困户,不断总结工作经验,改进工作方法。2017年9月,联合市农教办组织开展劳动技能培训班,请来省、市高校教授、专家,让村民学习种植、养殖等生产技能,兰坪村、赛阳村共计150人次参加了培训活动,市社科联对接的5户贫困户中有燕石洲、邹勇军、邹义丰、燕石元4户参加。

(二)奉献爱心解决各种困难

贫困户燕石洲的小孙子燕云飞右眼视网膜囊肿,李云峰同志帮助他申请大病救助和社会爱心资助,较好地解决了就医资金问题,同时还帮助其易地搬迁,解决了住房问题。贫困对象邹勇军姐姐腿部残疾,被丈夫狠心抛弃,我们及时通过社会组织帮她联系洗脚按摩工作,解决了她和家人的后顾之忧;贫困户邹义丰因羊痫风,左腿膝盖骨变形,丧失劳动力,我们多次协调村委将其纳入低保,使其基本生活得到保障。

(三)产业助力实现脱贫目标

2016年以来,市社科联帮助对接贫困户在产业扶贫上花大力气,先后指导、支持他们在茶新开园、复垦,养猪、养羊、养蜂等方面有所作为。同时,不仅帮助他们解决启动资金问题,还负责帮其保障销路,确保每家每户收入稳定增长。2018 年，按市委脱贫计划安排，由社科联负责对接的 5 户贫困户全部顺利脱贫。

扶贫工作任重而道远，市社科联将按照上级指示要求，当好后盾，积极作为，用心投身到新一轮的扶贫工作任务之中去。

（原载于《扶贫攻坚我们在行动》）

让新时代的旗帜高高飘扬

——常德市社科联 2017 年工作走笔

李云峰　曾景昌

2017 年，市社科联紧跟市委、市政府决策部署，大力整合社科资源，积极凝聚主流思想，通过对城市文化内涵与特征的概括，找寻文化传承与城市转型发展的内在联系，探讨"新常态"下的城市文化创新手段。党的十九大召开后，市社科联发挥社科理论宣传阵地作用，强化正确导向，在全市社科理论界启动"强化三个认同"主题活动，切实增强了广大社科工作者对习近平新时代中国特色社会主义思想的理论认同、思想认同、情感认同，掀起了学习十九大精神的热潮。

一、面向大众，社科普及创新有亮点

2017 年 5 月 26 日，以"传承优秀历史文化，推动常德创新发展"为主题的社科普及活动月活动在湖南幼儿高等专科师范学校启动。

启动式上，省委宣传部原副部长、省社科联原主席郑佳明受邀为"湖湘大学堂"开坛授课，来自常德市社科类社会组织、社科普及基地、各大中专院校科研处的有关负责人以及市内院校师生等约 900 人参加了启动式。

随后，常德市的社会组织、科普基地开展了近 80 场科普宣传活动。包括城头山国家考古遗址公园开展的"研学有所思，旅游有所获"——走进城头山亲子游、关于"挖掘城头山遗址的文化内涵"的学术研讨会、文物知识讲座；常德抗战文化研究会开展的完美社区"红色教育"宣讲；常德市范米粒阅读指导中心开展的家庭教育智慧育儿讲座、儿童读书剪纸互动交流会；东方红博物馆开展的"博物馆与有争议的历史"主题展览；培训师协会举办的常德读书节；礼仪协会开展的"礼润常德100讲";国学研究会举办的走进大中院校的国学讲座等。

2017年上半年,通过组织资格审查、实地考察,湖南文理学院图书馆、常德市第十四中学、常德市西洞庭管理区农垦博物馆、武陵区芷荷社区同心书屋等4家单位成为常德市第三批社会科学普及基地,并予以挂牌,各给予1万元的资金支持。基地面向公众,大力开展社科普及宣传活动,取得了较好的反响。

与此同时,市社科联积极构建社科普及宣传网络,加大社会科学媒体宣传力度。与《常德日报》、常德市电视台建立起宣传合作机制,长期开辟"走进社会科学"专栏,刊登和播出社科知识、社科动态,做到每周有新闻、每周有报道,累计刊发工作稿件50余篇(条)。建立"常德智库"微信公众号、常德社科网、常德社科微博三大宣传普及载体,做好社科知识、理论研究成果、社科工作动态的采写与发布。2017全年累计刊发社科类动态知识60余期,各类信息400多条。

二、顺应时代,社科研究探索添活力

2017年4月,为贯彻落实省委、市委的决定,进一步挖掘王新法同志的精神内涵和时代价值,市社科联面向全市发起"学习王新法精神"论文评选活动,评选优秀作品21篇。7月21日,与市委宣传部联合举办了"喜迎十九大·学习王新法精神、做合格共产党员"理论研讨会,以扶贫英雄精神激发干事创业的斗志。

市社科联申报的"'海绵城市'建设理论与实践的研究——以湖南省常德市为例"获评2017年度省级重大项目课题,创造了连续两年申报省级重大课题均获成功的历史。接下来,市社科联将组织专家队伍对成果进行进一步论证,推动课题更好地指导实践、服务决策。

结合打造"泛湘西北现代化的区域中心城市"的目标,市社科联稳步扩大市级社科课题立项规模。经专家评审、市社科联审核,共完成市级社科课题立项81项,其中资助课题54项,自筹课题27项。其中,市政府和市委组织部委托的重大课题"常德文化旅游产业发展研究""常德智慧党建研究"均已顺利完成立项。

为深入学习党的十九大精神,市社科联面向全市社科类社会组织、科普基地、高校科研处印发了《关于全市社科联系统认真学习宣传贯彻党的十九大精神的通知》。同时,市社科联精心策划,采取理论阐释、课题研究、学术交流、专家讲座、专刊专栏等多种形式,在全市社科理论界启动了贯穿两年的"强化三个认同"主题活动。

12 月 7 日，在湖南文理学院举办"湖湘大学堂·名家讲坛"暨常德市社科联系统学习党的十九大精神宣讲活动，邀请湖南省政府参事张志初以《新思想 新时代 新征程——党的十九大精神初步解读》为题，面向市级社科类社会组织、社科普及基地负责人及高校师生代表进行了宣讲。

三、强势推进，社科事业发展拓影响

2017 年，市社科联积极发挥《常德论坛》社科理论宣传阵地作用，强化正确导向，结合形势任务，先后开辟了"社会主义核心价值观""社会主义'有点潮'""学习十九大精神"等系列专栏，更加有力地弘扬主旋律，凝聚正能量。在全省社科普及读物评选活动中，常德市有两本读物成功获评优秀，居全省各市州之首。与市文联联合，突出"社会科学服务发展"主题，面向全市开展优秀文艺作品征集活动，征集作品 70 余件。12 月 13 日，召开市社科联成立三十周年座谈会，回顾总结发展历程，对新形势下社科联的发展提出了新的要求。

认真开展社会组织年检，依规撤销和新建了一批社科类社会组织，加强社会组织横向联系，支持和鼓励社会组织开展公益活动。按照市非公有制经济组织和社会组织工委的工作要求，大力拓宽社会组织党组织的覆盖面，采取党组织实体型、拓展型和联合组建等形式，基本实现了社会组织党组织的全覆盖。

同时，以争创"全市文明标兵单位"为目标，积极参与开展了"道德讲堂"、社区连点、志愿服务等创建活动，取得了扎实效果，成功获评市级文明标兵单位；以开展"精准扶贫""双千双联"等活动为抓手，组织单位干部职工深入联系企业、扶贫点村，积极发挥单位职能，动员社会力量开展募捐、义演活动，捐献物资及现金。

(原载于《常德日报》，2018 年 1 月 24 日)

常德市社会科学界联合会历史沿革及 30 年发展历程回顾

李云峰

一、社科联历史沿革

常德市社会科学界联合会是常德市委、市政府领导下的全市社会科学学术团体的业务主管部门，是党和政府联系广大社会科学工作者的桥梁和纽带，担负着指导、组织、协调和服务社会科学界，为市委、市政府、党政领导提供决策服务和为常德经济社会发展服务的重要职责。

为了适应常德市社会科学发展的需要，满足广大社会科学工作者的迫切要求，中共常德地委宣传部先后于 1986 年 2 月向常德地委、1986 年 9 月向常德地委和常德地区编制委员会上报《关于成立地区社联的申请报告》。10 月 8 日，常德地区编制委员会发文批复，同意成立常德地区哲学社会科学学会联合会，为全额拨款事业单位，定编 2 名，与地委讲师团合署办公；常德地委批准，建立常德地区社会科学界筹备委员会。筹委会由沈文锋、余先好、刘呈祥、尹连生、匡镜秋、张良法、符乐农、胡作武、吴承炯、夏桂兰等十人组成，沈文锋同志任主任，余先好、刘呈祥任副主任。筹委会办公室设在常德地委讲师团。1986 年 12 月地委宣传部向地区编委申请，"常德地区哲学社会科学学会联合会"改名为"常德地区社会科学界联合会"，22 日，地区编制委员会批准，同意改名；1988 年 8 月，"常德地区社会科学界联合会"改名为"常德市社会科学界联合会"。

1987 年元月 18 日至 19 日，在常德芷园宾馆召开了常德地区社会科学工作者第一次代表大会。会议讨论通过了常德地区社会科学学会联合会筹备领导小组的工作报告和社科联章程(讨论稿),选举产生了社科联第一届领导机构,正式成立了常德社会科学界联合会。常德社会科学界联合会成立大会选举出第一届社科联委员 32 人,主席 1 人:杨杰,副主席 7 人:沈文锋、熊继恩、龚玉昆、叶嘉荣、余先好、许厚明(专职)、胡力文。

2001 年 10 月 31 日,常德市社会科学界联合会第二次代表大会在芷园宾馆召开。会议听取审议了常德社科联第一届委员会的工作报告,通过了《常德市社会科学界联合会章程(修正草案)》,选举产生了常德社科联第二届委员会 48 人,主席 1 人:兰枝云,副主席 7 人:万善志、王承英、龙泽巨、杨智敏、邹庚来、彭明健、魏怡,秘书长 1 人:孙大芬。

2008 年 10 月 22 日,常德市社会科学界联合会在国际大酒店召开了第三届代表大会,听取审议了常德社科联第二届委员会的工作报告,通过了《常德市社会科学界联合会章程》讨论稿,选举产生了第三届委员会委员 52 人,主席 1 人:尹跃明,专职副主席 1 人:曹光红,兼职副主席 6 人:卢武福、刘春华、李少夫、张文成、钟建秋、康平。

二、30 年发展历程回顾

30 年来,在常德市委的正确领导和大力支持下,社科联高举中国特色社会主义伟大旗帜,以马列主义、毛泽东思想、邓小平理论、"三个代表"重要思想、科学发展观和习近平系列讲话思想为指导,坚持"鼓劲、聚人、做事、强本、创新"工作方针,努力整合社科资源,深入开展社科普及,扎实推进组织建设,不断开拓学术研究、成果展示、决策服务、人才推介的新领域,不断开辟认识真理、探索规律、咨政育人、传承文明的新境界。

(一)建立机构,完善机制,创建基地,全市的社科工作网络逐步形成

常德市社科联于 1986 年 10 月 8 日批准设立。设立之初与常德讲师团合署办公。1987 年、2001 年、2008 年,常德社科联先后召开第一届、第二届、第三届代表大会。1994 年,社科联机构独立,为参照国家公务员管理的事业单位,归常德市委宣传部管理。常编发〔1994〕5 号文件明确市社科联定行编 5 名,实有 3 人。常编发〔1996〕5 号市社科联核定行政编制 3 名,其中领导职数 1 人,正副秘书长职数 1 人,其他工作人员 1 名。2002 年,机构改革核定社科联行政编制 3 名(常办通字〔2002〕20 号),其中主席(副主席)1 名,秘书长(副秘书长)职数 1 名,其他工作人员 1 名;2008 年安置军转干部追加行政编制 1 人

（常编发〔2008〕60 号）；2016 年 10 月经常德市委批准，常德社科联增设社会科学发展研究中心，增加事业编制 5 名。2017 年，先后建立了社会科学成果评审委员会和常德市社会科学普及联席会议制度，为发展社科事业建立了长效机制。加强社科联所属社会组织党建工作，完成市社科联系统社会组织党委换届，拓宽党组织覆盖面，基本实现了社会组织党组织的全覆盖；加大学会服务管理力度，出台各项管理制度，组织社科联所属社会组织和科普基地负责人业务知识培训；加大财政投入力度，目前财政预算工作经费达 80 多万元。社科联组织机构的发展变化，促使社科联工作整体大推进，效率凸现新局面，思想理论水平和业务能力进一步提升，着眼基层、服务基层的意识进一步增强，求真务实、追求实效的作风进一步改进，先后获得了全国社科普及先进集体、全国大中城市优秀社会组织先进集体等称号。

30 年来，社科学会、协会、研究会的数量逐年快速增加。截至 2017 年，由市社科联审批并作为业务主管单位的理论研究型、应用研究型和社会服务型社科类社会组织已达 42 家，虽然不到 1987 年市社科联成立初期主管 23 家学会（湘社字〔1987〕2 号）规模的 2 倍，但其中民办社会组织从 0 家增加到了 23 家，会员人数达 10 万余人，全国人文科普基地 1 家、省级科普基地 3 家、市级科普基地 13 家。2016 年 8 月，成立了中共常德社科联社会组织委员会，进一步加强了社会组织党的建设。2017 年成立第一家区、县(市)社科联——石门县社科联。目前，常德市社科界联系的高等院校、党校、社科类社会组织、科普基地及基层社科队伍等"五路大军"已形成合力，一支学科门类齐全、人才荟萃的高素质哲学社会科学队伍已经形成。

(二)高举旗帜，坚定方向，巩固马克思主义在意识形态的指导地位

常德社科联成立以来，始终把深入学习宣传马列主义、毛泽东思想、邓小平理论、"三个代表"、科学发展观和习近平总书记系列讲话重要思想作为首要任务，坚持在社科理论研究中以中国特色社会主义理论为指导，全面贯彻落实科学发展观，解放思想，坚持理论联系实际，贯彻"百花齐放、百家争鸣"的方针，开展社科研究和学术活动，探索中国特色社会主义经济、政治、文化的发展规律，繁荣和发展常德市社会科学事业，为市委和市政府决策服务，为建设和谐、富裕、文明的"新常德新创业"服务，促进常德市经济社会全面发展。通过组织召开座谈会、研讨会、报告会，旗帜鲜明地同错误思想、言论和观点作针锋相对的斗争，巩固和捍卫马克思主义在意识形态领域的指导地位，在思想上、政治上、组织上始终与党中央、市党委保持高度一致；紧紧围绕常德市委和政府中心工作，以研究、解决改革开放和现代化建设中的重大理论与实践问

题为主攻方向，努力为常德市委和政府的科学决策服务；组织协调一系列马克思主义理论宣传教育活动、核心价值体系教育活动和重大历史纪念日的国情教育活动。

(三)拓宽渠道，服务社会，大力开展社科普及宣传工作

社科联成立以来，充分发挥社科界及所属社会组织学科面广、人才集中、知识密集的优势，广泛开展内容丰富的咨询服务和普及宣传活动。特别是 2004 年以来，启动了每年一次的"社科普及宣传（月）周"，其中"发展经济，壮大财政""开发人才资源、推进人才市场""弘扬和谐文化，构建和谐常德""服务民生、和谐发展"等主题活动影响深远。据不完全统计，14 年的社科普及周（月）共举办讲座、报告会、现场咨询、宣传展板、文艺展演等 500 场次，全市直接参与人数超过 160 万人次，仅 2017 年社科普及活动就已近百场，受众超过 15 万人次。2015 年以后，创办了常德社科联网站、"常德智库"微信公众号、常德社科新浪微博，及时发布社科新闻，交流社科活动，推荐社科新成果，宣传社科精英。建立了 13 个社科普及宣传基地，使社科普及更好地贴近社会、贴近百姓、贴近生活，拓展了工作空间，实现了社科普及宣传与老百姓"零距离"。启动社科普及宣传"五进"工程，即进学校、进社区、进农村、进机关、进企业，仅 2017 年即组织各类社科普及"五进"活动 10 多场次。着力打造社科普及宣传品牌"湖湘文化常德大讲堂"，把社科名家请进来，让专家教授走下去，在社会各界引起了强烈反响。组织全市社科类社会组织开展爱心捐赠活动，为孤儿、点村帮扶对象、石门上马墩贫困户及贫困学生捐赠学习用品、学费、衣物、扶贫产业启动金等。

(四)拓展理论研究，规范组织开展社会科学评奖，广泛开展学术交流

1987 年 9 月至 1988 年 3 月，按照常德地委宣传部、常德地区社会科学界联合会关于社科评奖的文件精神，开展了常德地区首届社会科学优秀成果鉴定、表彰活动，评出优秀社科成果 70 项。1999 年，中共常德市委办公室、市人民政府办公室下发了《关于成立常德市社会科学成果评审委员会的通知》（常办通字〔1999〕36），正式成立常德市社科成果评审委员会，规定社会成果委员会实行任期制，下设办公室，由社科联承担评奖办公室的职责，由此，从 1999 年起，全市社会科学优秀成果评奖以两办文件为据，正式成为市级奖。截至 2017 年，组织全市共进行了 7 次哲学社会科学优秀成果评奖，366 部（篇）著作、论文获奖，其中，获得特别奖的 2 个。获奖成果涉及专编著类，文史哲、政法、社会和教育类，经济、管理、科技类等多门学科。2012 年、2014 年组织了二届全

市优秀社会科学专家评选活动，共评选常德市优秀社科专家 20 名。社科成果评奖工作坚持正确导向，既重视引领学科前沿、具有重要学术创新价值的基础研究成果，又重视为党和政府大局服务、为常德经济社会发展服务的应用研究成果。2004 年，《中共中央关于进一步繁荣发展哲学社会科学的意见》下发后，常德市委宣传部部长覃清香在常德市社科联贯彻《中共中央关于进一步繁荣发展哲学社会科学的意见》座谈会上发表了题为《贯彻落实科学发展观 大力推进社科工作》的讲话，并组织开展了全市事业单位研讨论文评选活动（常事协〔2004〕1 号），对常德市哲学社会科学事业的发展产生了巨大而深刻的影响。2005 年，市社科评审委员会、市委宣传部、市社科联开展了"开发人才资源、推进人才强市"征文活动，市委宣传部、市委党校、市委讲师团、市社科联联合举办了《和谐常德》理论研讨。从 2016 年开始，在全市开展课题研究工作，共立项资助 18 个市级课题。2017 年，在 2016 年探索试点的基础上，稳步扩大市级社科课题立项规模，结合常德市打造"泛湘西北现代化的区域中心城市"的目标，通过组织专家评审、市社科联审核，共立项 81 项，其中资助课题 54 项，自筹课题 7 项。资助课题中，重点课题 17 项，一般课题 37 项；自筹课题中，重点课题 10 项，一般课题 17 项。另外，立项市政府和市委组织部委托的两项重大课题："常德文化旅游产业发展研究"和"常德智慧党建研究"；市社科联申报的"'海绵城市'建设理论与实践的研究——以湖南省常德市为例"获评 2017 年度省级重大项目课题。2016 年度省重大项目社科课题"社会组织参与精准扶贫支持乡村建设的研究"的成果已经编撰成《精准扶贫理论与实践》一书出版发行。

(五)搭建平台，拓展领域，提升社科联影响力

针对以往社科联工作平台少、活动单一、社会影响小的状况，我们创新思路，谋求长远，推动发展。2016 年对 1987 年创办的《常德社会科学》(《常德论坛》)杂志进行全方位改版，受到市内外读者的普遍好评。近几年，结合工作实际，承办了"2016 年湖南省社会科学普及主题活动周启动式""常德(九溪)文化高峰论坛""湖湘大讲堂·名家讲坛"等活动，面向全市社科界开展了纪念抗战胜利 70 周年、"学讲话·谈感悟·促发展""学习王新发"等主题征文和研讨活动，大力巩固社科理论阵地，为常德市社科工作者开展交流提供了广阔舞台，也进一步拓展了社科联业务领域，实现了社科普及宣传形式的多样化，提升了社科联的影响力。

(六)开辟渠道，扩大交流，宣传展示社科联的良好形象

在发挥社科联职能的同时，不断拓展工作思路，加大了对外交流与合作的

力度。国际方面，2011 年 10 月，举办了海峡两岸第一届宋教仁学术研究高层论坛，开创了对台交流的新领域，开启了与海峡社科界交流的新征程。当前，正积极筹备第二届。国内方面，积极参加社科联全国性各类会议，先后与国内、省内各州市社科联建立了友好合作交流关系，就社科类社会组织管理、科普咨询、社科评奖和自身建设等进行了交流探讨，派出青年干部参加全国会议或接受培训、学习交流等活动。市内方面，多次赴各区县(市)进行调研学习与交流，深入汉寿县、石门县、桃源县考察新农村建设，特别是在 2014 年、2016 年两次举办常德(九溪)文化高峰论坛，把九溪文化的当代价值与中国梦结合起来，创新了中华传统文化遗产保护传承之路。近两年，多次深入桃源沙坪镇兰坪村、石门太平镇上马墩等地调研考察农村贫困现状，因地制宜帮助乡村改革发展、农副产品的开发利用；组织知青到各区县(市)举办文艺汇演，宣传普及社会科学；组织下属各社会组织开展科普下乡、进校园、进社区等一系列活动。总之，通过学习交流，开阔了眼界，增长了见识，对内拓展了工作思路，对外展示了社科联的良好形象。

"雄关漫道真如铁"，30 年来，几代社科人，攻坚克难，用智慧与汗水书写了常德社科联的成就，"路漫漫其修远兮，吾将上下而求索"，为了常德市社会科学事业的发展繁荣，市社科联将继续发挥"联"推动发展、服务群众、凝聚人心、促进和谐的重要作用，加快构建中国特色社会主义哲学社会科学常德体系，助推"泛湘西北现代化区域中心城市"建设。

(在常德市社科联成立 30 周年座谈会上的讲话)

常德市社科联 2017 年上半年工作综述

李云峰　曾景昌

2017 年上半年，市社科联紧跟市委、市政府决策部署，积极凝聚主流思想，精心开展社科普及，着力强化队伍建设，保持了良好的工作势头。

一、提升两个高端，社科研究和学术交流再发力

市级课题研究有序推进。稳步扩大市级社科课题立项规模，市社科联结合常德市打造"泛湘西北现代化的区域中心城市"的目标组织课题申报评审工作，通过组织专家评审、集中审核，共立项课题 81 项，资助经费近 40 万元。

重大项目研究取得突破。市社科联申报的"'海绵城市'建设理论与实践的研究——以湖南省常德市为例"获评 2017 年度省级重大项目课题。完善充实"社会组织参与精准扶贫支持乡村建设的研究"课题，成果编撰成书并出版。

学术交流扎实开展。市社科联面向全市发起了"学习王新法精神"论文评选活动，评选优秀作品 21 篇。7 月 21 日，与市委宣传部联合举办"迎接十九大·学习王新法精神、做合格共产党员"理论研讨会。与市文联联合，突出"社会科学服务发展"主题，面向全市征集相关优秀原创文艺作品，以创新的形式开展社科普及。

二、夯实两个基础，社科普及和社会组织管理再深化

普及活动形成声势。市社科联积极策划组织社科普及主题活动月活动。省社科联副主席丁宇，市委常委、宣传部部长胡丘陵，副市长曾艳阳出席启动仪式。启动式还邀请了省委宣传部原副部长、省社科联原主席郑佳明为"湖湘大

讲堂"开坛授课。活动月期间，市社科联指导主管的 20 多个社会组织、科普基地开展了长达 3 个月共 20 多次大型科普活动，营造了浓厚的活动氛围。

普及阵地得到优化。2017 年 4 月，市社科联印发《常德市社科普及基地考核办法》，组织基地负责人进行了专题培训。2017 年上半年，市社科联新认定湖南文理学院图书馆等 4 家单位为常德市第三批社会科学普及基地。发挥《常德论坛》理论宣传阵地作用，市社科联先后开辟了"社会主义核心价值观""社会主义'有点潮'"等系列专栏，弘扬主旋律，凝聚正能量。

普及宣传网络不断健全。市社科联与《常德日报》、常德电视台建立合作机制，长期开辟"走进社会科学"专栏。建立"常德智库"微信公众号、常德社科网、常德社科微博三大宣传普及载体，积极传播社科知识、理论研究成果、社科工作动态。

社会组织管理切实加强。2017 年上半年，市社科联先后下发《关于开展市级社科类社会组织 2016 年度检查工作的通知》《常德市社科类社会组织考核管理办法》《关于规范全市社科类社会组织党组织建设的通知》，对所属 40 多个社会组织进行年检，撤销一批不合格的社会组织，加快社科联所属社会组织党建进度，基本实现了党组织的全覆盖。6 月底，市社科联组织市级社会组织和科普基地在市委党校进行了为期 3 天的封闭式培训。8 月，召开了社科联系统社会组织党委扩大会议，并向所属社会组织选派了一批党建工作指导员。

三、健全长效机制，社科事业发展再扩展

体制机制更加健全。市社科联与市委宣传部联合下发了《关于成立"常德市社会科学成果评审委员会"的通知》；经市委、市政府同意，建立了常德市社会科学普及联席会议制度。在社会组织和基地管理上，分别出台了相应的管理办法；在社科理论阵地意识形态管理上，印发了《关于加强全市社科类社会组织社科类理论论坛和理论载体规范管理的通知》。

自身建设更加有力。市社科联积极争创"全市文明标兵单位"，举办"道德讲堂"等创建活动；开展"精准扶贫""联系企业"等活动，在干部队伍中树立深入基层、服务基层的理念；以争取完善机关党建为核心，设立了党组和机关党支部。

试点建立市政协社科界委员工作室。市社科联以搭建政协委员工作室为平台，深入联系群众，普及社会科学，初显成效。

高扬时代主旋律，践行社科新创举，我们相信，常德社科园地将迎来百花盛放的绚烂之景。

（原载于《常德日报》，2017 年 8 月 12 日）

站在时代高地　强化社科组织管理
——常德市社科类社会组织和社科普及基地负责人培训班综述

王一婵①

　　为进一步贯彻落实习近平总书记"5·17"讲话精神，强化社科类社会组织的党建和管理，提升社科类社会组织和社科普及基地负责人的理论修养和管理水平，6 月 27 日至 29 日，2017 年常德市社科类社会组织和社科普及基地负责人培训班在市委党校开班。

　　此次培训班采取自学加辅导讲座的形式，原原本本地学习了《习近平总书记 2016 年 5 月 17 日在全国哲学社会科学座谈会上的讲话》、中共中央《关于加快构建中国特色哲学社会科学的意见》《湖南省社会科学普及条例》《常德市社科类社会组织考核管理办法》《社会组织登记管理、注册、变更及注销办法》等重要文件。培训班以《坚持不懈地推进全面从严治党》《扎实抓好党支部建设推动党的建设在社会组织中的覆盖》为题开辅导课，深刻阐述了全面从严治党的必要性和重要性，抓实党支部建设的重要性、紧迫性、艰巨性。培训班还深入解读了《社会团体票据的管理办法》《社会组织登记管理、注册、变更及注销》，并邀请中南大学董文琪教授生动讲述了社科类社会组织的内部事务管理。学员们纷纷表示，培训内涵丰富，受益匪浅。

　　6 月 28 日下午，市社科联系统社会组织党委举行换届选举大会，产生了新一届社科类社会组织委员会委员，李云峰当选党委书记，欧子成担任党委副书记。

　　李云峰表示，今后要把党建工作摆在更加突出的位置，全面贯彻落实"从严治党、党要管党"的战略方针，加强组织建设、纪律建设和队伍建设，以党建

---

① 王一婵，女，常德市社会科学发展研究中心副主任。

工作促进社会组织的发展，确保社会组织的正确发展方向，不断巩固和发展社会意识形态领域阵地。

此次培训开历史先河，意义深远。当下，广大社科工作者对于社科普及的意识表现不一，参差不齐，此次培训坚定了广大社科工作者的信心，明确了社科普及的责任，提升了他们为社会服务的意识。社会组织是我国社会主义现代化建设的重要力量，是党的工作和群众工作的重要阵地，是党的基层组织建设的重要领域。此次培训班党建课程的学习，让常德市各社科类社会组织负责人和党建工作者进一步明确了社会组织党组织的功能定位，为加快推进常德市社科类社会组织党组织全覆盖、有效发挥党组织作用打下了坚实的基础。培训专门开设了针对社会组织内部管理的特色课程，用科学的方法对各社科类社会组织的学会管理、票据管理、社团注册手续等法律法规进行了归纳总结，帮各社科类社会组织理清了发展中遇到的困难，有助于它们进一步提高管理水平和应对能力。

（原载于《常德日报》，2017 年 7 月 15 日）

让社会科学走进大众
——2017 年常德市社会科学普及主题活动综述

张梦虹①

传承优秀历史文化,推动常德创新发展。连日来,由市社科联举办的 2017 年市社会科学普及活动在沅澧大地火热开展,反响强烈。

一、紧扣主题,百花齐放

5 月 26 日,在湖南幼儿高等师范专科学校的大剧场,"社会科学普及主题活动月"隆重启动。

启动式前,市知青文化研究会在场馆外进行了锣鼓表演,吸引了大批观众。会场外共展出展板 240 块,分 9 个系列展示,内容包括:习近平总书记在哲学社会科学座谈会上的讲话精神、禁毒知识介绍、"一带一路"常识介绍、海绵城市建设、"五·四"左联发展历程、城头山古文化遗址介绍、知青文化研究、常德抗战精神传承、涵泳国学经典、常德"辛亥三杰"介绍。

随后,"湖湘文化的历史脉络与人文精神"专题讲座开讲,湖南省委宣传部原副部长、湖南师范大学教授郑佳明通过对湖湘文化深厚历史的分析,折射出湖南伟人身上的高贵品质,让近千名听众进一步深刻理解了湖南的伟人精神。

启动式当天,全市首支社科普及志愿服务队成立,社科普及志愿者通过发放社科知识宣传资料、现场普及社科知识、引导群众参观社科知识展板等形式,为社科普及主题活动月的启动式助力。

在市社科联的积极引导下,各社科普及基地也踊跃参与,开展的社科普及

---

① 张梦虹,女,常德市社会科学发展研究中心干部。

活动达 35 场。东方红博物馆、紫菱图书馆、澧县城头山国家考古遗址公园、临澧县林伯渠故居纪念馆等基地依托场馆优势在主题活动期间免费向社会开放；多个基地举办了与民俗、地方传统文化有关的交流体验等活动；各基地免费向公众发放社科普及宣传品、图书等；以各科普基地创办的讲坛讲座为阵地，举办了以传统文化为主题的演讲活动。

市礼仪文化协会"当代学生的优雅形象塑造""教师文明礼仪"知识讲座走进各大、中、小学校园。在老西门昕玲香舍，市沉香协会邀请广大香文化爱好者一道感悟香文化，学习香的制作……内容丰富、互动性强的公益创新活动，以及多媒体社科普及宣传活动，让活动月异彩纷呈，充分展示出常德社会科学成果。

二、普市惠民，影响深远

活动月期间，各社科类社会组织、基地面向全市开展丰富多彩的社科普及活动，有效提升了公共服务水平。东方红博物馆、城头山国家考古遗址公园、丁玲纪念馆、林伯渠故居等，借助丰饶的馆藏社科文物优势，以场馆为主阵地举办各种陈设展览，如"澧阳平原楚都文物展览""左联发展历程巡展""缅怀革命先烈，传承林老精神"故居巡展等，累计发放宣传册 5000 余册，活动月期间接待民众 2 万人次。中国常德诗墙、紫菱图书馆、沉香协会、常德市范米粒阅读指导中心等单位，开展多种形式的公益性知识讲座，如公务文明礼仪讲座、书香中国·诗歌与旅游的深度融合——中国美丽经济与常德文化旅游现象探析专题演讲、香文化知识普及讲座等，为大众讲述了博大精深的社科知识。

科普月期间，市国学教育研究会开展了"传统文化校园行"活动，10 场科普讲座先后走进湖南文理学院、常德财经学校、常德技师学院等高校，让学生重新认识传统文化、中国的工匠精神等，进而帮助他们树立成人成才的信心。研究会还推出了国学教育精华展，通过"涵养经典，中华文化扬精神""走进古人，进德修业是智慧""诸子百家，群星璀璨载史册""名句选撷，吟诗诵典正操守""礼仪民俗，别有风韵在民间""天文地理，天地相间促人和""教育科技，神州智慧扬美名""文化艺术，流光溢彩传千年""十大美德，中华民族永世传""中华名医，传承精粹人康健"等十大篇章，将中华传统文化的精髓娓娓道来。

市礼仪文化协会、常德市范米粒阅读指导中心等社科类社会组织积极开展社科普及进校园活动，结合自身优势对社科知识进行宣讲，以丰富学生的知识面，帮助学生们树立正确的世界观、价值观、人生观，提高整体素质。

为引导公众感受阅读的魅力，推广全民阅读，紫菱图书馆举办了钢琴、小提琴现场伴奏的有声阅读公益朗诵活动与《阅读日志》专场朗诵会。活动中,国家级普通话测试员杨冬娥、国家级朗诵考级高级教师蒯凝刚等朗诵专家学者欣然参加,现场示范,俄罗斯钢琴演奏家安德烈、阿娜斯塔西娅,小提琴演奏家萨沙、安娜即兴现场伴奏,给公众带来了一场精彩的视听文化盛宴。

为进一步弘扬丁玲精神,践行社会主义核心价值观,打造全国教育实践基地,建设丁玲文化"高峰",丁玲纪念馆于科普月期间承办了第十三次国际丁玲学术研讨会、《百年不孤》阅读分享会等,在传播丁玲精神、推进学丁玲活动常态化的路上,坚定不移地把老一辈革命家开创的伟大事业继续推进。

（原载于《常德日报》,具体日期不详）

《湖南省社会科学普及条例》解读

李云峰

  《湖南省社会科学普及条例》(以下简称《条例》)的制定历时 4 年,由湖南省十二届人大常务委员会第十八次会议表决通过,于 2016 年 1 月 1 日开始实施,是湖南省社会科学领域的第一部法律,它的出台标志着湖南省社会工作进入法治化轨道。

  《条例》共二十一条。在立法过程中,突出了政府的主导地位,规定应将社科普及工作纳入国民经济和社会发展规划及年度计划,同时还对政府在经费投入、硬件建设、人才培养、保障扶持、行政奖惩等方面的工作做出了明确规范。

  按照"为何普及、普及什么、谁来普及、普及责任"的逻辑顺序,《条例》规定了以下内容:第一条到第二条分别规定了立法的目的与依据,明确了公益属性和原则;第三条规定了社科普及的主要内容;第四条至第五条分别明确了政府和社会科学界联合会的责任、工作机制和保障措施;第六条至第九条规定了社科普及工作的主要任务和目标,包括主题活动周、社科普及基地、优秀社科普及读物、社科普及信息平台等;第十条至第十七条规定了不同方面的责任,包括单位责任、教育机构与家庭责任、社科类社会组织和社会科学工作者责任、公共文化场馆责任、文化传媒单位责任、互联网信息服务单位、村居民委员会责任和有权评定技术职称有关单位的责任;第十八至第二十条为对有关行为追究法律责任的规定;第二十一条为实施日期。

  《条例》规定,社会科学普及是社会公益性事业,是全社会的共同责任。《条例》是一部社会法,可对社会科学普及事业发展起到引领、推动和保障作用,有利于建立起促进社会科学普及事业发展的长效机制。

  在当前全面建成小康社会、加快推进社会主义现代化的关键时期,各种思想文化相互激荡，人们受各种思想观念影响的渠道增多，人们思想活动的独立性、选择性、多变性、差异性明显增强，这种文化激荡尤其是对青年一代的个体成长有着深刻的影响和渗透。解决这些困难和问题，最根本的是通过立法，明确政府及全社会的责任和义务，建立科学有效的机制，整合全社会各种资源，规范、督促全社会方方面面搞好社会科学普及工作，为加快全面建成小康社会打下良好的思想基础。

通过立法，湖南省在社科普及制度建设方面做了新规定。《条例》明确规定要建立联席会议制度，协调解决社科普及工作中的重大问题。同时，条例要求组织专家学者对全省公民人文素质情况进行跟踪调查，并形成《湖南省公民人文素质调查报告》。

根据《条例》对全省社科普及工作规定的任务和要求，湖南省将重点做好以下工作：一是制定湖南省社科普及工作规划和计划；二是举办湖南省社科普及主题活动周；三是开展省级社科普及基地创建；四是举办"湖湘大学堂"等系列讲坛；五是开展社科普及作品的创作、出版、推荐；六是建立社科普及信息网络；七是加强社科普及人才队伍建设。

（原载于《常德日报》，2017 年 4 月 28 日）

社科花开满庭芳

——2016 年常德市社科联工作纪实

曾景昌

社科联是一座桥梁，联系着政府和社科工作者；社科联是一根输送营养的纽带，为政府的决策提供强大的智力支持。

2016 年岁末，常德市社科联被评为"全国先进单位"。在市社科联的办公室，记者翻开过去一年的工作簿：积极凝聚主流思想，精心开展社科普及，着力强化队伍建设，各项工作已全面铺开，四大重点工作正有序推进……

一、做课题，探索"上马蹬"经验

2016 年 9 月，石门县太平镇上马蹬村的贫困学子覃玉蓉伸出颤抖的双手接过社会组织志愿者的善款。面对眼前的陌生人，泪眼簌簌的覃玉蓉感到了从未有过的温暖。眼前的这一幕是市社科联组织社会组织扶贫探索中让人难忘的瞬间。

"社会组织参与精准扶贫支持乡村建设的研究"是市社科联承担的湖南省社会科学重大研究课题。课题研究不能闭门造车，市社科联联合社会组织 27 次走进大山，利用社会组织资源广、参与面大、执行速度快的优势，探索精准扶贫的新模式。该课题是全国首创，2016 年"上马蹬"经验初见成效。

市级社科课题研究是社科联工作的短板。2016 年，市社科联结合全市重点项目、重大决策、重要工作，制定发布了《2016 年常德市社会科学课题研究参考指南》。经过专家评审、市社科联审核、公布市级重大立项课题 11 项，一般立项课题 7 项。2016 年年底，举办课题结题评审会，9 项课题成果结集成册、上报，供市委、政府领导决策参考。

二、当参谋，建常德"两库"

2016 年 3 月，市社科联广发"英雄帖"，启动了常德市"社科"专家库组建工作。过去，常德评选过两届优秀社科专家，但评选的专家没有形成系统的统计与分类，经常出现专家有了，但需要用时，却找不到专家的状况。

新建"社科"专家库，要求专家是相关专业领域的学科带头人、学术带头人或科研骨干。申请者一人一表，由市社科联审核、分类，建立一个有经济建设、社会管理、法律维权、人文历史等的分类齐全的数据库。

目前，专家库已收入近 200 名专家，预计 2017 年上半年可建成。届时，专家库将成为政府的智囊团，为各项决策提供智力支持。

2016 年 6 月，市社科联开始推动"常德新型智库"建设。据调查，常德智库分为 3 类，即由市委、市人大、市政府、市政协所属的政策研究室及一些党政部门内设研究机构组成的官方智库，由市社科联、市委党校(行政学院)及市辖区内高校湖南文理学院组成的社会智库，以及由本市的一些行业协会、学会和研究机构组成的民间智库。各智库之间资源分散，沟通缺乏，难以形成合力。

新型智库将创新联动合作，使各类智库机构通过一定的组织形式和运行模式，汇聚广大智库人才和专家学者的智力资源，共同做好决策咨询工作。为加强各智库间的联系，市社科联还推出了"常德智库"微信公众号，定期发布智库信息。

三、建阵地，建科普基地

紫菱图书馆从由市烟草部门自办的一个机关图书室变成对全民 24 小时免费开放的公共图书馆，成为科学普及的阵地。2016 年，市社科联积极与紫菱图书馆联系，通过指导创建和奖补政策支持，推动紫菱图书馆被评为省级社科普及基地。

2016 年，诗墙公园、城头山遗址公园也被评为省级社科普及基地。市文化馆、市丁玲纪念馆、市钱币陈列馆、市图书馆和林伯渠纪念馆被评为市级科普基地。市社科联还和湖南幼儿师范高等专科学校联合创办了常德市首家人文社科图书馆。《常德论坛》在原有基础上改版升级，将刊物由季刊扩版为双月刊，继续发挥社科理论阵地作用。积极策划打造社科普及网络宣传平台，聘请专人负责平台管理维护，上线"常德智库"公众微信平台，试运行"常德社科网"。

2016 年，市社科联还组织了一系列的活动加强科学普及。5 月 9 日，2016

年湖南省社科普及主题活动周启动仪式在白马湖文化公园隆重举行。活动期间，省人大常委会副主任谢勇、省政协副主席欧阳斌和省直相关部门及市直各部门分管负责人、各市州社科联负责人、省级和市级社科普及基地负责人、全市社科普及志愿者代表等超过 500 人现场开展了观摩交流，活动得到了充分肯定。市社科联还通过主办"走近社科"大型主题展览，在《常德日报》开辟"走近社会科学"专栏，在常德电视台录播专题节目等各种活动，营造了良好的社科宣传普及氛围。

四、强交流，做强常德文化高峰论坛

2016 年，市社科联以九溪文化现象为载体，主动承办常德（九溪）高峰文化论坛。论坛邀请了全市 50 多位专家学者共同就常德市文化发展现状和发展方向进行了交流讨论，并开展了征文活动，充分发挥了社科联在学术交流中的纽带作用。

2016 年 6 月，市社科联与常德日报社联合承办了"湖湘大学堂·名家讲坛"活动，邀请著名学者、央视签约编剧程韬光作了"相约柳叶湖畔·共话朗州司马（碧霄一鹤——刘禹锡）"主题演讲，市级领导、市直单位主要负责人等共 300 多人听取了演讲。10 月，市社科联以深入学习习近平总书记在哲学社会科学座谈会上的讲话精神为契机，组织开展了"学讲话，谈感悟，促发展"主题征文活动，收集征文 30 多篇，评选获奖论文 10 篇，并择优在《常德论坛》《常德日报》刊登。市社科联还创办了常德市社会科学发展研究中心。同时，市社科联还组织相关研究会参加了岳阳市举办的洞庭湖民俗文化论坛、益阳市举办的洞庭湖生态经济发展论坛，以及省生态文化促进会在石门举办的生态文化论坛等学术活动。

（原载于《常德日报》，2017 年 1 月 20 日）

人文精神的生长素

曾景昌

什么是社会科学?

时至今日,关于它的定义科学界还未达成共识。近日,市社会科学联合会(以下简称社科联)主席李云峰向记者如此通俗地解释:"自然科学以外的科学领域都属于社会科学的范畴。"

那么,社会科学普及,作为社科联的一项重要职能,就是通过一定的方式和途径,向公众有效地传播人文社会科学知识与理论成果。近年来,市社科联不断强化责任担当,拓展工作思路,采取过硬举措,推动了常德市社会科学普及工作长足发展,取得了较好成绩。常德市社科联多次被评为全省社科联系统先进单位、全省社科普及先进集体、全市宣传系统目标管理先进单位。

一、整合资源、贴合主线、结合市情,"三合并举",社科普及活动提升城市人文精神,服务城市经济社会发展

近年来,在市社科联的指导下,这些形式多样、丰富多彩的社科普及活动按照市场化运作的模式,通过整合社会力量参与、整合学会力量参与,既激活了文化市场,又扩大了社科影响,同时得到了市民的一致好评,也提升了常德城的人文素养。其中,去年常德市社科联指导市抗战文化研究会等社会组织以"纪念抗战胜利 70 周年"为主题,开展的主题征文、书画展、讨论会等系列文化展示活动,在常德各界产生了强烈的反响。

贴合主线开展活动一直是社科工作的根本和重要使命,2012 年以来,市社

科联先后以"两型社会与文化建设""民生、环境、效益""从文化名城到文化'民成'"等为主题,邀请匡兴华、张召忠等国内知名学者,组织开展了系列大型报告会。同时,围绕党的十八大、十八届三中全会、全市经济工作会议,先后多次组织全市社科界开展学习研讨活动。2016 年 5 月,《湖南省社会科学普及条例》颁布实施,市社科联又组织所属社科类组织通过多种形式和途径开展了"走进社科"主题宣传展示活动,既提升了市民对社会科学的知晓率,又拉近了社会科学与市民之间的距离。

为了紧跟全市重大决策和重点工作部署,积极有效地发挥社科职能,服务全市经济社会发展,近年来,常德市社科联积极组织策划了系列课题研究和社科普及活动。围绕"新型工业化"课题、"文化名城"建设、"民生升温,城市提质"部署、"抗战英雄城"建设等内容,市社科联牵头联系相关组织、专家,积极开展相关调研、主题宣传、咨询服务等活动。特别是 2016 年,围绕扶贫攻坚战略部署,市社科联精心策划实施了"社会组织参与精准扶贫支持乡村建设的研究",并为此还动员社会力量,在石门县上马墩村成立扶贫队长期蹲点,负责社科普及宣传和扶贫帮困工作。

二、建好阵地、用好阵地、管好阵地,"三好并重",社科普及坚定正确导向、坚持主流思想、传播正能量影响深远

2016 年上半年,常德市又新增了市文化馆、市丁玲纪念馆、市钱币陈列馆、市图书馆为社会科学普及基地。近年来,市社科联十分重视阵地建设,在科普基地建设上,不断加大宣传力度,积极动员和支持市直单位、市级学会、大中院校、图书文化馆所开展社科普及基地创建。在科普理论宣传阵地建设上,市社科联积极发挥《常德论坛》社科理论阵地作用,将刊物由季刊扩版为双月刊,进一步拓宽文章稿源,提高办刊质量,强化对新情况新问题的科学总结和提炼,为全市理论研究者服务。同时,拓展工作思路,积极策划打造了"常德社科网"、"常德智库"微信公众号等新媒体互动平台,为推进社会科学宣传普及咨询服务,加强社科团体、高校、科研机构之间以及各地社科界的信息交流发挥了积极作用。

建好阵地后,为切实用好、管好阵地,市社科联一方面加大了社科普及基地推介力度,另一方严格按照意识形态工作管理要求,建立健全了工作台账。在市社科联积极指导并充分发挥其教育引导作用的前提下,常德市东方红博物馆继 2013 年被确定为省级社科宣传普及基地后,又被授予全国科普宣传基地。该阵地开展的"纪念中国共产党建党九十周年红色藏品展""纪念辛亥革命 100

周年藏品展"等系列人文社科普及活动,得到了中央、省主流媒体的推介,产生了广泛的社会影响。坚定正确政治导向,坚持主流思想,发挥好正确引领社会思潮的作用,市社科联确保了社科领域阵地管得住、抓得牢。

机制不健全、经费不到位、人员不充足,一直制约着社科普及事业的发展,2015 年以来,市社科联着眼这些问题,明确了建机制、补短板、强基础的工作思路,出台新措施、运用新思维、启动新办法,使社科工作保障逐步加强。

路漫漫其修远兮,社科普及工作在党中央的高度重视下,正闪耀着前所未有的光芒,常德市社科普及工作者迎此春风,正大胆创新,拾级而上。

（原载于《常德日报》,2016 年 6 月 15 日）

让社会科学走进大众，大力提升公民人文素养
——常德市社科联主席李云峰就《湖南省社会科学普及条例》答记者问

雷春桃①

　　2015 年 9 月 25 日，《湖南省社会科学普及条例》(以下简称《条例》)由湖南省十二届人大常务委员会第十八次会议表决通过，并于 2016 年 1 月 1 日开始实施。2016 年 5 月 4 日，常德市社科联主席李云峰接受了记者采访。

　　记者：请您介绍一下《条例》的立法必要性。

　　李云峰：制定《条例》对于加强社会科学普及工作，提高公民社会科学和思想道德素质，促进经济社会和人文社会的全面发展，十分必要。一是贯彻落实党的十八大和十八届三中、四中全会精神，保证改革于法有据、各项工作有序进行的迫切需要；二是动员社会力量，整合社会资源，促进社会科学普及事业健康发展的迫切需要；三是总结、概括和升华社会科学普及实践经验，建立社会科学普及长效机制的迫切需要；四是破解社会科学普及工作瓶颈，为进一步繁荣发展社会科学普及事业提供制度支撑和法制保障的迫切需要；五是实现宪法规定的公民基本文化权益，提升公众人文社会科学素养的迫切需要。《条例》的制定，有利于把社会科学普及工作纳入法治轨道，发挥立法对社会科学普及事业的引领、推动和保障作用，建立起促进社会科学普及事业发展的长效机制；有利于推动各级政府和社会各界依法做好社会科学知识的普及工作，引导公民树立正确的世界观、人生观、价值观，正确观察、分析和认识改革发展中的新情况、新问题。

　　记者：请您谈谈《条例》的出台背景。

　　李云峰：党的十八大明确指出，"法治是治国理政的基本方式"，要"提高

①　本文由雷春桃整理。

领导干部运用法治思维和法治方式深化改革、推动发展、化解矛盾、维护稳定的能力"。党的十八届三中全会明确指出，"建设法治中国，必须坚持依法治国、依法执政、依法行政共同推进，坚持法治国家、法治政府、法治社会一体建设"。十八届四中全会提出，"全面推进依法治国，总目标是建设中国特色社会主义法治体系，建设社会主义法治国家"，建设中国特色社会主义法治体系，必须坚持立法先行，发挥立法的引领和推动作用。深入推进科学立法、民主立法，完善立法项目征集和论证制度，健全立法机关主导、社会各方有序参与立法的途径和方式，拓宽公民有序参与立法的途径。中央关于加强法治建设的战略部署和指示精神要求我们，在社会科学普及领域以法治思维和法治方式统筹社会力量、平衡社会利益、调节社会关系、规范社会行为，发挥法治的引领和规范作用，促进和保障社会科学普及事业的健康发展。制定《条例》既符合中央加强法治建设的战略部署，又符合推进社会科学普及工作的实际需要。

记者：请您谈谈这个《条例》与以往的地方性法规相比，有什么特点。

李云峰：这个《条例》是一部促进型立法，不同于管理型立法，具有以下特点：一是法律关系主体带有全民性。社会科学普及是一项面向全体公民的事业，公众参与，人人受益，具有大众性、均等性、普惠性。二是突出了政府的主导地位。社会科学普及是一项公益性事业，承担着弘扬主旋律、汇聚正能量、引领社会思潮、引导社会舆论、提升公众社会科学素质和思想道德素质的重要使命，因此，这项事业必须发挥政府的主导作用。三是更加强调政府的服务功能。《条例》设定的政府职责，侧重于扶持、推动、促进、保障社会科学普及事业的可持续发展，要求政府提供更多的公共产品和公共服务。四是兼顾规范了社会责任。《条例》不仅规范了政府行为，而且规范了有关社会组织和个人应当承担的责任。五是体现了继承与创新的有机统一。《条例》既是湖南省多年来社会科学普及工作经验的总结和概括，又在工作制度上有所创新，实现了现实性和前瞻性的紧密结合。

记者：您刚才谈到，《条例》突出了政府的主导地位和服务功能，请问在哪些条款中体现了这些特点？

李云峰：第一，《条例》第二条明确规定"社会科学普及工作坚持中国共产党领导、政府主导"。《条例》第四条规定"县级以上人民政府应当将社会科学普及工作纳入国民经济和社会发展规划及年度计划，纳入公共文化服务体系和精神文明建设考评体系；将社会科学普及经费列入本级财政预算；重视和加强社会科学普及队伍建设"。这一政策支持、规划指导的规定，体现了政府对社会科学普及事业的宏观领导职能。第二，《条例》第四条和第五条分别明确了政府和社会科学界联合会的责任、工作机制和保障措施，体现了职能部门的主管责任。

记者：社会科学界联合会作为社会科学普及工作的主要机构，《条例》对其规定了哪些职能作用？

李云峰：《条例》第五条规定了"社会科学界联合会协助人民政府制定、落实社会科学普及规划，组织社会科学类社会组织和志愿者开展社会科学普及活动，支持和指导其他组织、个人开展社会科学普及活动，接受政府委托做好其他社会科学普及工作"的职责；第八条规定了社会科学界联合会"应当有计划地组织创作、出版社会科学普及作品，将社会科学普及作品纳入本级社会科学成果评奖范围，评选并向公众推荐优秀社会科学普及作品"的职能。

记者：《条例》除了规定政府和社会科学界联合会的职责外，对其他社会组织在开展社会科学普及活动中的社会责任主要作了哪些规定？

李云峰：第一，《条例》第二条确定了"开展社会科学普及活动是全社会的共同责任"及"社会支持、资源共享"的原则，体现了社会科学普及活动的大众化、社会化的特征，目的在于动员社会力量，整合社会资源，繁荣发展社会科学普及事业。第十条至第十七条规定了不同方面的责任，包括单位责任、教育机构与家庭责任、社科类社会组织和社会科学工作者责任、公共文化场馆责任、文化传媒单位责任、互联网信息服务单位、村（居）民委员会责任和有权评定技术职称有关单位的责任。第二，《条例》第十条规定有关"人民团体应当结合本单位实际，采用多种形式开展社会科学普及活动"。第三，《条例》第十一条规定"各类学校及其他教育机构应当根据青少年成长规律，结合青少年身心特点，以社会主义核心价值观为重点，开展理想信念、法律常识、人文修养、生命关怀、安全常识等方面的科学普及教育，培养青少年正确的世界观、人生观、价值观和社会责任感"。"父母或者其他监护人应当对未成年人进行尊老爱幼、诚实守信、勤劳节俭、文明谦让等中华民族优秀传统文化的教育。"第四，《条例》第十二条规定"社会科学类社会组织、社会科学工作者在创作社会科学普及作品和开展社会科学普及活动中，应当坚持科学态度，遵守法律、法规，体现社会主义核心价值观"。"财政资助的社会科学研究项目承担者，应当结合研究成果开展社会科学普及活动。"第五，规定互联网信息服务单位"应当发展健康向上的网络文化，利用网站、微博、微信等新媒介生产、传播有益于提高公众文化素质、促进社会进步的社会科学普及作品"。

记者：请问《条例》在社会科学普及制度建设方面有哪些创新成果？

李云峰：制度建设更具有根本性、全局性、长期性和稳定性。社会科学普及工作制度需要与时俱进、不断创新。社会科学普及事业需要发挥立法的引领作用，实现改革决策与立法决策的紧密结合。为此，《条例》在社会科学普及制度创新方面做了以下规定：一是第五条明确规定县级以上人民政府要建立联席会议制度，协调解决社科普及工作中的重大问题，要通过联席会议、协调工作制度等形式整合公共资源，统筹社会力量共同致力于繁荣发展社会科学普及事业。二是第十九条规定了"县级以上人民政府有关部门和社会科学界联合会不依法履行社会科学普及职责的，由同级人民政府责令限期改正，对有关负责人和直接责任人员依法给予处分，并通报批评"的行为规范。三是第七条规定"县级以上人民政府根据本行政区域社会科学普及需要制定社会科学普及基地建设规划，依托博物馆、图书馆、文化馆、展览馆、纪念馆等场馆建立社会科学普及基地"，旨在通过科普基地发挥其示范辐射作用，带动全社会普及社会科学知识。

记者：请问常德市拟如何贯彻落实《条例》？

李云峰：三十年来，常德市的社会科学事业有了一定的发展，但与自然科学相比，与兄弟市州相比，常德市社会科学事业发展还存在很大差距。近些年来，特别是党的十八大以来，在实施"四个全面"战略、开创中国社会主义新局面、实现中华民族伟大复兴的历史过程中，哲学社会科学得到党中央和习近平总书记的高度重视，迅猛发展，社科工作的重要性已经凸显出来。为此，我们应当充分把握《条例》出台的重大机遇，迅速掀起社会科学普及高潮，推动社会科学事业在常德的快速发展。一是领导重视抓社科。2015 年以来，我们主动积极地给市委、市政府主要领导和分管领导多次反复汇报社科联工作，取得了领导的高度重视，不仅增加了社科普及经费预算，而且正在落实加强科普力量的配备。为弘扬社科精神、普及社科知识、传播社科思想、提倡社科方法、把科普工作落到实处，市委、市政府承办的 2016 年湖南省社科普及主题活动周将于 5 月 9 日在白马湖公园隆重启动。二是部门协同抓贯彻。《条例》涉及社会各个层次、各个方面，需要各部门、各方面密切配合，协作联动，形成工作合力。市社科联主动加强与相关部门、相关社科类社会组织的协作配合，明确各自职责和工作任务，理顺工作关系，完善工作机制，形成各司其职、齐抓共管、全面贯彻推进《条例》的工作格局。社科联保持与各部门的沟通联系，加强调研指导，强化信息报送，促进上情下达、下情上报、整体推进。认真总结经验，宣传推广贯彻落实《条例》的经验做法，形成学习贯彻《条例》的良好氛围，促进《条例》全面贯彻落实，为提高全市社科普及规范化水平做出了积极贡献。三是强化保障抓落实。加大财政经费对哲学社会科学的支持和投入，根据《条例》要求，协调财政增加社科规划课题经费和科普专项经费，优先保障优秀社科理论成果、优秀社科专家定期评奖经费。积极拓展社科研究的筹资渠道，推动社科研究资金筹集多元化。在发展社科普及志愿队伍的基础上，注意从高等院校、市级社科类社会组织选拔一批学有专长、乐于奉献、具有一定宣讲和咨询经验的中青年专家学者,作为普及带头人,发挥骨干作用。逐步形成一支专兼职相结合、学科结构合理、深受群众欢迎的社科普及骨干队伍。四是百花齐放抓宣传。通过报纸、广播、电视、互联网等媒体,认真打造社科联自有宣传平台(包括改版升级《常德论坛》、加速建设"常德社科网"、推出社科联微信公众平台"常德智库"),通过座谈会、报告会、普及咨询、知识竞赛、干部培训等多种形式,广泛深入宣传《条例》精神和内容,使广大干部群众和社会各界熟悉和掌握《条例》,从而更加自觉地参与社科普及,推进《条例》规定的各项工作的落实。五是监督检查抓成效。按照《条例》要求,市社科联应全面履行《条例》赋予社科联的各项职责,在贯彻落实《条例》时突出重点,抓住关键,力求实效,社科普及是一项长期的任务,不可能一蹴而就,社科联要加强组织领导,协调配合,形成监督检查的长效机制。把集中检查与日常监管结合起来,发挥主管部门主体作用,把加强监督检查作为一项经常性的工作来抓,确保监督检查全方位、全覆盖。把总结经验与创新方式方法结合起来,综合运用多种方法和现代科技手段,拓宽监督检查渠道。

市社科联将一直举好社会科学理论这面旗帜,发挥社会科学理论在改革创新发展中的引领作用,通过社科普及,让社会科学走进大众,促进人文常德的全面发展,为建设智慧常德、健康常德、美丽常德、现代常德、幸福常德提供坚强保障。

(原载于《常德日报》,2016 年 4 月 28 日)

图书在版编目（CIP）数据

常德社科事业发展实践探索：2015—2019 年／李云峰主编. —长沙：中南大学出版社，2019.12
ISBN 978 - 7 - 5487 - 3836 - 7

Ⅰ.①常… Ⅱ.①李… Ⅲ.①社会科学—科学研究事业—概况—常德—2015 - 2019 Ⅳ.①G126.43

中国版本图书馆 CIP 数据核字（2019）第 274834 号

常德社科事业发展实践探索（2015—2019 年）

李云峰　主编

□责任编辑	彭辉丽
□责任印制	易红卫
□出版发行	中南大学出版社
	社址：长沙市麓山南路　　　　　邮编：410083
	发行科电话：0731 - 88876770　　传真：0731 - 88710482
□印　　装	长沙雅鑫印务有限公司

□开　　本	710 mm×1000 mm 1/16	□印张 18	□字数 340 千字
□版　　次	2019 年 12 月第 1 版	□2019 年 12 月第 1 次印刷	
□书　　号	ISBN 978 - 7 - 5487 - 3836 - 7		
□定　　价	78.00 元		